우리가
날씨다

우리가 날씨다

We Are the
Weather

아침식사로 지구 구하기

조너선
사프란
포어

송은주
옮김

Saving the
Planet
Begins at
Breakfast

민음사

Jonathan Safran Foer

사샤, 세이디 그리고
사이와 시오, 그리고
리오, 비에게

차례

1 ◖ 믿을 수 없는

◗ 종말의 서

가장 오래된 유서는 약 4000년 전 고대 이집트에서 쓰였다.[1] 이 유서를 처음 번역한 사람은 여기에 '삶에 지친 자가 영혼과 벌인 논쟁'이라는 제목을 붙였다. 첫 줄은 이렇게 시작된다.[2] "나는 내 영혼에 입을 열어 말한다. 영혼의 말에 대답할 수 있을 것 같다고." 이어 지은이는 산문과 대화, 시를 오가면서 자살에 동의하도록 자신의 영혼을 설득하려 노력한다.

나는 이 유서를 『종말의 서』에서 읽었다. 베르길리우스와 후디니의 유언, 도도새와 환관에게 전하는 비가, 화석 기록과 전기의자, 인공 노후화에 대한 설명을 비롯해 온갖 사실과 일화를 모은 책이다. 딱히 음침한 아이는 아니었지만 나는 오랫동안 『종말의 서』를 끼고 다녔다.

『종말의 서』를 통해 내가 들이쉬는 숨마다 율리우스 카이사르가 마지막으로 내뱉은 숨에 섞여 있던 분자가 포함되어 있다는 것도 알았다. 소름 끼치는 사실이었다. 시간과 공간이 마법처럼 압축되고, 신화로만 여겼던 것이 워싱턴 D. C.에서 가을이면 낙엽을 긁어모으고 원시적인 비디오 게임을 하던 내 생활과 이어졌다.

그런 사실이 암시하는 바는 믿기 어려울 정도였다. 내가 카이사르의 마지막 숨(브루투스, 너마저?)을 들이마셨다면 베토벤(나는 천국에서 들을 것이다)과 다윈(나는 죽음이 전혀 두렵지 않다[3])의 숨도 들이마셨다는 얘기다. 프랭클린 델러노 루스벨트, 로자 파크스, 엘비스 프레슬리, 청교도들, 첫 추수감사절에 참석했던 아메리카 원주민들, 심지어 내가 한 번도 만나보지 못한 할아버지까지도. 생존자의 후손으로서 나는 히틀러의 마지막 숨이 베를린 히틀러 벙커의 콘크리트 지붕 3미터와 독일 땅 9미터, 수상 관저의 짓밟힌 장미를 통과해 올라와서 서부전선을 뚫고 대서양을 건너 40년 세월을 지나 내 어린 시절의 침실 이 층 창문까지 와서 기일의 풍선처럼 나를 부풀리는 상상을 했다.

내가 그들의 **마지막** 숨을 들이마셨다면, 그들이 **처음** 쉬었던 숨과 중간에 쉬었던 숨도 다 들이마셨을 것이다. 그리고 모든 이의 모든 숨도. 인간뿐이 아니라 동물들의 숨도 전부 다. 우리 집에서 키우다 죽은 쥐, 할아버지가 폴란드에서 털을 뽑은, 아직도 온기가 남은 닭들, 검투사들이 처치하려고 콜로세움으로 끌고 온 이국적인 맹수들, 최후의 전서구가 마지막으로 내쉰 숨도. 숨을 들이쉴 때마다 나는 지구상의 생명과 죽음의 이야기들을 빨아들였다. 그런 생각을 하면 전체 역사가 한눈에 내려다보이는 듯했다. 실 한 가닥으로 짜인 방대한 그물이랄까. 닐 암스트롱은 달 표면에 첫

발을 내딛고 "인류에게는 작은 한 걸음……."이라고 말하면서 소리 없는 세계 속으로 머리에 쓴 폴리카보네이트를 통해 날숨을 토해 냈고, 아르키메데스는 자신의 몸이 밀어낸 목욕물이 자기 몸무게와 맞먹는다는 사실을 막 발견하고 고대 시라쿠사 거리를 벌거벗은 채로 달리며 "유레카."를 외치며 분자들을 토해 냈다. (암스트롱은 가지고 돌아온 달의 무게를 보충하기 위해 달 위에 신발 자국을 남겼을 것이다.[4]) 다섯 살짜리 어린이 수준의 대화를 할 수 있을 만큼 훈련받은 아프리카산 회색 앵무새 알렉스[5] 또한 "착하다, 내일 봐, 사랑해."라는 마지막 말을 토해 냈고, 검투사들에게 도살당하기 위해 콜로세움으로 끌려왔던 이국 야수들도 그 울부짖음을 토해 냈다. 빙판 위로 로알 아문센을 끌고 달린 썰매개들도 헐떡임을 내뱉었다. 그 모든 것에 나도 한 자리를 차지하고 있다는 사실——그 모든 것에서 내가 빠져나갈 수 없다는 사실——이야말로 가장 놀라운 발견이었다.

카이사르의 종말은 한편으로는 시작이기도 했다. 그의 죽음으로 최초의 부검이 실시되었고 덕분에 우리는 그가 스물세 번을 칼에 찔렸다는 사실을 알 수 있다. 단검들은 사라졌다. 피에 젖은 카이사르의 토가(고대 로마인들이 입었던 겉옷-옮긴이)도 사라졌다. 그가 살해당했던 폼페이의 원로원도 사라졌고 원로원이 서 있던 메트로폴리스에는 폐허만 남았다. 한때 영역이 약 500만 제곱미터에 이르러 전 세계 인구의 20퍼센트 이상을 아울렀고 이 행성과 마찬가지로 사라질 날이 오리라고는 상상도 할 수 없었던 로마제국[6]도 사라졌다.

호흡의 길이보다 수명이 짧은 문명의 산물은 생각해 내기 어렵다. 하지만 이보다 더 오래가는 것도 생각해 낼 수가 없다.

그 책을 떠올리면 기억나는 것이 이렇게 많은데도, 『종말의 서』는 없었다. 아무리 찾아 봐도 내가 열두 살 때 출간된 『브라우어의 종말의 서』가 있을 뿐이었다. 이 책에는 후디니, 화석 기록을 비롯해 내가 기억하는 여러 내용들이 담겨 있었지만 카이사르의 마지막 숨에 대한 내용은 없었고, 여기 말고 달리 어디에서도 읽었을 리가 없는데, '영혼과 벌인 논쟁'도 없었다. 이런 사소한 차이들이 영 마음에 걸렸다. 그것 자체가 중요해서가 아니라 내 기억이 너무 또렷했기 때문이다.

최초의 유서를 조사하고 제목을 생각해 보니 더 혼란스러워졌다. 잘못 기억하는 것만으로도 충분히 마음이 불편한데, 우리 자신이 잘못 기억될 수도 있다. 후세인들에게 부정확하게 기억될지 모른다고 생각하니 신경이 쓰여 견딜 수가 없다. 최초의 유서를 쓴 이가 진짜로 자살을 했는지조차 알 수 없다. "나는 내 영혼에게 입을 열어 말한다." 남자는 이렇게 시작한다. 하지만 영혼은 마지막으로 "삶을 포기하지 말라."고 설득한다. 그가 어떻게 대답했는지는 알 길이 없다. 영혼과 벌인 논쟁의 결과, 남자가 살기로 마음먹었을 가능성도 충분하다. 어쩌면 죽음과 대면하면서 살아남아야 할 가장 중요한 이유를 발견했는지도 모른다. 유서만큼 생의 의지와 닮은 것도 없다.

◖ 어떤 희생도 없다

2차 대전이 한창일 때 미국 해안 도시의 시민들은 해질녘이면 불을 껐다. 사실 목전에 위험이 닥쳐온 것은 아니었다.[7] 사람들은 독일 잠수함 유보트가 도시의 불빛을 이용하여 항구를 빠져나가는 배들을 파괴하는 것을 저지하려고 불을 끈 것이다.

전쟁이 계속되면서 등화관제는 나라 전역, 심지어 해변에서 멀리 떨어진 데에서도 실시되었다. 전쟁은 멀리, 보이지 않는 데에서 벌어지고 있었지만, 승리하려면 국내의 민간인들도 일치단결해야 했기 때문이다. 국민들에게도 익숙한 삶이 파괴될 수 있음을 일깨울 필요가 있었다. 실은 당시 독일 전투기는 그렇게 멀리까지 날아올 수 없었는데도 민간 항공 초계부대 조종사들은 적 비행기를 찾아 중서부 상공을 구석구석까지 날아다녔다. 이런 짓이 어리석고 심지어 자살행위나 다름없을지라도 유일하게 할 수 있는 일이라면 해야 할 터였다. 유대감은 중요한 자산이니까.

국내 전선에서 함께 싸우지 않았다면, 또 대의를 지지하며 함께 참여한 평범한 사람들이 없었다면 2차 대전에서 승리하지 못했을 것이다. 전쟁 기간에 산업 생산력은 96퍼센트나 치솟았다. 전쟁 초기에는 건조하는 데 8개월이 걸렸던 리버티 선이 몇 주 만에 완성되었다. 25만 개 부품으로 이루어지고 무게가 635만 킬로그램이나 나가는 리버티 선인 증기선 로버트 E. 페어리호[8]가 나흘하고 반나절 만에 조립이 끝났다. 예전에는 자동차, 냉장고, 철제 사무용 가구, 세탁기를 만들던 회사들이 1942년경에는 군수 물자를 생산했다. 란제리 공장들은 위장용 그물을 만들기 시작했고,[9] 계산기는 피스톨로 다시 태어났으며, 진공청소기의 먼지 주머니는 가스 마스크에 쓰였다. 학생, 퇴직자, 여성들이[10] 생산 활동에 참여했다. 많은 주에서 십 대도 일할 수 있도록 노동법을 바꾸었다. 고무, 양철 캔, 알루미늄 포일, 목재처럼 늘 쓰는 원자재들을 모아서 전쟁 물자로 재활용했다. 할리우드 스튜디오들은 뉴스 영화, 반파시스트 영화, 애국적인 만화영화들을 제작하여 제 몫을 했다. 유명 인사들은 전쟁 채권을 사라고 독려했고,[11] 소수지만 줄리아 차일드처럼 스파이가 된 이들도 있었다.

의회는 최소 과세 소득을 낮추고 개인 면세와 공제를 감축해 더 많은 세금을 거둬들이게 했다. 1940년에는 미국 노동자들의 10퍼센트가 연방 소득세를 냈다. 1944년에는 이 수치가 100퍼센트에 근접했다. 최고 한계 세율이[12] 94퍼센트까지 치솟았지만 여기에 해당하는 소득은 스물다섯 배 감소했다.

정부는 나일론, 자전거, 신발, 땔나무, 비단, 석탄의 물가를 통제했고, 미국인들은 이를 받아들였다. 정부는 또 가솔린 사용을 엄격하게 규제했으며,[13] 기름과 고무 소비를 줄이기 위해 미 전역에서 시속 56킬로미터의 속도 제한을 지키도록 했다. 카풀을 권장하는 미국 정부의 포스터[14]에는 다음과 같은 문구가 쓰여 있었다. "차를 혼자 탄다면 히틀러와 함께 타는 거나 다름없다!"

농부들은 수가 크게 줄었고 농기계도 더 적어졌지만 생산량을 대폭 늘렸으며, 농부가 아닌 사람들은 뒷마당과 빈터에 '승리 정원'이라는 작은 농장을 만들었다. 식품 배급제가 실시되었고[15] 특히 설탕, 커피, 버터 같은 주요 품목들이 그러했다. 1942년, 정부는 '고기 나눔' 캠페인을 시작하여 매주 섭취하는 고기 양을 성인 한 명당 1.13킬로그램으로 제한하는 방안을 권고했다. 영국 사람들은 그 절반의 양을 먹고 있었다.[16] (아이러니하게도 이렇게 다 함께 허리띠를 졸라맨[17] 결과 건강 면에서는 전반적으로 좋은 결과를 낳았다.) 1942년 7월, 디즈니가 농무부를 위하여 「식량이 전쟁을 승리로 이끌 것이다」라는 단편 만화영화를 제작했다. 이 영화에서는 농사를 국가 안보 문제에 빗댔다. 미국에는 추축국 병사의 두 배에 달하는 농민들이 있었다. "그들의 무기는 식량 전선의 기갑부대[18]인 농기계다. 즉 그들은 콤바인 부대, 트럭 연대, 옥수수 수확기, 감자 파기 기계, 이앙기, 줄지어 선 착유기

사단이다."

　진주만이 기습당한 지 다섯 달이 지나 미국도 유럽 여러 나라와 마찬가지로 전쟁에 깊이 발을 담그게 된 1942년 4월 28일 저녁, 수백만의 미국인들이 라디오 주변에 모여 루스벨트 대통령의 노변담화에 귀를 기울였다. 대통령은 최근의 전쟁 상황을 알리고, 시민들에게의 요청 사항과 모든 미국인 앞에 놓인 도전들에 대해 이야기했다.

　우리 모두가 세계의 멀리 떨어진 곳에서 적과 싸우는 특권을 누릴 수는 없습니다.[19] 우리 모두가 군수품 공장이나 조선소, 농장, 유전이나 광산에서 일하여 우리 군대가 필요한 원자재나 무기를 생산하는 특권을 누릴 수도 없습니다. 하지만 남녀노소 할 것 없이 전 국민이 참여하는 하나의 전선, 하나의 전투가 있습니다. 이 전쟁이 끝날 때까지 여기에 계속 참여하게 될 것입니다. 그 전선은 바로 여기 집에, 우리의 일상생활에, 우리가 매일 하는 일에 펼쳐져 있습니다. 우리 군인들을 지원할 뿐만 아니라 우리나라의 경제 구조를 전쟁이 끝난 후까지 튼튼하고 안전하게 유지하기 위하여, 필요하다면 모든 자제력을 발휘할 특권을 우리 모두가 집에서 누리게 될 것입니다. 사치품은 물론이고 우리 생활을 편리하게 해주는 많은 물건들을 버려야 할 것입니다. 충성스러운 미국인이라면 누구나 각자 져야 할 책임을 잘 알고 있습니다. (……) 어제 제가 의회에서도 말했듯이, '희생'은 이 극기 프로그램을 묘사하는 데에 딱 들어맞는 말은 아닙니다. 이 위대한 투쟁의 끝에서 우리의 자유로운 생활 방식을 구해 낸다면 어떤 '희생'도 희생이 아닐 것입니다.

정부에 자기 수입의 94퍼센트를 바치는 건 견디기 어려운 부담이다. 주요 식료품을 배급받는 건 보통 힘든 일이 아니다. 시속 56킬로미터 이상 속도를 낼 수 없다면 엄청나게 불편하다. 밤에 전등을 꺼야 한다면 좀 짜증이 난다.

수많은 미국인들에게 전쟁은 저 멀리 어딘가에서 일어나는 일이었지만, 대개는 별 탈 없이 여기에서 안전하게 지내는 시민들에게 좀 어둡게 살라고 요구하는 것이 무리한 일은 아닐 듯하다. 수백만 명의 생명은 물론이고 우리의 자유로운 생활 방식을 구하기 위한 위대한 투쟁의 한복판에서, 전등 끄는 일을 과한 희생이라고 여긴다면 사람들이 우리를 어떻게 보겠는가?

물론 전등을 끄는 집단행동만으로 전쟁에서 이길 수는 없다. 승리하기 위해서는 1600만 명의 미국인이 군 복무를 하고, 4조 달러가 넘는 돈을 쓰고,[20] 미국 이외에 12개국이 넘는 나라들이 군대를 동원해야 했다. 그러나 그런 집단행동을 하지 않아서 전쟁에서 이기지 못했다면 어땠을지 상상해 보라. 밤에 전등 스위치를 끄지 않았기 때문에 나치의 깃발이 런던, 모스크바, 워싱턴D. C.에서 휘날리는 사태를 막지 못했다고 상상해 보라. 그런 집단행동을 하지 않았기 때문에 전 세계에 남은 1050만 명의 유대인을 구하지 못했다면 어땠을지 상상해 보라.[21] 그렇게 된다면 시민들이 발휘한 극기심을 사람들이 어떻게 생각하겠는가?

어떤 희생도 희생이 아닐 것이다.

◑ 좋지 않은 이야기

1955년 3월 2일, 앨라배마주 몽고메리에서 버스를 탄 한 아프리카계 미국인 여성이 백인 승객에게 자기 좌석을 내주기를 거부했다. 웬만한 미국 아이라면 이 장면을 첫 번째 추수감사절 축제를 재현하듯이(의미를 알고서), 판지로 만든 배에서 티백을 던지듯이(의미를 알고서), 판지로 만든 톱해트(에이브러햄 링컨이 쓰던 종류의 모자—옮긴이)를 쓰고 게티스버그 연설을 외우듯이(의미를 알고서) 재연할 수 있다.

버스 뒤편으로 옮겨 가기를 거부한 최초의 여성 이름을 당신이 안다고 생각할지도 모르지만, 아마 모를 것이다. (나도 최근에야 알았다.) 이는 우연의 일치나 우연이 아니다. 민권 운동이 어느 정도 승리함으로써, 클로데트 콜빈은 비로소 잊혀졌다고 할 수 있다.

점점 강해지는 대형 태풍, 더 심각해지는 해수면 상승, 가뭄과 물 부족, 점점 넓어져 가는 오염 해역, 대규모 해충 발생, 죽어 가는 숲, 매일같이 사라지는 수백 종의 생물과 같이 잇따르는 비상사태들이 인간의 삶을 위협하고 있다.[22]

이건 대부분의 사람들에게 좋은 이야기가 아니다. 전 지구적인 위기가 심각해지고 있지만 마치 저 멀리에서 벌어지는 전쟁과 비슷하다. 우리는 실존을 뒤흔드는 위기와 그 위급함을 인식하지만 생존을 위한 전쟁을 치르고 있음을 알고 있을 때조차도 거기에 온전히 몰두하지는 못한다. 인식과 느낌의 간극 때문에 사려 깊고 정치에 관심이 많은 사람들, 다시 말해 기꺼이 행동할 뜻이 있는 사람들조차 행동하기가 아주 힘들 수 있다.

런던에서 전시에 그러했듯이 폭격기가 머리 위에 있다면 말할 필요도 없이 전부 전등을 끌 것이다. 반면 포격이면 바다에서 일어나고 있다면, 마찬가지로 위험하다 해도 전등을 끄는 행동이 당연하다고 할 수는 없다. 바다 건너에서 포격을 당하고 있다면 포격이 일어나고 있다는 것을 알아도 믿기 힘들지 모른다. 마치 우리 행성의 파괴가 남의 일이라는 듯 굴면서 '환경' 위기를 피부로 느낄 때까지 손을 놓고 있다면, 모두가 매달려도 더는 문제를 해결할 수 없는 날이 오고야 말 것이다.

전 지구적 위기는 으레 저기 멀리 있는 것처럼 여겨지는데, 우리의 상상력이 피로에 전 탓에 이런 현상은 더욱 악화된다. 우리가 직면한 위협의 복잡성과 규모를 생각하면 진이 빠진다. 우리는 기후변화[23]가 오염, 탄소, 해수 온도, 열대우림, 만년설 등과 관계가 있다는 것은 안다. 하지만 우리의 개인행동, 혹은 집단행동이 어떻게 허리케인의 속도를 시속 48킬로미터 가까이 부풀리거나 시카고를 남극보다 더 추운 곳으로 만드는 극소용돌이에 기여하는지[24] 설명하기는 어렵다는 것도 다들 알고 있다. 또 우리 삶이 이미 영향을 받고 있다는 사실도 쉽게 잊는다.[25] 우리는 맨해튼 주위에 16킬로미터 길이의 방파제를 건설하자는 제안을 주저하지 않고 내놓는다. 보험료 인상을 그러려니 하고, 대도시까지 덮치는 산불, 매년 닥치는 '1000년 만의 홍수', 전대미문의 사망자를 낳은 기록적인 혹서 같은 극단적인 날씨도 이제는 그냥 날씨일 뿐이다.

전 지구적인 위기는 말하기 어렵기도 하지만 **좋은** 이야기도 아니다. 우리의 마음을 돌려놓지 못했고 심지어 관심을 끌지도 못했다. 행동주의와 예술의 가장 근본적인 야심은 사람들의 마음을 사로잡아 변화시키는 것이다. 기후변화라는 주제는 두 영역 모두에서 성과가 좋지 못하다. 사실잘 보면 대부분의 작가는 자신이 이 세상의 과소평가된 진실에 특히 민감하다고 생각하지만, 우리 행성의 운명은 폭넓은 문화적 대화보다 문학에서 훨씬 더 작은 자리를 차지하고 있다. 어쩌면 작가들이 어떤 종류의 이야기가 '먹히는지'에 특히 민감하기 때문인지도 모른다. 민담, 종교 문헌, 신화, 역사의 한 구절 등 우리 문화에서 계속 이어져 오는 이야기에는 확실한 악한과 영웅이 있다. 그런 이야기에는 통일된 플롯, 선정적인 액션, 도덕적 결론이 있다. 그러니 기후변화 문제를 제시할 때는 본능적으로 오랜 시간에 걸쳐 일어나는 가변적이고 점점 커져 가는 과정보다는 미래의 극적인 묵시록적 사건으로 보여 주고 싶은 것이다. 지금으로서는 추상적이고, 다방면에 걸쳐 일어나며, 느리고, 눈에 확 띄는 특징이나 순간들이 부족한 전 지구적 위기를 진실하면서도 관심을 단숨에 잡아끌도록 묘사하기란 불가능해 보인다.

콜빈[26]은 몽고메리에서 버스 좌석을 바꿔 주기를 거부했다는 이유로 체포된 첫 번째 여성이었다. 우리들 대부분이 아는 이름인 로자 파크스는 아홉 달이 지나서야 등장한다. 버스 좌석 분리에 항의하던 순간, 파크스는 전해지는 이야기와 달리 긴 하루를 마치고 집으로 돌아가는 지친 재봉사에 불과한 인물이 아니었다. 사회 정의 워크숍에 참석한 적이 있고, 영향력 있는 변호사들과 점심을 함께 했으며, 운동의 전략을 짜는 데 참여했던 영리하고 경험 많은 민권 운동가였다(그녀가 사는 지역 미국흑인지위향상협회NAACP 지부의 총무였다). 파크스는 좋은 집안 출신의 마흔네 살 된 유부녀였다. 콜빈은 가난한 집안 출신이었고, 일자리를 오래 유지하지 못했으며, 자기보다 훨씬 더 나이가 많은 유부남

과의 사이에서 아이를 낳은 십 대 엄마였다. 파크스 본인을 포함하여 민권 운동 지도자들은 최근 일어난 운동의 주인공이 되기에는 콜빈의 이력이 너무 결함투성이인 데다 성격도 매우 불안정하다고 보았다. 좋은 이야기가 되기에는 충분치 않은 것이다.

예수가 십자가에 못 박히지 않고 욕조에 빠져 죽었다면 기독교가 널리 퍼질 수 있었을까? 안네 프랑크가 책장 뒤에 숨은 아름다운 소녀가 아니라 냉장고 뒤에 숨은 중년 남자였다 해도 일기가 널리 읽혔을까? 링컨의 실크해트, 간디의 허리에 두른 천, 히틀러의 콧수염, 반 고흐의 귀, 마틴 루서 킹의 목소리, 그리고 쌍둥이 빌딩이 지구상에서 가장 쉽게 무너진 건물이라는 사실은 역사의 진로에 얼마나 많은 영향을 미쳤을까?

파크스의 이야기는 역사에서 길어 낸 진짜 에피소드이자 역사를 만들기 위해 창조한 우화이다. 이오지마에 깃발을 올리는 군인들, 로베르 두아노가 파리 시청 앞에서 찍은 「키스」, 폭격당한 런던의 잔해 속을 지나가는 우유 배달부의 상징적인 사진처럼,[27] 버스를 탄 파크스의 사진[28]은 연출된 것이었다. 그녀 뒤에 앉아 있던 사람은 악질적인 분리주의자가 아니라 동정심 많은 기자였다. 그녀가 나중에 인정했듯이,[29] 실제로 일어난 일은 지친 여자가 버스 앞좌석에서 뒤쪽으로 옮기라는 요구를 받은 단순한, 그래서 기억하기 쉬운 사건은 아니었다. 그러나 파크스는 서사의 힘을 이해했기 때문에 가장 공감대를 형성할 수 있고 영감을 주는 식으로 사건을 구현했다. 파크스는 자기 이야기의 주인공이 될 만큼 용감하면서도 이야기의 지은이들 중 한 명이 될 자격이 있는 영웅적인 인물이었다.

돌이켜 보면 역사는 좋은 이야기를 만든다. 더불어 좋은 이야기들이 역사가 **된다**. 우리 행성의 운명은 또한 우리 종의 운명이며, 이는 심오한 문제이다. 해양 생물학자이자 영화감독인 랜디 올슨이 말했듯이,[30] "기후는 과학계가 일반 대중에게 제시해야 했던 문제 중에서 **가장** 지루할 확률이 아주 높다." 위기에 서사를 부여하려는 시도는 대개 과학 소설이거나, 과학 소설로 치부된다. 유치원생들도 재창조할 수 있는 '기후변화 이야기' 버전은 없다. 아이들과 부모들이 감동해서 눈물 흘리게 할 버전도 없다. 무슨 짓을 해도 저기 멀리서 일어난 일로만 생각할 파국을 바로 여기, 우리 가슴 속으로 끌어올 수는 없을 것 같다. 작가 아미타브 고시가 『위대한 혼란』에서 말했듯이, "기후 위기는 또한 문화의 위기이며,[31] 그래서 상상력의 위기이다." 나는 이것을 믿음의 위기라 부르겠다.

◖ 더 잘 안다고 달라질 것은 없다

1942년, 폴란드의 비밀 저항 운동에 참여한 스물여덟 살 청년 얀 카르스키가 나치 치하의 폴란드에서 런던을 거쳐 미국까지 가서 전 세계 지도자들에게 독일인들이 어떤 짓을 저지르고 있는지 알릴 임무를 띠고 배에 올랐다. 떠나기 전에 다양한 저항 집단들과 만나 서방에 전할 정보와 증언들을 모았다. 그는 회고록에서 유대인 사회주의자 동맹 수장과 만난 일을 설명했다.

동맹 지도자가 조용히 나에게 다가왔다.[32] 그는 내 팔을 아플 정도로 꽉 잡았다. 나를 뚫어져라 보는 격정 어린 눈을 경외감에 차서 들여다보며 그의 눈빛에 담긴 깊고 견딜 수 없는 고통에 감동받았다.

"유대인 지도자들에게 이건 정치나 전술의 문제가 아니라고 말해 주시오. 그들에게 온 세상을 뿌리째 뒤흔들어야 한다고, 전 세계가 일어서야 한다고 말하시오. 그제야 눈을 떠서 상황을 이해하게 될지도 모릅니다. 그들에게 어떤 정치인도 감수한 적이 없는 희생, 죽어 가는 내 민족의 운명만큼이나 고통스럽고 유례없는 희생을 할 힘과 용기를 끌어내야 한다고 말하시오. 그들은 이 점을 이해하지 못하고 있어요. 독일의 목표와 방법은 역사상 전례가 없는 것이오. 그러니 민주 국가들 또한 전례가 없는 방식으로 대응해야 해요. 들어 본 적도 없는 대응 방안을 선택해야 한단 말이오. (……)

유대인 지도자들에게 어떤 행동 계획을 제안할 거냐고요? 그들에게 중요한 영국과 미국의 관공서와 단체란 단체는 전부 찾아가라고 하시오. 유대인을 구할 방법을 결정했다는 확답을 얻어 내기 전에는 절대 자리를 뜨지 말라고 해요. 그들은 먹지도 마시지도 않고, 전 세계가 지켜보는 가운데 천천히 죽음을 맞아야 하오. 그들에게 죽으라고 하시오. 그러면 세계의 양심이 흔들릴지도 몰라요."

카르스키는 상상도 못 할 정도로 위험스러운 여행에서 살아남아 1943년 6월 워싱턴D. C.에 도착했다. 거기에서 미국 역사상 가장 위대한 법조인 중 한 사람인 대법관 펠릭스 프랭크퍼터를 만났다. 프랭크퍼터 역시 유대인이었다. 그는 카르스키로부터 바르샤바 게토가 소거된 일과 강제 수용소에서 자행된 학살에 대한 이야기를 듣고는 한바탕 질문 세례를 퍼붓고 나서("게토와 다른 지역을 나누는 벽의 높이는 몇 미터인가요?") 말없이 방을 왔다 갔다 하더니 자리에 앉아 이렇게 말했다. "카르스키 씨, 나 같은 사람이 당신 같은 사람에게 이야기할 때는 하나도 숨김없이 솔직해야 해요. 그래서 당신이 한 말을 믿을 수 없다고 고백해야겠소." 카르스키의 동료가 프랭크퍼터에게 카르스키의 말을 믿어 달라고 간청하자, 프랭크퍼터는 이렇게 대꾸했다. "이 젊은이의 말이 거짓이라고 말한 게 아니오. 믿을 수 없다고 했을 뿐이지. 내 마음, 내 가슴은 이런 이야기를 받아들일 수 없게 생겨 먹었단 말이오."

그는 카르스키 이야기의 사실 여부를 묻지 않았다. 독일인들이 자신의 친지들을 비롯해 유럽의 유대인들을 체계적으로 죽이고 있다는 사실에 토를 달지 않았다. 그는 납득했고 공포에 질렸지만, 자신이 할 수 있는 일은 아무것도 없다고 대답하지도 않았다. 그보다는 자신이 진실을 받아들이고 믿을 능력이 없으며 그런 줄도 알고 있다고 털어놓았다. 프랭크퍼터의 양심은 흔들리지 않았다.

우리의 마음과 가슴은 어떤 일을 하는 데에는 딱 맞게 만들어져 있지만 다른 어떤 일에는 영 맞지 않는다. 우리는 허리케인의 경로를 계산하는 일은 잘하지만 태풍을 피하기로 결정하는 일은 잘하지 못한다. 우리는 현대 세계와는 비슷한 점이 거의 없는 환경에서 수천만 년에 걸쳐 진화해 왔기 때문에 오늘날과 잘 맞지 않거나 현실에 대응하지 못하는 열망, 공포, 무관심에 이끌리곤 한다. 우리는 당장, 바로 그 자리에서 필요한 무언가에 더 끌린다. 지방과 설탕을 좋아한다.(이런 것을 언제 어디서나 쉽게 얻을 수 있는 세계에 사는 사람들에게는 나쁜 일이다.) 정글짐에서 노는 아이들을 신경을 곤두세우고 지켜본다.(정작 아이들 건강을 더 크게 위협하는 요인은 무시하면서.) 그러면서도 치명적이지만 저기 멀리 있는 것에는 여전히 무관심하다.

최근 연구에서 UCLA 심리학자 할 허시필드는[33] 사람들에게 미래의 자신을 묘사해 보라고 하면, 불과 10년 후의 모습이라도 MRI가 스캔한 뇌 활동 패턴이 현재의 자신보다 마치 모르는 사람을 설명할 때 나타나는 모습과 더 가깝다는 사실을 발견했다. 하지만 대상자들에게 자기 자신의 나이 든 모습을 직접 보여 주면 이러한 차이는 바뀌었고 행동도 바뀌었다. 예컨대 1000달러를 사랑하는 사람을 위한 선물 구입, 휴가 계획 세우기, 예금, 은퇴 후 투자, 이 네 가지에 나누어 보라고 하자, 자신의 늙은 아바타를 본 이들은 보지 않은 사람들보다 은퇴 자금에 두 배 가까이 많은 돈을 넣었다.

우리의 감정 반응은 생생할수록 더 강해진다는 사실이 널리 확인되었다.[34] 연구자들은 식별 가능한 희생자 효과(고통을 상세히 시각화하는 능력), 내집단 효과(고통에 대한 사회적 근접도 표시), 대상에 따른 동정 효과(희생자의 조건이 끔찍한 정도가 아니라 악화되고 있음) 등 사람들의 관심을 끄는 수많은 '공감 편향'에 대해 설명했다.[35] 한 연구자 집단이 20만 명을 대상으로 자선금을 모으는 다이렉트 메일을 보냈다. 이때 기부 대상이 원래 가난했던 사람이 아니라 최근 가난해졌다고 알렸을 때 기부 금액이 33퍼센트 증가했다. 기부자와 기부 대상의 종교가 같을 때는 55퍼센트 증가했다. 기부 대상이 이름이 없는 집단이 아니라 이름이 있는 개인일 경우 110퍼센트까지 늘어났다. 이 모든 전략을 구사하자[36] 기부액이 300퍼센트 증가했다.

전 지구적 위기의 진짜 문제는 무수히 많은 고정된 '무관심 편향'과 맞닥뜨려야 한다는 것이다. 극단적인 기후, 홍수와 산불, 이주와 자원 부족 등 기후변화에 따르는 재난들 중 상당수는 생생하고 개인적이며 상황이 악화되어 가고 있음을 암시하지만, 이들을 다 합쳐 놓으면 영 다르게 느껴진다. 점점 강력해지는 서사라기보다는 추상적이고, 멀고,[37] 고립된 현상으로 보인다. 이는 기후변화가 투표자들의 관심을 끌지 못하는 한 가지 이유이다. 기자인 올리버 버크먼이 《가디언》지에서 말했듯이,[38] "사악한 심리학자 무리가 비밀리에 해저 기지에 모여서 인류가 감당하기에는 턱도 없을 위기를 만들어 낸다면, 기후변화보다 더한 것은 없을 것이다."

소위 기후변화 부정론자들은[39] 기후 과학자들의 97퍼센트가 동의하는, 지구가 인간 활동 탓에 더워지고 있다는 결론을 거부한다. 그러나 인간이 초래한 기후변화의 현실을 받아들이고 있는 우리 같은 사람들은 어떨까? 우리는 과학자들이 거짓말을 한다고 생각하지는 않을지 모른다. 하지만 그들이 우리에게 하는 말을 믿을 수 있는가? 이런 믿음은 당연히 우리를 깨워 당장 기후변화와 관련된 긴급한 윤리 원칙에 눈 뜨게 하고 양심을 뒤흔들어 미래의 대재앙을 막기 위해 현재의 작은 희생을 기꺼이 받아들이게 만들어야 할 것이다.

진실을 받아들이는 것만으로는 미덕이 되지 않는다. 우리를 구하지도 못할 것이다. 어릴 때 해서는 안 되는 짓을 하면 "그러면 안 된다는 것쯤은 알았어야지."라는 말을 듣곤 했다. 알았느냐 몰랐느냐에 따라 실수와 범죄가 갈린다.

우리가 사실에 기반을 둔 진실을 받아들이면서도(우리가 지구를 파괴하고 있다는 점) **믿지는** 못한다면, 인간이 초래한 기후변화의 존재를 부인하는 이들보다 나을 것이 없다. 프랭크퍼터가 홀로코스트가 자행되었음을 부인한 이들보다 나을 것이 없었듯이. 미래에 두 종류의 부인을 구분할 때, 무엇이 심각한 실수이고 무엇이 용서받지 못할 죄로 보일까?

◗ 떠나기, 믿기, 살기

카르스키가 전 세계에 유럽의 유대인들이 학살당하고 있음을 알리기 위해 폴란드를 떠나기 1년 전, 나의 할머니는 당신 목숨을 건지려고 폴란드의 고향 마을을 떠났다. 할머니는 양가 조부모님과 어머니, 형제 둘, 사촌, 친구들을 뒤로하고 떠나셨다. 당시 스물두 살이었고 할머니도 남들이 아는 정도의 사실밖에는 몰랐다. 나치가 소비에트 치하의 폴란드를 향해 동쪽으로 밀고 들어오고 있으며 이제 불과 며칠밖에는 여유가 없다는 사실 말이다. 내가 할머니께 왜 떠나셨느냐고 여쭈어 보면 이렇게 대답하셨다. "뭔가 해야만 할 것 같았거든."

나의 증조할머니는 나중에 수양딸을 안은 채 집단 무덤 끄트머리에서 총살당하셨다. 증조할머니는 할머니가 짐 꾸리는 모습을 지켜보셨다. 두 분 다 아무 말도 하지 않았다. 그때의 침묵이 마지막으로 주고받은 말이었다. 증조할머니도 할머니만큼은 알고 있었지만 뭔가 해야만 한다고 생각하지는 않으셨다. 증조할머니가 아는 것은 그저 아는 것일 뿐이었다.

할머니의 여동생은 나중에 먹을거리와 장신구를 맞바

꾸려다 총에 맞았는데, 할머니가 떠날 때 집 밖까지 마중 나왔다. 여동생은 할머니에게 하나뿐인 자기 신발을 벗어서 주었다. "떠나다니 언니는 운이 참 좋네." 나는 이 이야기를 귀에 못이 박히게 들었다. 어릴 때 그 말은 이렇게 들렸다. "믿다니 언니는 운이 참 좋네."

어쩌면 단순한 운이 아니었을지도 모른다. 할머니가 떠나던 당시 아팠거나, 누군가와 사랑에 빠졌거나, 아무튼 몇 가지만 달랐더라면, 떠날 만큼 운이 좋은 사람 축에 들지 않았을 수도 있다. 남았던 사람들이 덜 용감하거나, 덜 영리하거나, 죽음을 덜 두려워했던 것은 아니었다. 단지 그들은 닥쳐 올 일이 이미 숱하게 겪은 일들과 그리 다르지 않으리라 믿었다. 믿음이 실제가 될 수는 없다. 남을 억지로 믿게 만들 수도 없다. 더 잘 알고, 목소리가 더 크고, 더 고결한 명분이 있어도 소용없고, 반박할 수 없는 증거를 내놓아도 안 된다. 감독 클로드 란츠만은 카르스키의 미국 방문에 대한 다큐멘터리인 「카르스키 리포트」의 도입부에서 이렇게 말했다.

지식이란 무엇일까요?[40] 말 그대로 들어 본 적도 없는 공포에 대한 정보가 인간의 뇌에서 어떤 작용을 할까요, 인류 역사상 전례 없는 범죄와 관련된 것이라서 받아들일 준비가 안 되어 있다면? (……) 런던으로 도피한 레몽 아롱은 동유럽에서 당시 무슨 일이 일어나고 있는지 알고 있었느냐는 질문을 받았습니다. 그는 이렇게 대답했습니다. 알기는 했지만 믿지 않았습니다. 믿지 못했으니까 알지 못한 거나 마찬가지죠.

나는 할머니의 고향 마을을 집집마다 돌아다니면서 남은 이들의 얼굴을 움켜쥐고 소리를 지르는 상상을 하곤 한다. "뭔가 해야 해요!" 나는 우리 가족이 정당한 몫보다 열 배나 많은 에너지를 소비하고 있음을 알고, 탐욕스러운 생활 방식을 대표한다는 것도 알고, 이런 생활방식이 지구를 파괴하고 있다는 사실도 안다. 이런 집에서 내 후손이 내 얼굴을 움켜쥐고 "뭔가 해야 해요!"라고 고함치는 광경을 상상할 수도 있다. 그래도 무언가를 하게 만드는 믿음이 생기지는 않는다. 그래서 나는 아무것도 모른다.

어느 날 아침, 차로 아들을 학교에 데려다주고 있는데 아들이 읽고 있던 책에서 고개를 들고 말했다. "살아 있으니 우리는 참 운이 좋아요."

나에게 없는 지식 한 가지가 바로 이것이다. 어떻게 하면 삶을 사랑하는 만큼 무관심한 행동을 바꿀 수 있을까.

우리 할머니는 집을 떠날 때가 6월이었는데도 겨울 외투를 챙기셨다.

◗ 흥분 상태

2006년 어느 여름 밤, 여덟 살 소년 카일 홀트러스트가 투손 동쪽에서 자전거를 타고 길을 건너다가 쉐보레 카마로 트럭에 치였다. 트럭은 소년을 9미터 정도 끌고 갔다. 옆 트럭의 목격자였던 토머스 보일 주니어가 조수석에서 뛰어내려 달려갔다. 그는 너무 흥분한 나머지 카마로 트럭 프레임을 움켜쥐고 차 앞쪽을 들어 올려 홀트러스트를 끌어낼 수 있도록 45초간 잡고 있었다. 보일 주니어는 자신이 왜 그랬는지 설명하면서[41] 이렇게 말했다. "저렇게 고통 받는 사람을 보고도 도우려는 시도조차 하지 않는다면 저는 정말 인간도 아니겠지요. (……) 머릿속에는 온통 한 가지 생각뿐이었어요. 저 애가 내 아들이라면?" 그는 뭔가 해야 한다고 느꼈던 것이다.

하지만 '어떻게' 그런 일을 했는지 문자 보일은 당황했다. "지금은 저 차를 절대 들어 올릴 수 없어요." 데드리프트의 세계 기록은 500킬로그램이다. 카마로 트럭의 무게는 약 1500킬로그램에서 약 1800킬로그램 사이이다. 역도 선수도 아닌 보일 주니어[42]가 소위 '흥분 상태의 힘'을 보여 준 것이다. 이 힘은 생사의 기로에서 발휘되는 상상하기 어려운 신체 능력을 말한다.

놀랍게도 어떤 사람이 홀트러스트를 덮친 차를 들어 올렸고 많은 사람들이 구급차가 빨리 지나갈 수 있도록 차를 비켜 주었다. 그들도 어린아이의 목숨을 구하는 데 중요한 역할을 했지만, 예외적인 행동을 했다고 여겨지지는 않는다. 차를 들어 올리는 것은 우리가 할 수 있는 일의 최대치이다. 구급차를 보고 차를 비켜 주는 것은 최소치이다. 홀트러스트는 이 두 가지가 모두 어우러진 덕에 목숨을 건졌다.

초등학생 시절, 경찰관과 소방관들은 해마다 학교에 와서 시민의식과 책임감을 북돋우고 위험 상황에서 무엇을 해야 하는지 가르쳐 주었다. 당시 한 소방관이 우리에게 구급차를 보면 사랑하는 사람이 타고 있을지도 모를 거라 생각하라고 말해 준 기억이 난다. 어린아이의 머릿속에 넣어 주기에는 얼마나 슬픈 생각인가! 게다가 그리 적절한 비유도 아니다. 우리는 사랑하는 사람이 타고 있을지도 몰라서 구급차에 길을 비켜 주는 것이 아니다. 법이 그렇게 하라고 해서 길을 비키는 것도 아니다. **마땅히 해야 할 일이기에** 비켜 주는 것이다. 구급차에 길을 터 주는 것은 한 줄로 서서 기다린다든가, 쓰레기통에 쓰레기를 버리는 것 같은 일반적인 사회 규범이다. 우리 문화에 너무 깊이 박혀 있어서 의식하지도 못할 정도이다.

규범은 바뀔 수 있고 무시될 수도 있다. 2010년대 초,

모스크바[43]에 '구급차 택시'가 판을 쳤다. 겉은 구급차처럼 생겼지만 내부를 화려하게 꾸며 놓은 차로 누군가 도시의 악명 높은 교통체증을 피해서 달리려는 상류층에게 시간당 200달러에 빌려 주었다. 이런 차를 이용하지 않는 사람이라면 좋게 보기는 어려운 일이다. 그들에게 직접 이용당한 적이 없더라도(이런 차들이 우리 옆을 지나가는 일이 흔하지는 않을 것이다.) 집단의 선을 위해 기꺼이 희생하려는 우리의 마음을 짓밟고 선한 충동을 이용했기 때문에 이는 모욕이다. 2차 대전 때 국내 전선에서 단행한 정전 조치로 약탈이 일어났고, 식량 배급에는 위조와 도둑질이 따랐다. 런던에서 피커딜리 나이트클럽[44]이 독일 공군의 공격을 받았을 때, 구조대원들은 시체에서 보석을 훔쳐 가려는 자들을 막느라 애써야 했다.

이런 것은 극단적인 사례이다. 대개 우리가 무엇을 하는지, 또 우리가 어떤 사람인지는 너무나 미묘해서 잘 보이지 않을 정도이다. 그렇다, 우리가 가짜 구급차를 몰고 돌아다니지는 않지만 후손들이 보기에 우리가 지금 살아가는 방식 중 많은 부분이 그들 못지않게(그보다 훨씬 더) 나쁘게 보일 것이다. '구급차'라는 단어는 앞에 가는 운전자가 백미러로도 읽을 수 있도록 구급차 후드에 거꾸로 쓰여 있다. 길에서 앞쪽에 있는 차들을 위해, 즉 미래를 위해 그렇게 써 놓았다 해도 좋을 것이다. 구급차에 탄 사람은 '구급차'라는 단어를 볼 수 없듯이, 우리는 우리가 일구고 있는 역사를 읽을 수 없다. 그것은 백미러로 읽도록 거꾸로 쓰여 있다. 길에서 우리 앞에 가는 사람들, 다시 말해 아직 태어나지 않은 사람들, 언젠가 우리 시대를 백미러를 통해 보게 될 사람들만이 읽을 수 있다.

'비상사태(emergency)'라는 단어는 라틴어 에메르게레(emergere)에서 나온 것으로, 이는 원래 '일어나다, 불을 켜다'라는 의미이다.

'대재앙(apocalypse)'이라는 말은 그리스어 아포칼립테인(apokalyptein)에서 나온 것으로, 이는 원래 '드러내다, 밝히다'라는 뜻이다.

'위기(crisis)'라는 말은 그리스어 크리시스(krisis)에서 나온 것으로, 이는 원래 '결정'이라는 뜻이다.

재난이란 말은 전에는 감추어져 있던 것을 드러낸다는 사실을 암시한다. 전 지구적 위기가 연이은 비상사태로 터져 나올 때, 우리가 내리는 결정은 우리가 누구인가를 드러낼 것이다.

다른 문제들은 서로 다른 반응을 불러일으키고 요구한다. 차 아래 깔린 사람이라면 공포는 적절한 반응이지만, 사소한 누수 때문에 근사한 집을 판다면 걱정이 지나친 것이다. 지구의 상황은 무엇을 요구하며, 무엇을 불러일으키는가? 그리고 이런 상황이 요구하는 대로 따르지 않으면 어떻게 될까? 결국 우리가 교통체증을 피하려고 차 위에 섬광등을 달면서도 정작 전쟁이 일어나 폭탄을 맞을 위험이 있는데도 전등을 끄지 않을 사람이라면?

◢ 원정 경기

흥분 상태에서 놀라운 힘을 발휘한 사례가 수없이 관찰되었지만, 통제된 환경에서 발견된 사례는 단 한 건도 없다. 필요조건을 만들어 내는 것이 윤리에 어긋날 수도 있기 때문이다. 그러나 목격된 사례들 이외에도 근육에 흐르는 전하의 효과(의지로 통제할 수 있는 범위를 넘어서는 힘을 보여 준다.)나 비상사태와 유사한 상황에서 운동선수들이 발휘하는 능력처럼, 이것은 실제로 일어나는 현상이다. 세계기록의 절대 다수가 어떤 경기보다 관중이 많고 훨씬 더 중요한 올림픽 경기에서 나온 것은 절대 우연이 아니다. 선수들은 더 많은 관심을 들이기 때문에 더욱더 노력할 수 있다.

관심을 기울이면 더 나은 결과를 낳는 더 확실한 예는 홈그라운드의 이점이다. 종목을 막론하고 개인과 팀은 홈그라운드에서 경기를 했을 때 이기는 경우가 더 많다.(다시 말하건대 세계기록의 절대 다수가 올림픽에서 나왔을 뿐 아니라, 주최국은 거의 항상 놀라운 성과를 낸다.) 이런 현상은 어느 정도는 경기 외적 환경(전날 밤 자기 침대에서 푹 자고, 집밥을 먹고, 익숙한 곳에서 경기를 한다.)의 이점으로 설명할 수 있다. 또 심판이 홈팀에 유리한 판정을 내리는 경향도 있을 터다. 하지만 가장 중요한 점은 지지해 주는 사람들 앞에서 경기를 한다는 심리인 듯하다. 독일 분데스리가 프로축구에 대한 연구[45]를 보면, 홈그라운드의 이점은 트랙으로 둘러싸인 경기장보다 그렇지 않은 축구 전용 경기장에서 더 많이 나타났다. 팬들이 축구장에 더 가까이 있을수록 그들의 존재가 더 뚜렷이 느껴진다. 집이 더 집답게 **느껴지는** 것이다.

우리가 전 지구적 위기에 대처하기 위해 필요한 의지를 모으려면, 당연히 필요한 관심을 모아야 할 것이다. 상투적인 말이 아닌, 머리가 아닌 본능으로 지구를 유일한 집으로 여겨야 할 것이다. 노벨상을 수상한 심리학자 대니얼 카너먼은 우리 마음이 느리면서도(깊이 생각하는) 빠른(직관적인) 방식을 가지고 있음을 발견하고 이렇게 말했다. "사람들을 동원하려면[46] 감정에 호소해야 한다." 우리 행성을 구하려는 노력을 별로 중요하지 않은 시즌 중 원정경기 정도로 여긴다면 우리는 파멸을 피할 수 없을 것이다.

분명 사실만으로는 우리를 움직일 수 없다. 하지만 감정을 계속 유지할 수 없다면? 나는 전 지구적 위기에 대한 나 자신의 반응과 싸웠다. 나는 분명히 지구의 운명에 관심을 기울이고 있다고 믿는다. 하지만 내가 투자한 시간과 에너지가 관심의 정도를 나타낸다면 어린 시절의 고향인 워싱턴을 연고지로 둔 야구팀 워싱턴 내셔널스의 성적에 더 마음을 쓰고 있음을 부인할 수 없다. 나는 결단코 기후변화 부인론자가 아니라고 생각하지만, 내 행동이 그들과 별반 다르지 않다는 사실은 부인할 수 없다. 프로야구 개막전을 보기 위해 아이들이 학교를 빼먹는 것을 눈감아 주겠지만, 미래에 우리의 고향이 물에 잠길 사태를 막기 위해서는 사실상 아무것도 하지 않고 있다.

이 책을 쓰려고 조사하면서 알게 된 사실들에 여러 번 충격을 받았다. 하지만 나 자신에게나 독자 여러분에게나 솔직히 털어놓자면 그렇다고 마음이 많이 움직이지는 않았다. 혹은 시간이 지나도 마음이 움직이지 않았거나, 행동에 나설 만큼은 아니었다. 발표 당시 《뉴욕》 역사상 가장 많이 읽힌 기사인 데이비드 월리스 웰스의 무시무시한 글, 『2050 거주불능 지구』처럼 나를 겁에 질리게 만든 기사조차도 내 양심을 뒤흔들어 놓거나 영원히 양심에 박히지는 못했다. 글에 문제가 있어서가 아니다. 월리스 웰스의 글은 진실을 드러낼 뿐 아니라 재치 있고 재미있었다. 종말론적 예언을 다루는 논픽션만이 그럴 수 있다. 문제는 주제이다. 전 지구적 위기라는 주제는 믿을 수는 있어도 말하기는 정말 어마어마하게, 끔찍하리만치 어렵다.

보일 주니어가 홀트러스트를 구하려고 트럭을 들어 올릴 때 그에게 영감을 불어넣을 정보는 필요하지 않았다. 필요한 것은 감정이었다. "머릿속에는 온통 한 가지 생각뿐이었어요. 저 애가 내 아들이라면?" 하지만 감정이 그 정도로 강하지 않았다면? 그래도 차를 들어 올렸을까, 그럴 수 있었을까, 그러려고 애를 썼을까? 홀트러스트를 자기 자식이라고 상상하기가 더 어려웠다면? 홀트러스트가 다른 인종이거나 노인이었다면? 보일 주니어가 현장에서 전하는 사고 영상을 보고 있었다면? 1360킬로그램을 들어 올리면 지구 반대편의 희생자를 구할 수 있다는 말을 들었다면? 많은 이들이 반려동물과 애정 어린 관계를 맺고 동물들이 차에 치이는 사고 또한 자주 일어나지만, 누군가 차에 낀 개나 고양이를 구하려고 차를 들어 올린 사례는 목격된 바가 없다. 우리의 몸은 한계가 있고, 감정도 그렇다. 하지만 우리 감정의 한계를 넘을 수 없다면?

◖ '주먹'이라는 단어를 쓰기

지붕을 마지막으로 손본 지가 너무 오래되어 언제였는지도 모르겠다. 눈에 보이지 않으면 관심에서도 멀어진다. 말 그 대로 상태가 어떤지 볼 수가 없다. 물이 샌 천장 얼룩과는 달리 보기에 나쁘지도 않다. 지붕이 낡았다고 눈에 거슬리 지도 않고 남부끄러울 것도 없다. 한번 올라가서 볼까 싶다 가도 통째로 갈아야 할 정도가 아니면 나 같은 비전문가가 보수를 해도 될지 어떨지 알 수 있을 것 같지도 않다. 지붕 을 아예 갈아야 할지도 모른다고 생각하면 올라가 볼까 하 며 쥐어짠 용기마저 사라져 버린다.

며칠 전 밤에 내가 샤워를 하고 있을 때 둘째 아들이 악 몽을 꾸었다. 물소리 너머, 유리문과 벽 세 개를 넘어 아이 의 울음소리가 들려왔다. 침대로 가 보니 아이는 다시 평화 롭게 잠들어 있었다. 멋지게 꾸민 아이의 침실은 언제 무너 져도 이상하지 않을 지붕 바로 아래 있다.

아이의 나지막한 울음소리를 들은 것은 흥분 상태에서 나온 힘 덕분이라고 설명할 수도 있다. 그런데 나에게 어떤 결함이 있기에 나는 불안한 지붕, 그 지붕 위의 불안한 하늘 은 무시해 버리고 살고 있는 걸까? 우리 할머니가 살던 마을의 유대인들은 살갗에 파리가 앉으면 틀림없이 때려잡았을 것이다. 내가 허술한 지붕과 재앙을 몰고 오는 기후를 무시하고 그냥 살듯이, 할머니의 마을 사람들도 나치가 오는 줄 알면서 대부분은 그냥 마을에 남았다. 우리의 경보 체계는 개념적인 위협을 포착하지 못한다.

허리케인 샌디가 동해안을 강타하려 할 즈음 나는 디트로이트에 있었다. 뉴욕행 비행편이 모두 취소되었고, 앞으로도 며칠간은 비행기를 탈 수 없을 터였다. 가족과 함께 있을 수 없다고 생각하니 괴로웠다. 식료품실에 생수며 오래 저장할 수 있는 식품이 잔뜩 있으니 딱히 집에 가서 해야 할 일은 없었지만, 그래도 집에 가 있어야 했다. 지역에서 마지막으로 남은 렌트카를 찾아내 그날 밤 11시에 길을 나섰다. 열두 시간 후에는 폭풍 앞쪽 가장자리를 통과하고 있었다. 비바람 때문에 거의 운전을 할 수가 없을 지경이었다. 마지막 구간은 네 시간이 걸렸다. 집에 도착해 보니 아이들은 잠들어 있었다. 약속한 대로 부모님께 전화를 걸었는데 어머니가 말씀하셨다. "훌륭한 아버지로구나."

나는 단지 집이라는 내 자리에 돌아가기 위해 열여섯 시간 동안 차를 몰았다. 며칠, 몇 달, 몇 년 후에 또 거대 폭풍이 내 고향을 강타할지도 모르지만 그런 가능성을 줄이기 위해서 딱히 한 일은 없었다. 내가 무엇을 할 수 있을까, 이런 질문도 거의 떠올려 보지도 않았다.

그렇게 운전을 해서 기분이 좋아졌다. 아무 일도 하지 않아도, 내 자리에 있는 것만으로도 기분이 좋았다. 어머니가 부모 노릇을 잘 하고 있다고 칭찬해서 기분이 좋았다. 아이들이 잠에서 깨어 나를 보고 마음을 놓는 모습을 보니 기분이 좋았다. 하지만 좋은 일을 하는 것보다 기분 좋은 것을 우선으로 치는 아버지라니.

어릴 때 구급차라는 단어를 거꾸로 쓰는 이유를 알게 되었을 때 설명이 아주 마음에 들었다. 하지만 나이를 먹고 보니 미처 알지 못했던 사실이 있다. 빙빙 도는 밝은 불빛과 요란하게 울리는 사이렌 소리를 듣고도 굳이 백미러로 '구급차'라는 단어를 봐야 구급차인 줄 알 사람이 있을까? 글러브에 '주먹'이라고 써 놓는 권투 선수 같다고 할까.

아들의 악몽을 달래 주려고 달려가지만 악몽을 꾸지 못하게 막을 방도는 없다. 지구의 위기를 잠자는 자식의 부름처럼 받아들일 수만 있다면. 더도 말고 딱 있는 그대로만 느낄 수 있다면.

주먹에 '주먹'이라고 써야 할 때도 있다. 허리케인 샌디는 우리 집과 도시를 강타했다. 우리는 그게 펀치인 줄도 모르고 한방 먹었다. 바로 날씨라는 펀치다. 기자, 뉴스를 진행하는 앵커, 정치인, 과학자들은 반박할 수 없는 증거가 나오기 전까지는 이를 기후변화가 초래한 재앙으로 보려 들지 않았다. 사실 날씨라면야 그저 받아들여야지 달리 무슨 수가 있겠는가?

나는 전 지구적 위기에 관심을 기울이고 싶다. 나 자신을 이런 사람으로 생각하고 있고, 남들이 이렇게 받아들이기를 바란다. 나 자신을 훌륭한 아버지라 생각하고, 남들도 이렇게 생각하길 바라듯이. 나 자신이 시민의 자유, 여성의 권리, 경제 정의, 차별, 동물 복지에 관심 있는 사람이라 생각하고, 남들이 이렇게 받아들이길 바라듯이. 하지만 양심적인 사람임을 과시하고 디너파티에서 신문 논평을 읊듯 떠들 수 있는 나의 정체성은 책임감을 불러일으키기보다는 골치 아픈 진실을 피해 가게 한다. 진실이 반영돼 있지 않고 진실을 회피할 방법을 제공한다. 아예 정체성이랄 수도 없다. 그저 그걸 증명해 주는 표식일 뿐이다.

진실은 내가 전 지구적 위기에 관심이 없다는 것이다. 믿음의 수준에서 보면 그렇다. 나는 감정의 한계를 극복하려고 노력한다. 보고서를 읽고, 다큐멘터리를 보고, 행진에 참여한다. 하지만 필요한 감정을 끌어내지는 못한다. 나의 항의가 지나치거나 너무 비판적이라고 생각된다면—어떻게 자기 책의 주제에 관심이 없다고 할 수 있단 말인가?—자신의 헌신은 과대평가하고 꼭 해야 할 일은 과소평가했기 때문이다.

2018년, 인간이 일으킨 기후변화에 대해 전보다 많이 알게 되었음에도,[47] 여전히 인간은 우리가 지금까지 배출한 것보다 더 많은 온실가스를 배출하고 있다. 인구 성장률의 세 배나 되는 양이다. 그럴듯한 설명이 있기는 하다. 중국과 인도의 석탄 사용량이 늘고 세계 경제가 호황을 구가하고 혹한과 혹서로 인한 냉난방 에너지가 급증했다……. 하지만 진실은 명백한 만큼이나 노골적이다. 우리는 관심이 없다.

그럼 어떻게 할까.

◗ 막대기

우리 후손들은 기후 변화학을 부인한 이들과 부인하는 듯 행동한 이들을 구분하지 못할 것이다. 마찬가지로 지구를 구해야 한다고 가슴 깊이 느낀 사람들과 지구를 구한 사람들이 어떻게 다른지도 알지 못할 것이다. 우리는 자기 집에 대해서 그렇게 강렬한 감정을 느끼지 못할 수도 있다. 굳이 그럴 필요가 없을 수도 있다. 심지어 감정은 도움이 되기는커녕 위험할 수도 있다.

최초의 인물 사진은 1839년에 촬영되었다. 셀카였다. 로버트 코닐리어스가 필라델피아에 있는 자기 가족이 운영하는 램프와 샹들리에 상점 뒤편에 오페라 렌즈를 끼운 상자를 설치했다. 그는 렌즈에서 빛 차단용 마개를 벗기고 프레임 속으로 뛰어 들어가서 1분 넘게 꼼짝 않고 앉아 있었다. 200년이 채 지나지 않아[48] 사람들은 안드로이드 사용자들만 따져도 매일 9300만 장의 셀카를 찍고 있다. 연구자들은[49] 최근에 하루에 적어도 여섯 번 이상 셀카를 찍어 소셜 미디어에 올리고픈 충동을 '만성 셀카 집착증'[50]으로 정의했다.

사악한 심리학자 무리가 우리 종을 파멸로 몰아넣기에

딱 좋은 재앙으로 기후변화를 이용하고자 한다면, 여기에 MSNBC(미국의 뉴스 전문 케이블 TV)[51], 소셜 미디어, 하이브리드 승용차를 추가할 것이다. 마치 셀카는 우리가 현장에 있지 않은데도 있는 것처럼 느끼게 하듯이, 이런 것들은 참여하지 않았는데도 참여하는 기분을 느끼게 할 수 있다.

공화당 전략가인 스튜어트 스티븐스는 MSNBC의 부상을 설명하면서 이렇게 말했다. "국가가 나아가는 방향 때문에 큰 고통을 받는 사람들이 많다. 그들은 a) 자기들이 혼자가 아니며, b) 대안이 있다는 말을 듣고 싶어 한다." 그러나 외로움이 아닌, 국가가 나아가는 방향이 문제다. 암 환자 지원 단체가 악성 종양을 줄여 주지 못하듯이, 연대하지 않는 개인들이 그저 함께 있을 뿐이라면 대안을 제시할 수 없다. MSNBC 시청자들은 때로 진보 후보에게 돈을 내고 싶을 수도 있고, 레이철 매도(미국의 방송인이자 진보적인 정치 평론가-옮긴이)를 보면서 외로움을 달래기보다는 자신의 정치관을 바꾸었을 수도 있다. 하이브리드 승용차가 전통적인 가솔린 차량보다 연비가 더 좋다는 것도 물론 사실이다. 하지만 이런 것들은 대개 우리 기분을 더 좋게 만들어 줄 뿐이다. 상황이 나아지지 않는데 기분만 좋아진다면 위험할 수도 있다.

《환경 과학 그리고 기술》에 발표된 최근 연구[52]에서는 하이브리드 차량과 전기 차량을 향후 30년간 이용할 경우

가능한 108가지 시나리오가 발표되었다. 이 조사는 석유와 가솔린 가격, 배터리 비용, 대체연료에 대한 정부 보조금, 가능한 배출 상한선 등의 변수들을 고려한 것이다. 조사 결과 탄소 배출량이 줄어도 차량용 배터리를 충전하는 데 필요한 전기 발생량이 증가하기 때문에 결과는 큰 차이가 없었다. "모형을 통해 내놓은 결과들은 전체적으로 배출량이 더 낮아지는, 뚜렷하고 일관성 있는 경향을 보여 주지 못한다." 이런 결론에 이론의 여지가 있을지 모르지만, 이론의 여지가 전혀 없으며 훨씬 더 중요한 사실은, 개인 차량의 탄소 배출량[53]은 전체 탄소 배출량의 고작 20퍼센트만을 차지한다는 것이다. 차 없이 산다 해도—프리우스로 차를 바꾸는 것보다 훨씬 더 대단한 행동이다.—시작에 불과할 것이다. 차를 덜 써야 하지만, 그 정도로는 턱도 없다. 뭔가 변화를 만들어 내고 있다고 느껴도 실제로는 별 차이가 없는 경우가 허다하다.—더 나쁜 것은 뭔가를 해냈다는 과장된 느낌 탓에 진짜로 해야 할 일의 부담에서 벗어나는 것이다.

빌 게이츠가 자신의 엄청난 부의 46퍼센트를 자선사업에 쓰면서 짜증을 낸다 한들 그가 댄 비용으로 백신을 맞는 아이들[54]이 기분 나빠 할까? 제프 베이조스가 재산의 1.2퍼센트밖에 기부하지 않으면서 이타주의자가 된 기분을 느낀다 해서 충분히 예방할 수도 있었던 병으로 죽어 가는 아이들[55]이 진짜로 마음 상해 할까?

만약 구급차에 탈 일이 생긴다면, 자기 일을 싫어하지만 완벽하게 해 내는 운전자가 나을까, 아니면 생명을 구하는 일에 열정을 불태우지만 당신을 병원에 데려다주는 데에는 시간이 배로 걸리는 운전자가 나을까?

세상을 구하려면 셀카와는 전혀 다른 무언가가 필요하다.

◖ 파도타기

꿀벌들은 말벌을 물리치기 위해 물결무늬를 그리며 난다. 그다음에는 벌 한 마리씩 차례대로[56] 잠시 배를 위로 뒤집어 벌집 위로 물결무늬 패턴을 만들어 낸다. '반짝임'이라 부르는 현상이다. 그들은 집단으로 말벌을 막아 내는 것이다. 한 마리 혼자서는 할 수 없는 일이다.

한 사람이 차를 들어 올려 밑에 깔린 사람을 빼냈다는 이야기가 하나 있으면 여러 사람이 차를 들어 올린 이야기는 100가지가 있다. (그리고 한 사람이 반려동물을 구하려고 차를 들어 올렸다는 이야기는 없지만, 여러 사람이 그렇게 한 사례는 많다.) 차에 깔린 사람 입장에서는 한 개인의 놀라운 행동이나 여러 명이 함께 힘을 합쳐 해낸 일이나 차이가 없다.

아인슈타인은 이렇게 말했다. "벌이 지구상에서 사라진다면, 인간은 사 년밖에 버티지 못할 것이다." 정확히 이렇게 말하지는 않았고, 옳은 말이라고 하기도 어렵다. 모든 식량 작물의 3분의 1이 벌의 수분(受粉)에 의존한다는 통계가 널리 인용되지만 정확하지 않은 것과 마찬가지이다. 그러나 실제로 벌의 수분[57]은 온도 변화(역병, 단일작물 재배, 농업 산업화로 인한 서식지 손실과 같은 다른 요인들 중에서도)

로 인해 전 지구적으로 타격을 받고 있으며 우리는 이미 심각한 결과를 체감하고 있다. 어떤 종류의 작물이 재배되는지, 가격이 어떻게 책정되는지, 심지어 어떻게 재배되고 있는지를 보면 그렇다.

중국과 오스트리아, 캘리포니아[58]의 과일과 견과류 농부들은 수분을 하기 위해 수백 킬로미터 떨어진 데서 벌을 트럭에 실어 빌려올 것이다. 인간의 품삯이 벌의 노동보다 싸게 먹히는 지역에서는 사람이 나무에 손으로 수분을 해 주고 있다. 노동자들이 무리지어 다니면서 끝에 닭털을 단 긴 막대기를 사용해서 자기 목에 건 유리병에 든 꽃가루를 꽃들의 암술머리에 묻힌다. 이런 과정을 기록한 사진사는 이렇게 말했다.[59] "한편으로는 인간이 환경에 일종의 세금을 내는 이야기이지만, 달리 보면 그럼에도 불구하고 더 효율적인 인간의 능력을 보여 준다."

정말로? 벌은 자연스럽게 하는 일을 인간이 해야 하는 상황을 묘사하는 데 효율적이라니, 말이 되나? '달리 보면'이라는 말이 조금이라도 기운을 북돋아 주거나 하다못해 받아들일 만한가?

셀카봉은 뭔가를 하고 있다는 감정이 더 우선시되고 있는 사실을 완벽하게 상징한다. **내가 뭔가를 하고 있는 것 좀 봐 줘.** 꽃가루 막대기는 우리의 전 지구적 위기에 대한 완벽한 상징이다. **모두가 두 손 놓고 있으면 어떻게 되는지 봐.** 셀카봉이 반드시 꽃가루 막대기 사태를 초래한다는 법은 없을지 몰라도, 셀카봉을 치우지 않으면 꽃가루 막대기 사태를 피할 수 없게 될지도 모른다.

마음속에 두 개의 이미지를 떠올려 보라. 차 밑에 깔린 사람을 구하려고 차를 들어 올리는 사람과, 꽃에 힘들게 꽃가루를 묻히는 수백 명의 노동자들. 위기에 대응하는 우리에게 이 두 가지만이 유일한 선택지인가? 흥분 상태에서 나오는 힘 아니면 흥분 상태에서 나오는 나약함?

아니다, 셋째 길이 있다.

나는 야구 경기에서 한 번도 파도타기를 시작해 본 적이 없다. 뭐, 굳이 먼저 시작하지 않아도 같이 하면 된다.

열정이 솟구쳐 파도타기를 하고 싶은 기분이 최고조에 이른 딱 그 순간에 차례가 나한테 온 적도 없다. 감정이 파도타기를 만들어 내는 것이 아니라, 파도타기가 감정을 만들어 낸다.

나는 한 번도 파도타기를 거부해 본 적이 없다.

◖ 뭔가를 하라, 그리고 뭔가 느껴라

미국 가정의 96퍼센트[60]가 추수감사절에 식사를 함께 하려고 모인다. 매일 이를 닦는 미국인들, 작년에 책을 읽은 미국인들,[61] 태어나서 한 번이라도 해외에 가 본 적이 있는 미국인들[62]의 비율보다 높다.[63] 미국인들이 참여하는 가장 폭넓은 집단행동, 가장 큰 파도타기라고 해도 좋을 것이다.

미국인들이 하루에 먹을 수 있는 데까지 가능한 한 많이 칠면조를 먹기로 한다 해도[64] 11월 셋째 목요일에 소비하는 양(4600만 마리)보다 얼마나 더 먹을 수 있을까? 상상이 안 간다. 루스벨트 대통령이 전쟁 지원을 위해 칠면조를 먹자고 독려했다면, 케네디 대통령이 '달 로켓 발사'를 위해 노력하듯 칠면조 고기를 소비하자고 고무했다면 어떨까? 그래도 그만큼 먹을 수 있을지 의심스럽다. 칠면조 요리를 공짜로 거리 곳곳에서 나누어 준다 해도 4600만 마리 이상을 먹을 것 같지는 않다. 칠면조를 먹으면 돈을 준다고 해도 그렇다. 미국인들에게 추수감사절 식사를 하도록 강제하는 법이 있다면, 추수감사절을 축하하는 사람들의 수는 오히려 줄어들 것이다.

사회학자 리처드 티트머스는 『선물 관계: 인간의 피에

서 사회 정책까지』라는 기념비적인 책에서 헌혈하는 사람들에게 돈을 준다면 의도와는 달리 정반대의 효과가 날 수 있다고 주장한다. 가장 중요한 동기인 이타주의를 해치기 때문이다. 스톡홀름학파 경제학자들의 최근 연구[65]에서 티트머스의 이론을 시험해 보았는데, 정말로 일부 계층, 특히 여성들의 경우 금전 보상이 포함되자 헌혈하는 사람의 비율이 절반까지 떨어졌음을 발견했다.

추수감사절이나 크리스마스, 유월절을 비롯해 집단적인 기념 행사를 축하하는 이들은 법이나 금전 보상 같은 외부의 장려책이 있어서 그렇게 하는 것일까? 혹은 자발적으로 마음이 동해서? 아니면 구급차에게 길을 비켜 주거나 야구 경기에서 파도타기 순서가 왔을 때 일어서듯이 **그런 날이 있고 원래 하는** 거니까? 추수감사절은 확실히 기쁨(맛있는 식사, 가족과 보내는 시간)과 좌절(교통 체증, 가족과 보내는 시간)을 주지만, 대부분의 사람들은 이런 것들 때문에 이 날을 축하하지는 않는다.

얼마나 많은 사람들이 해마다 추수감사절을 축하하기로 **마음먹을까?** 진짜로 금욕 때문에 그런 문화 — 미국독립기념일 같은 여러 국경일과 마찬가지로 — 가 생겨났다면, 인구의 96퍼센트나 되는 사람들이 진짜로 같은 선택을 할까? 우리는 감정 때문에 식탁 앞에 모이는 것이 아니라 추수감사절이 달력에 있어서 모인다. 늘 하던 일이니까 한다.

처음에는 별 생각이 없다가도 단지 참여하는 것만으로도 어떤 감정이 생기는 경우가 많다.

인도 알라하바드에서 12년에 한 번씩 한 달 동안 열리는 힌두 축제가 있다. 마그멜라라고 불리는 이 축제는 전 세계 최대 규모의 집단 행사 중 하나이다. 연구에 따르면 이 행사에 참여하지 않은 대조군은 축제가 있은 지 한 달 후에도 영적 정체성이 전혀 바뀌지 않았다. 그러나 축제에 참여한 순례객들은[66] '힌두교도로서 사회적 일치감이 높아지는 모습을 보였고, 기도 예식에도 더 자주 참여하게 되었다'. 다른 연구에서는 커플들에게 섹스를 한 다음 평소보다 더 오래 포옹하고 있으라고 했더니 대조군에 비해 관계에서 만족감이 더 커졌다는 결과가 나왔다. "섹스를 한 다음 더 오래, 더 만족스럽게 애정 표현을 했을 경우[67] 석 달이 지나자 관계가 더 좋아지고 성적 만족감이 높아졌다." 연구자들이 내린 결론이다.

사람들은 감사의 뜻을 전하기 위해 추수감사절을 축하하고, 종교적 정체성을 표현하기 위해 종교 축제에 참여하고, 애정을 표현하기 위해 포옹한다. 사실이다. 하지만 처음의 동기가 계속 강하게 유지될 필요는 없다. 아예 없어도 된다. 동기가 행동을 낳을 수도 있지만, 행동이 동기를 낳을 수도 있다. 꼭 영적인 감정이 일어나 별을 보려고 사막으로 트레킹을 하러 가지는 않는다. 사막에서 별을 보고 있기 때문에 영적인 감정을 느끼는 것이다. 11월 셋째 주면 유난히 가족들과 가까워지는 기분이 들어서 추수감사절 만찬에 가려고 공항에서 긴 줄을 서고 수천 킬로미터를 여행하는 것이 아니다. 여행과 식사 때문에 특별한 친밀함을 느끼는 것이다.

식료품점 '페이 앤드 세이브'는[68] 과일과 야채 코너로 가는 길을 바닥에 녹색 화살표로 표시했다. 쇼핑객들의 90퍼센트는 그 길을 따라 갔고, 신선식품 판매가 "급증했다".

시민들이 장기 기증에 사전 동의를 해야 하는 나라에서는[69] 15퍼센트 정도가 장기 기증을 한다. 기본적으로 모두 장기 기증을 하고, 원치 않을 경우에만 기증을 거부해야 하는 나라에서는 장기 기증자의 숫자가 90퍼센트까지 올라간다.

장난스러운 스티커[70] ─ 파리, 목표물, 뉴잉글랜드 패트리어츠(NFL의 동부지구 소속 미식축구팀─옮긴이)의 로고 ─ 를 제대로 조준하도록 자극함으로써 소변기 밖으로 소변을 흘릴 확률을 80퍼센트까지 줄였다.

추수감사절 축하를 법적으로 강제한다면 축하하는 사람들의 수가 더 적어질지도 모른다. 반면 추수감사절 축하를 국경일로 시행하지 않는다면 축하하는 사람들의 수가 더 적어질 것이 확실하다. 집단행동은 구조적으로 유도할 때 일어난다. 추수감사절에 대한 애매하고 절박하지 않은 감정은 발판이 필요하다.

2014년 미국 중간선거에 등록한 유권자들 중 37퍼센트가[71] 투표를 했다. '우리 시대의 가장 중요한 선거'로 일컬어진 2016년 대통령 선거[72] 투표율은 60퍼센트였다. 어째서 추수감사절 같은 집단행동에는 거의 예외 없이 참여하면서, 미국 민주주의에 참여하는 사람들의 수는 그것밖에 안 될까? 둘 다 어느 정도 수고를 들여야 하고, 둘 다 깊은 만족감을 준다. 그러나 다음 4년간 세상이 어떤 모습이 될지를 정하는 것은 둘 중 하나뿐이다. 우리는 역사를 함께 축하하는 데에는 아무런 문제가 없지만, 역사를 만드는 데에 참여하기는 힘들어한다.

추수감사절과 달리 선거일은 국경일이 아니다. 이 두 가지 행사가 몇 주 간격으로 있을 때가 많고 현실적으로 선거가 추수감사절보다 훨씬 중요하지만, 투표장에 나타나는 사람들보다는 추수감사절에 얼굴을 보이는 사람들이 훨씬 더 많다. 추수감사절은 자발적으로 참여하게 만드는 반면 많은 이들에게 투표는 장애물이 많은 힘든 경험이다. 대부분의 사람들이 추수감사절은 식탁에 둘러앉아 사랑하는 사람들과 여유롭게 식사를 즐긴 경험으로 묘사할 것이다. 대부분의 사람들이 투표는 낯선 사람들 틈에 끼여 길게 줄을 서서 때로는 궂은 날씨 탓에 회사에 지각할까, 저녁식사에 늦을까 발을 동동거리고, 말도 안 되게 복잡한 투표용지에 제대로 기표는 했을까 걱정한 경험으로 묘사할 것이다.

물론 다른 식으로 할 수도 있다. 선거일을 국경일로 정하고 모든 일터와 학교에 하루 휴가를 주는 것이다. 집에서 투표하게 할 수도 있다. 온라인으로 세금을 내듯이 온라인으로 투표하게 할 수도 있다. 투표용지를 아주 간소화하고 후보 이름 옆에 사진을 넣을 수도 있다.

어떤 가치를 축하하고, 추수감사절에 어떤 음식을 먹을지 부추기는 구조가 있다. 투표할 의욕을 꺾는 구조도 있다.

차 밑에 깔린 십 대 아이, 잠결에 우는 아이, 살갗에 앉은 곤충, 올림픽 경기 참가, 전투 등 어떤 사건들은 감정을 불러일으키고 감정은 행동에 나서게 한다. 하지만 이런 것들 못지않게, 더 자주, 긴급하게 행동이 필요하지만 실제 행동에 나서도록 고무하지는 않는 사건들도 있다. 나치 군대가 마을로 진격해 오는 일, 감사를 전하는 국가 의식, 먼 바다에서 일어난 전쟁, 대통령 뽑기, 기후변화 같은 피부에 바로 와닿지 않는 사건들이다. 이런 일에 반응하게 하려면 구조가 필요하다. 구조로 인해 행동이 일어나고, 행동으로 인해 감정이 생겨난다.

새로운 구조를 건설하려면 건축가가 필요하고, 방해가 되는 기존 구조를 해체해야 할 때도 많다. 우리는 기존 구조를 보는 데 익숙해져서 그 외의 것을 아예 보지 못하게 된다.

어디에서 파도타기를 시작할까?

"이 위대한 투쟁의 끝에서 우리의 자유로운 생활 방식을 구해 내게 된다면 어떤 '희생'도 희생이 아닐 것입니다." 미국인들은 이 형체 없는 말을 라디오로 들었다. 루스벨트는 휠체어에 앉아 이 말을 전했다. 역사상 가장 유명한 이 소아마비 환자는 실로 까다로운 사람이기도 했다. 자신이 다리를 쓰지 못한다는 사실을 한 번도 부인한 적이 없었지만,[73] 대중 앞에 나타날 때는 세심하게 무대 연출을 했다. 휠체어에 앉은 사진을 찍은 사진사들은 백악관 기자단에서 배제되었다. 그는 대중 앞에서는 좀처럼 차에 타거나 내리지 않았고, 서 있을 때에는 철제 부목을 썼다. 대일 선전포고를 한 '치욕의 날' 의회 연설처럼, 루스벨트가 연설하는 비디오를 본 적이 있다면 머리가 거의 경련하듯 움직인다는 사실을 눈치챘을 것이다. 똑바로 서 있느라 손으로는 연단을 꽉 붙들었고, 손 대신 턱을 덜덜 떨고 있었던 것이다.

루스벨트는 자신의 사생활을 드러내면서까지 소아마비 백신 개발에 한몫을 했다. 1938년, 그는 훗날 소아마비 구제 모금 운동으로 알려지게 되는 조직을 만드는 데 일조했다. 이 조직은 소아마비 연구에 주요 자금원이 되었다. 이

자금을 받은 이들 중 한 사람이 조너스 소크였다. 소크는 1952년 이례적으로 '죽인 바이러스' 백신을 수천 마리 원숭이들에게 접종해 성공을 거둔 후,[74] 인간을 대상으로 실험을 시작했다.[75] 첫째 환자는 자기 자신, 그의 실험실 과학자, 아내, 세 아들이었다. 2년 후 소크는 임상 실험을 시작했고, 이는 미국 역사상 최대 규모의 공중 보건 실험이었다. 백신이 안전하다는 보증이 전혀 없었는데도 200만 명 가까운 사람들이 나서서 '소아마비 퇴치 개척자'가 되었다. 루스벨트가 죽은 지 10년째 되는 날인 1955년 4월 시험 결과가 공표되었다. 백신은 "안전하고, 효과적이며, 강력했다". 소크가 소아마비를 퇴치한 것이다.

⚡

사회 규범이 빨리 바뀌면 사람들이 행동에 나서게 된다. 하지만 야구 경기의 파도타기처럼, 참여자들이 의욕이 넘친다 해도 일단 집단행동에 시동이 걸려야 한다. 최초로 추수감사절을 기념하고서 200년 동안 다른 정착지들, 그다음에는 다른 주들이 서로 다른 추수감사절을 기렸다. 날짜도 달랐고(철이 다른 경우도 있었다) 지역 특산물 축제와 함께 지내거나 단식을 함께하기도 했다. 조지 워싱턴은 1795년 2월에 추수감사절을 선포했다. 존 애덤스는 1798년에 한 번, 1799년에 한 번 선포했다. 토머스 제퍼슨은 아예 추수감사절을 선포하지 않았다. 남북전쟁이 한창이던 1863년까지는 추수감사절을 치르지 않다가 에이브러햄 링컨이 급격히 분열돼 가는 나라를 통합하려는 노력의 하나로 매년 11월 마지막 목요일을 추수감사절로 지정했다. 오늘날 우리가 축하하는 휴일[76]은 1621년 왐파노아그 인디언과 플리머스 정착민들이 함께 한 축제를 기리는 날이지만, 링컨이 연설하면서 처음 국경일을 제안했을 때는 "군사적 분쟁 지역을 제외한 온 누리에 조화로움이 넘치는" 데에 감사하는 뜻을 강조했다.

소크의 백신이 승인된 후 거의 모든 아이들이 백신을 맞았고, 소아마비 발생 건수가 극적으로 줄었다. 하지만 소아마비에 취약한 십 대의 백신 접종 비율은 낮았다.(소아마비가 "유아 마비 증상"으로도 알려져 있어서 어린아이들만 걸린다는 오해가 있었다.) 1956년 명사들을 내세워 접종률을 높이는 캠페인의 일환으로, 엘비스 프레슬리가 에드 설리번 쇼 무대에 오르기 전 백신을 맞는 사진이 찍혔다. 전국의 신문에 이 사진이 실렸고, 순간 백신 접종률이 포물선을 그리며 치솟았다. 널리 인용된 통계는 이 사건으로 미국에서 접종률이 "0.6퍼센트에서 단 6개월 만에 80퍼센트까지!" 치솟았다고 주장했다. 이 정도면 엘비스가 미국에서 소아마비를 박멸했다고 해도 좋을 정도다.

⚡

내가 어릴 때는 사람들이 비행기에서 담배를 피웠다. 지금은 생각조차 할 수 없는 일이어서 내 기억이 정확한지 확인을 해야 했다. 가까운 미래에 흡연이 널리 퍼진다면 이를 어떻게 보게 될까? 아이들과 임산부를 포함해 거의 모든 인구가 참여하는 규범이 된다면? 환경 훼손에 책임이 없는 나라 사람들이 미국인을 똑같은 식으로 볼지도 모른다. 우리 후손들이 우리를 그런 식으로 평가하게 될지도 모른다.

지난 수십 년간 흡연에 대한 규범은 바뀌었다. 얼마나 많은 사람들이, 얼마나 자주, 어디에서 흡연을 했는가, 또 어떻게 받아들여졌는가, 이와 관련한 모든 것이 바뀌었다. 한때는 아무렇지도 않은 정도가 아니라 멋져 보이기까지 했던 것이 금기까지는 아니라도 적어도 불쾌한 일이 되었다. 소위 '죄악세'를 도입하고 관련 법을 제정하는 것이 도움이 되었다. 업계 로비스트들은 저항했지만 주로 정보를 알리고 새로운 습관을 만들어 내는 풀뿌리 캠페인이 변화를 일구어 냈다. 사람들은 무엇이 세상에 이로운지 알고 싶어 한다. 남을 희생시키는 것이 아니라면 누구나 자신에게 이로운 일을 하고 싶어 한다. 흡연은 육체적으로 중독이 되는 습관이며, 흡연의 전 지구적 의미(간접흡연, 암이 보건 서비스에 주는 부담)는 나와는 먼 일로 느껴진다. 그러나 미국에서 흡연율은[77] 풀뿌리 캠페인 덕분에 내가 어릴 때의 절반으로 떨어졌다. 이렇게 말하면 승리 같겠지만 실은 실패다.

왜 흡연 인구가 반토막밖에 나지 않았는가? 또 왜 그렇게 오래 걸렸는가? 1949년[78]에 벌써 미국인들의 60퍼센트가 흡연이 건강에 해롭다고 말했다. 그때도 몰라서 담배를 피운 게 아니었고, 물론 지금도 그렇다. 이제는 누구나 흡연이 생명을 위협한다는 사실을 아는데도 여전히 캐나다보다[79] 미국에 흡연자가 훨씬 더 많다는 사실을(3800만 명에 가깝다) 어떻게 설명하면 좋을까? 어째서 버락 오바마처럼 유식하고 사려 깊은 사람조차[80] 수명을 평균 20년이나 줄인다는 흡연 습관을 완전히 끊지 못하는 걸까? 어쩌면 오바마처럼 유식하고 사려 깊은 사람이 기후변화를 두고 고민하지 않는 이유도 같을지 모른다. 개념상의 위협보다 더 강한 힘들이 많이 있는 법이다.

담배 산업은 50년 전에 비해 담배의 중독성을 두 배나 높였고 저소득층에게 특히 많이, 때로는 학교 근처에서 마케팅을 했다. 그들은 저소득층 주택단지에 공짜로 담배를 나눠주고 식료품 할인 구매권과 담배 쿠폰을 함께 돌렸다. 담배 가격이 올랐지만[81] 흡연자 넷 중 셋 가까이가 저소득층이다.

소아마비 백신, #미투, 담배 거부, 환경주의 같은 사회운동은 발전하는 만큼이나 동시에 발생하는 힘들에 방해를 받는다.

⚡

엘비스 프레슬리는 예방 주사 접종률을 엄청나게 높이는 데 기여했지만, 여기에는 다른 원인도 있었다. 소아마비는 미국에서 가장 두려워하는 질병이어서 백신이 나오자마자 첫해에 엄청나게 인기를 끌 수밖에 없었다. 케임브리지 대학 역사학자 스티븐 모드슬리는 이렇게 말한다.

틀림없이 십 대가 백신을 접종하게 하는 데 도움이 됐지만,[82] 흥미롭게도 엄청난 정도는 아니었다. 진짜 이유는 십 대들 자신에게서 나왔다. 그들은 국립 소아마비재단의 도움으로 '소아마비에 맞서는 십 대들'이라는 그룹을 만들어 집집마다 돌아다니면서 지지를 구하고, 백신을 맞은 사람들만 함께할 수 있는 춤을 만들었다. 이 운동은 거의 처음으로 십 대들이 서로를 이해하고 연결하는 힘을 보여 주었다.

사회 변화는 기후변화와 매우 흡사하게 동시에 일어나는 연쇄반응으로 시작된다. 둘 다 되먹임 회로를 만들어 내고 이에 의해 촉발된다. 허리케인이나 가뭄, 산불의 원인을 어느 하나로 한정할 수 없다. 흡연이 감소한 원인도 마찬가지이다. 하지만 어느 사례든 모든 원인이 다 중요하다. 급격한 변화가 요구될 때 많은 이들은 개인이 변화를 일으키기는 불가능하다고 주장한다. 그러니까 누군가 애써 봤자 헛

일이라는 것이다. 이것은 진실과는 정확히 배치된다. 개인 행동의 헛수고는 바로 우리 모두가 노력해야 하는 이유다.

2018년 11월 1일, 2만 명가량의 구글 직원들이 국제적인 파업 물결에 동참했다. 주로 성희롱에 대한 부적절한 처리에 항의한 이 파업은 채 한 주도 지나지 않아 널리 퍼져 나갔고 결과적으로 전 세계 구글 사무소의 60퍼센트가 동참했다. 이 집단 대응은 실리콘밸리를 지배하는 개인주의에 대한 도전이라는 점에서 특별한 의미가 있었다. 보도자료에서[83] 시위 주동자들은 이렇게 말했다. "이는 기술 업계뿐이 아니라 전국에서, 교사, 패스트푸드 직원 등을 포함해 다수의 힘을 모아 진짜 변화를 일으키려는 이들의 운동이며, 점점 커져 가고 있습니다." 일주일 후 구글은 파업을 주도한 이들의 첫째 요구 사항을 받아들였고, 성희롱에 대한 강제 중재는 끝났다.(그전에는 성희롱에 대한 불만이 있으면 회사가 강제 중재에 나서 법정에 가는 일이 없도록 미리 막았다.) 며칠 후 페이스북, 에어비앤비, 이베이도 뒤를 따랐다.

일주일이 못 되어 국제적인 항의가 시작되었고 일주일 후 구글은 회사 정책을 바꾸었다. 며칠 후, 세 개의 주요 회사들도 이를 따랐다. 이 모든 변화가 일어나는 데 한 달이 채 걸리지 않았다.

소아마비는 누군가 백신을 발명하지 않았다면 치료될 수 없었을 것이다. 지지하는 조직(소아마비 구제 모금 운동의

재정 지원), 지식(조나스 소크의 의학적인 돌파구)이 있어야
했다. 하지만 백신은 시험에 자원한 '소아마비 퇴치 선구자
들'의 파도타기가 없었다면 승인되지 않았을 것이다. 그들
이 자기 감정과는 무관한 일로 집단행동에 나섰기에 대중
에게 치료제가 전달된 것이다. 승인된 백신이 사회적 전염
을 일으켜 결국 규범이 되지 못했더라면 결과적으로 아무
런 가치도 없었을 것이다. 백신의 성공은 위에서 아래로 내
려오는 홍보 캠페인과 아래에서 위로 올라가는 지지 움직
임이 함께 일군 결과였다.

누가 소아마비를 치료했는가?

누구 한 사람이 한 일이 아니었다.

모두가 함께 해냈다.

◖ 눈을 떠라

이 책을 읽는 사람들 중 소크 수준의 과학자나 프레슬리 정도의 유명인사는 거의 없을 것이다. 우리 지구인들은 대개는 잔물결도 일으키지 않고 살아가는데 어찌 파도를 일으킬 수 있겠는가. 전 지구적 위기에 맞닥뜨리면 끊임없이 바뀌는 통계에 넋이 나가고 현란한 말솜씨에 기가 꺾여서 인과관계들 속에서 길을 잃은 기분이 들게 된다. 이유를 제대로 설명할 수는 없지만 마음이 착 가라앉는다. 무력해진 기분이 든다. 아무리 애를 써도 이해하기 어려울 만큼 혼란스러운, 안다 해도 믿기는 어려운, 맞서 싸울 수 있는 분명한 방법이 전혀 없는 위기를 두고 우리 같은 평범한 사람들이 뭘 할 수 있겠는가?

앨 고어의 「불편한 진실」을 보면서 지적으로나 감정적으로 깨달은 바가 있었다. 마지막 장면이 끝나고 스크린이 어두워지자, 우리의 상황을 분명히 이해하게 된 만큼 투쟁에 참여해야 할 책임 또한 명확해 보였다. 수십만 명의 미국인들이 진주만 기습 소식을 듣고 가까운 징병 사무소로 곧장 달려갔듯이, 나도 진심으로 한몫을 하고 싶었다.

영화가 끝나고 크레딧이 올라갈 때, 고어가 우리에게

보여 준 임박한 대재앙에 맞서기 위해 무엇이든 해야겠다는 열정이 최고조에 이르렀을 때 필요한 행동 목록이 나왔다. "당신 삶의 방식을 바꿀 준비가 되었습니까? 기후 위기는 해결할 수 있습니다. 이제 시작입니다."

여러분이 살게 될 세상을 파괴하지 말아 달라고 부모님께 말씀드리세요.[84]

여러분이 부모님이라면, 자녀들과 함께 그들이 살아갈 세상을 구하는 일에 동참하세요.

재생에너지를 사용하세요.

전력 회사에 전화를 걸어 청정에너지를 제공하는지 물어보세요. 제공하지 않는다고 하면 이유를 물어보세요.

이 위기를 해결하겠다고 약속하는 지도자에게 투표하세요.

의회에 편지를 쓰세요. 국회의원들이 못 들은 척한다면 자신이 후보로 나서세요.

나무를 심으세요. 많이요.

공동체에서 목소리를 내세요.

라디오 방송국에 전화를 걸고 신문에 편지를 쓰세요.

미국이 탄소 배출을 동결해야 한다고 주장하세요.

지구 온난화를 막기 위한 국제적 노력에 동참하세요.

수입 석유 의존도를 낮추세요. 농부들이 알코올 연료를 재배하도록 도우세요.

연료 절약 기준을 높이세요. 자동차의 배기가스를 줄이라고 요구하세요.

기도의 힘을 믿는다면, 사람들이 변화를 일으킬 힘을 찾아내도록 기도하세요.

옛 아프리카 속담에 기도하면 발이 움직인다고 했습니다.

여러분이 아는 이들 모두에게 이 영화를 보도록 독려하세요.

이 목록은 맥이 풀릴 만큼 공허하고(라디오 방송국에 전화를 걸어서 대체 무슨 말을, 어떤 목적으로 하라는 건지?), 비생산적이고(부모님에게 내가 살아갈 세상을 망치지 말라고 말할 수 있고 부모님도 그들의 부모님에게 같은 말을 할 수 있겠지만, 누구든 어느 정도는 실제로 조치를 취해야 하지 않나?), 명백히 비현실적이고("안녕하세요, 대통령님, 저예요, 바쁘신데 전화드려 죄송하지만 저는 농부들이 알코올 연료를 재배하는 것을 돕던 중이었어요. 하지만 기왕 이렇게 연결이 되었으니까 말씀드리는데, 미국이 탄소배출량을 동결해야 해요."), 울음을 터뜨릴 지경이 아니라면 웃어 버리고 싶을 만큼 동어 반복적이었다(다른 이들이 이 영화를 보게 독려할 수 있도록, 그들도 또 다른 이들이 이 영화를 보게 독려할 수 있도록 이 영화를 보라.)

각자 목소리를 내고, 재활용을 하고, 나무를 많이 심는 것은 좋다. 결코 나타나지 않을 적 비행기 때문에 하늘을 살

샅샅이 수색해서 나쁠 거야 없듯이, 그런 행동들도 나쁘지 않다. 전쟁을 치르고 있다는 사실을 다시금 일깨워 유대감과 의지를 키워 주니까. 2017년 분석에 따르면[85] 기후변화와 싸우기 위해 개인이 할 수 있는 일로 가장 많이 추천된 것들 중에 재활용과 나무 심기가 있지만 사실 효과는 크지 않다. 행동이라기보다는 감정이다. 중요하다고 여겨지지만 실제 효과는 크지 않은 다른 행동으로는 태양전지판 설치, 대중교통 이용, 에너지 절약, 지역 특산물 먹기, 비료 만들기, 찬물로 옷 빨고 자연 건조하기, 포장 줄이기, 유기농 음식 사기, 하이브리드 차로 바꾸기 등이 있다. 이런 노력을 하는 사람들, 다시 말해 이런 노력들만 하는 사람들은 주먹을 날리고 싶은 대상에 '주먹'이라고 말하는 셈이다. 비행기들이 전쟁이 벌어지는 유럽 땅 근처에도 가 보지 않고서 중서부 하늘만 순찰했다면 자살행위나 다름없었을 것이다.

고어가 제시한 목록에는 중요한 것이 빠져 있다. 딱 하나 사소한 예외가 있지만 이건 2017년에 나온 「불편한 진실 속편: 권력에 진실을」에도 나오지 않는다. 이렇게 빼먹은 것을 우연이라 할 수는 없다. 고어가 전혀 몰랐거나 중대한 과오를 저질렀다고 볼 수밖에 없다. 어느 정도냐 하면, 심장마비를 겪고 회복 중인 환자에게 담배를 끊고, 스트레스를 줄이고, 하루에 두 번 햄버거와 프라이를 먹으면 안 된다는 말은 빼먹고 운동만 처방하는 것이나 다름없는 과오다.

그렇다면 왜 고어는 그것을 누락하기로 했을까? 아마도 논쟁을 일으키기 십상이라 이제까지 불을 붙이려 애썼던 열정이 수그러질까 두려웠기 때문일 것이다. 그 얘기를 입에 올리면 핵심 집단들과 맺은 관계가 어긋날지도 모른다. 이것은 주요 환경운동 조직의 웹사이트에도 거의 다 빠져 있다(지금은 바뀌고 있는 듯하지만). 또 2014년 발간된 기후변화 정부 간 패널의 다섯 번째 평가 보고서에서 기후 과학자인 마이클 E. 만과 리 R. 컴프가 시민들을 교육하기 위해 쓴 유명한 책 『무서운 예언들』에도 언급되지 않는다. 만과 컴프는 실존적인 기후 재앙을 예측하고 나서 전기 건조기 대신 빨랫줄을 사용하고 자전거로 통근하라고 권한다. 그들의 제안에는 프로젝트 드로다운(Drawdown)—기후변화에 대처할 실질적인 해결책을 찾아내고 설계하고자 하는 환경 과학자와 사상가들 이백여 명의 모임—의 연구소장이 "지구 온난화를 되돌리기 위해 모든 개인이 할 수 있는 가장 중요한 기여."[86]라고 말한 일상적인 행동에 대해서는 한 마디도 없다.

미국에서 환경주의자들은 처음부터 힘겨운 싸움을 치러 왔다. 추상적이고 믿기 힘든 것을 시민에게 교육해야 할 뿐 아니라, 화석연료 산업과 (양당이 협력했던 짧은 시기가 지난 후) 대다수 정치 정당의 어마어마한 저항에 직면했다. 지구에서 탄소를 뽑아 내 불태우면 기후변화가 일어난다는 사실을 대중에게 설득하는 데 수십 년이 걸렸고 **여전히** 지구 온난화를 중국인들의 거짓말이라고 주장하는 대통령이 선출되는 판에, 이해하기도 믿기도 어려울 뿐 아니라 우리의 개인, 가족, 문화 정체성의 근본을 뒤흔드는 대화를 어떻게 시작할 수 있겠는가? 어떤 조직이나 공인들은 힘들여 쌓은 지지와 힘을 잃을까 두려워한다. 어떤 이들은 위선자라는 비난을 들을까 겁을 먹는다. 화석연료에 기울이는 관심을 거두면 전 세계를 아우르는 거대 석유 회사들의 슈퍼파워와 싸우느라 수십 년간 기울인 노력이 약화될까 두려워하기도 한다.

정치학과 행동주의 심리학은 중요하다. 논쟁은 결국은 다 이야기이다. 어떤 이야기(로자 파크스)들은 다른 이야기(클로데트 콜빈)보다 더 매력적이다. 때때로 사람들을 다시 현실로 이끌려면 우선은 받아들이기 힘든 현실을 숨기는 것이 최선일 때도 있다. 그러나 우리의 전 지구적 위기를 가장 쉽게 바로잡고, 가장 크게 기여할 수 있는 것을 빼놓는다면 불편한 진실이 얼마나 진실할까? 우리가 지금 벌이는 큰 싸움, 우리가 치르게 될 가장 중요한 전쟁,—우리 삶의 방식을 둘러싼 싸움, 삶 자체를 위한 싸움의 승리가 우리 전쟁의 규모에 비추어 전쟁 때 밤에 전등을 끄는 일에 비교할 만한 정도의 집단행동, 파도타기에 달려 있다면? 그래도 그 얘기를 꺼내지 말아야 할까? 사람들이 변화를 일으킬 힘을 발견하게 해 달라고 기도하는 것보다는 이편이 더 효과적이지 않을까?

우리가 전 지구적 위기를 거론하는 방식은 효과가 없다. 앨 고어는 노벨상을 받을 만한 인물이지만 그가 불러일으킨 변화로는 충분치 않다. 2017년 「불편한 진실 2」에서 본인도 인정한 사실이다. 환경주의 단체들을 지지해 주어야 마땅하지만 그들의 성취로도 어림없다. 과학을 아는 사람이라면, 무엇보다 가장 불편한 진실을 기꺼이 인정할 수 있는 사람이라면 우리가 지금 하는 일이 너무나 미미하고 진도가 느리다는 데에 동의할 것이다. 우리가 지금 하는 행동은 우리 자신을 파멸로 몰아가고 있다.

한 추정치에 따르면 연간 온실가스 배출의 25퍼센트를 전기 사용이 차지한다. 농업은 24퍼센트인데, 거의 축산업 때문이다. 제조업도 24퍼센트에 달한다. 운송은 14퍼센트, 건축이 6퍼센트이다. 10퍼센트는 잡다한 데에서 나온다. 탄소 배출량을 0으로 떨어뜨려야 하는데,[87] 그러려면 혁신과 협력이 필요하다. 여기에 기여할 모든 부문에 대해 말하지 않으면 도저히 이룰 수 없는 위업이다.

지구 온난화를 섭씨 2도 이하로 유지한다는 파리협약의 목표는 야심찬 성과로 여겨졌지만 사실 대재앙을 간신히 면하는 수준이다. 기적적으로 목표를 달성한다 해도[88] ─최근의 통계 모델에 따르면 가능성은 5퍼센트이다. 우리는 과거보다 훨씬 덜 쾌적한 세상에서 살게 될 것이다. 현재 일어나는 변화들 중 상당수는 되돌릴 수 없고, 최악의 경우에는 한 번 일어난 변화가 외부 요인 없이도 점점 심해질 것이다. 우리가 잔뜩 쌓인 난제들을 모두 격파하여 파리협약의 목표를 달성한다면,

— 해수면이 대략 0.5미터 상승[89]하여 지구의 해안 지대가 잠길 것이다.[90] 방글라데시의 다카(인구 1800만), 파키스탄의 카라치(1500만), 미국의 뉴욕(850만)을 비롯한 수십 개의 대도시에 사실상 사람이 거주할 수 없게 될 것이다. 1억 4300만 명이 기후 난민이 될 것이다.[91]

— 기후변화로 무력 분쟁이 대략 40퍼센트 증가할 것이다.[92]

— 국토의 85퍼센트를 뒤덮은 그린란드의 얼음은 돌이킬 수 없이 녹아내릴 것이다.[93]

— 아마존의 20~40퍼센트[94]가 파괴될 것이다.

— 7만 명 이상이 사망하고 130억 유로어치의 작물이 손실되고 포강, 라인강, 루아르강의 수위가 기록적으로 내려갔던 2003년 유럽의 혹서[95]가 매년 일어날 것이다.

— 혹서, 홍수, 가뭄으로 사망률이 치솟을 것이다.[96]

천식과 기타 호흡기 질병이 만연할 것이다. 말라리아로 위협받는 사람들의 수[97]가 수억 명까지 늘어날 것이다.

— 4억 명[98]이 물 부족에 시달릴 것이다.

— 바다 온도 상승으로 산호초의 99퍼센트가 치명적인 손상[99]을 입고, 900만 종이 생태계 교란의 영향을 받게 될 것이다.

— 모든 동물 종의 절반[100]이 절멸의 위협에 직면할 것이다.

— 모든 식물 종의 60퍼센트[101]가 절멸의 위협에 직면할 것이다.

— 곡물 생산량의 경우 밀은 12퍼센트,[102] 쌀은 6.4퍼센트, 옥수수는 17.8퍼센트, 콩은 6.2퍼센트 감소할 것이다.

— 전 세계 일인당 GDP가 13퍼센트가량 하락할 것이다.[103]

좀 심란한 통계들이기는 하지만, 다 읽기도 전에 불편한 마음이 사라질 것이다. 다시 말해 이 책의 독자들 중에 이 통계들이 보여 주는 끔찍한 미래상을 믿을 사람은 거의 없을 것이다. 나는 이 수치들을 조사하고 문장으로 만들었고 여러분이 믿기를 바라며 알리고 있다. 하지만 나조차도 믿지 않는다.

파리협약의 목표를 달성하고 위에 묘사한 세상에서 사는 것이 그나마 **최상의 시나리오**라고 한다. 현실적으로 저 목표들을 달성할 가능성이 있다고 보는 몇몇 전문가들[104]은 자신을 속이고 있거나, 아니면 곤란한 상황을 피하기 위한 전략으로 낙관주의를 이용하는 것이며 후자일 개연성이 크다. 진실은, 우리가 전등을 전부 다 끄고 자동차를 다 부수더라도 고어처럼 알고는 있지만 대놓고 말하지 않는 그 변화를 일으키지 못하면 그런 암담한 세상에서 살 **기회조차 없**다는 것이다.

어릴 적, 아버지는 벌을 만나면 도망치거나 손으로 때려잡거나 꼼짝 않고 가만히 서 있지 말고 눈을 감고 열까지 세면 된다고 하셨다. 이게 가장 좋은 방법이라고. "딱 한 번은 효과가 있을 거다. 효과가 없으면 스물을 세렴." 과연 이 방법은 효과가 있었다. 하지만 잘 먹히는 조언이 늘 좋은 조언은 아니다.

어릴 때 우리 가족들 사이에는 입에 올리지 않는 화제가 많았는데, 그중 하나가 홀로코스트의 트라우마를 떠올리게 하는 것이었다. 그런 위협이 물러갔다고 생각될 때까지 눈을 감고 있다고 해서 누가 우리를 비난할 수 있겠는가? 이제 나에게도 가족이 있고 피해야 할 화제가 있다. 내 아이들(그리고 나 자신)이 고통 받지 않게 하려 한다는 이유로 나 자신을 비난하지는 않겠다. 기꺼이 눈을 감는 그런 행동들은 사랑에서 비롯된다. 하지만 만약 눈을 감아서 훨씬 더 큰 고통이 생겨난다면 자신을 비난해야 할 것이다. 증상이 나타나기 전에 의사에게 갔더라면 치료할 수 있었을 텐데 병을 키워 뒤늦게 진단을 받게 되면 본인 탓을 할 수밖에 없는 것과 같은 이치이다. 나는 스스로가 건강에 신경 쓰는 사람이라고 생각하지만, 건강 진단을 받지 않은 지가 몇 년이 되었다. 여러분처럼 나도 생각만으로도 그렇게 될 것처럼 자신을 이러저러한 사람이라고 생각한다. 그러고 있을 동안, 내가 생각하고 있을 동안— 여러분이 생각할 동안, 우리가 생각할 동안— 우리가 행동하느냐 행동하지 않느냐에 따라 세상이 생겨나기도 하고 무너지기도 한다.

이런 장면을 상상해 보라. 노르망디 해변을 15만 명이 넘는 군인들이 공격했다. 역사상 최대 규모의 육해군 합동 작전이었다. 당시에도 이는 역사상 보기 드문 결정적 순간으로 인식되었다. 조수 때문이기도 하고, 야간에 전장이 좀 밝아야 해서 작전은 보름달 뜨는 밤인 1944년 6월 6일 실행되었다.[105] 침공을 계획한 연합군은 1700만 개가 넘는 지도를 제작했고 동원한 군인들을 먹이기 위해 신참 요리사 4000명을 훈련시켰다. 미국과 영국 기술자들이 나치의 해안 방어물 복제품을 만들어 병사들을 훈련시켰고, 군화와 군모를 씌우거나 총성과 폭발음을 녹음한 마네킹 수백 개[106]를 만들어 독일군의 주의를 분산시키기 위해 해변 여러 곳에 뿌렸다. 해변을 질주해 언덕에 몸을 의탁한 군인들은 10여 개 국가 출신들이었다. 이보다 나이가 적거나 많은 사람들이 위조 서류로 입대한 경우도 있었겠지만, 대체로 병사들의 나이는 적으면 열여덟에서 많으면 마흔 하나였다. 상륙용 배들은 해변에 닿을 때까지 물살을 헤치고 나아가 전투의 폭풍 속으로 한 번에 200명씩 쏟아냈다.

어떤 아이의 아버지가 소총 방아쇠를 당기고 총성을 듣는다. 그는 자신이 방금 공포탄을 발사했음을 알지 못한다.

피츠버그 출신의 한 유대계 병사가 M1919 기관총으로 초당 열 발의 공포탄을 발사한다.

누군가의 피아노 선생이 손이 너무 떨려 공포탄이 장전된 권총의 첫 발을 쏘지 못한다.

누군가 가장 좋아하는 외야수가 야구만큼이나 치명적인 수류탄을 던진다.

누군가의 아이가 움켜쥔 소총에 달린 총검이 뭉툭한 둥치에 꽂힌다.

전장이 혼란스러운 탓에, 병사들이 자신의 경험 속에 완전히 빠져든 탓에, 그것이 싸움처럼 **느껴지는** 탓에 그것이 싸움처럼 느껴질 **뿐**이라는 사실을, 자신이 낙하산에 매

달려 떨어지는 부대자루 정도의 효과밖에 내지 못한다는 사실을 깨닫지 못한다.

눈을 감고 열까지 세어 봐.

먹힐 것 같은 충고라도 항상 통하지는 않는다.

내가 마지막으로 벌을 쫓으려고 눈을 감았을 때, 벌이 내 눈꺼풀을 쏘았다. 눈이 퉁퉁 부어서 떠지지가 않았다. 마치 벌의 아버지가 인간을 쫓아내기 가장 좋은 방법은 감은 눈에 내려앉는 거라고 말해 주기라도 한 것처럼 말이다.

◗ 우리들만 홀로

아이젠하워 장군은 디데이에 노르망디 상륙 작전이 실패할 경우를 대비하여 발표문을 준비했다.

셰르부르-아브르 상륙이 만족할 만한 거점을 확보하는 데 실패하여 군대를 철수시켰습니다. 저는 손에 넣을 수 있는 최고의 정보를 바탕으로 공격 장소와 일시를 결정했습니다. 육해공군은 임무를 수행하기 위하여 최선을 다해 용감하게 싸웠습니다. 이번 시도에 대하여 비난할 점이나 과오가 있다면 오로지 제 탓입니다.

닐 암스트롱은 달 표면을 걸은 역사적 사건에 대해 이렇게 썼다.

수십만 명이 해야 하는 정도보다 조금만 더 자기 일을 잘하면 더 나은 성과를 얻습니다. 바로 그 덕분에 우리가 이 모든 일을 해낼 수 있었습니다.

◢ 손을 보여 주세요

이 책은 축산업이 환경에 미치는 영향을 다룬다. 그러나 이 페이지까지 내내 이를 애써 숨겨왔다. 고어와 다른 이들이 그랬듯이 나도 이런 주제를 피했다. 질 수밖에 없는 패라는 두려움이 밀려왔기 때문이다. 고어가 회피했다고 비판하면서 나도 회피했다. 그가 입에 올리지 않은 것을 나도 입에 담지 않았다. 고어도 틀림없이 그랬겠지만, 나 또한 그것이 옳은 전략이라고 믿었다. 고기, 유제품, 달걀 이야기를 꺼내면 사람들은 방어적인 태도를 취한다. 짜증을 낸다. 채식주의자가 아닌 사람들 중에 이런 이야기를 듣고 싶어 하는 이는 아무도 없고, 채식주의자들이 열성을 기울이면 기울일수록 훨씬 더 흥미를 떨어뜨린다. 하지만 기후변화를 초래하는 원인만이 아니라 대응에서 우리가 어떤 잠재력과 한계를 가지고 있는지 솔직히 이야기할 수 없다면, 기후변화를 정면으로 마주할 길이 없다. 때로는 '주먹'이라고 쓴 주먹이 필요하다. 그래서 이제 대놓고 말할 참이다. 동물성 식품 소비를 확실히 줄이지 않으면 지구를 구할 수가 없다.

나는 이 책을 통해 우리 모두 식습관을 바꾸어야 한다고 주장한다. 특히 저녁 식사를 제외하고는 동물성 식품을 먹지 말아야 한다. 다루는 주제가 너무 난감하기도 하려니와 그에 따르는 '희생' 때문에 이런 주장을 하기가 쉽지는 않다. 대부분의 사람들은 고기, 유제품, 달걀의 냄새나 맛을 좋아한다. 대부분의 사람들은 동물성 식품이 일상에서 수행하는 역할에 가치를 부여하고, 새로운 식습관 정체성을 받아들일 준비가 되어 있지 않다. 대부분의 사람들은 평생을 거의 매일, 거의 매 끼 그것들을 먹는다. 굳이 고기를 좋아하고 육식을 정체성으로 삼지 않더라도 평생 몸에 밴 습관을 바꾸기란 쉽지 않다. 이건 인정할 가치가 있을 뿐 아니라, 반드시 인정해야만 하는 의미 있는 도전이다. 우리가 먹는 방식을 바꾸는 일은 세상의 전력 수급 시스템을 바꾸는 일이나, 막강한 로비스트의 압력을 물리치고 탄소세 법안을 통과시키는 일, 아니면 온실가스 배출에 관련한 중요한 국제협약을 비준하는 일에 비하면 간단하다. 하지만 실은 간단하지 않다.

나는 3년 동안 공장식 축산을 조사하고 이에 반대하여 『동물을 먹는다는 것에 대하여』라는 책을 썼다. 그런 다음 2년 가까이 해당 주제에 관해 수백 차례의 낭독회, 강의, 인터뷰를 하고, 공장식 축산으로 생산된 고기를 먹지 말아야 한다고 주장했다. 그래서 더욱 이 얘기를 하기가 정말 힘들지만, 지난 몇 년간 어려운 시기에 몇 가지 개인적으로 고통스러운 일들을 겪으면서, 도저히 자기 홍보를 할 기분이 아닌데도 소설을 홍보하기 위해 전국을 여행하면서, 여러 번 고기를 먹었다. 대개는 햄버거였다. 공항에서 자주 먹었다. 내가 목청 높여 반대했던 바로 그런 농장에서 나온 고기가 들어 있는 햄버거. 그런 짓을 한 나 나름의 이유를 생각하면 나의 위선이 훨씬 더 처량해진다. 그걸 먹으면 마음의 위안이 되었다. 이런 고백을 하면 비아냥거리며 흘겨볼 사람들이 있을 것이다. 사기꾼이라고 격하게 비난하는 독자들도 있을지 모르겠다. 어떤 독자들은 진짜로 혼란스러워할지도 모른다. 그렇게 길게, 열정적으로 공장식 축산이 동물들을 고통스럽게 하고 환경을 파괴하고 있다고 써 놓았는데. 이런 내가 어떻게 급진적인 변화를 주장할 수 있겠는가? **마음의 위안을 찾아** 고기를 먹으면서 내 아이들은 채식주의자로 키울 수 있겠는가?

다른 데에서, 내 신념에 어긋나지 않게 지속적인 위안을 제공할 수 있는 데에서 위안을 찾을 수 있었더라면 좋았을 것이다. 하지만 나는 이런 인간이고, 내가 할 만한 짓을 했다. 이 책을 쓰면서도, 환경 파괴를 충분히 인식하게 되면서 동물 복지 문제에서 비롯된 채식주의에 더욱 헌신하게 되었음에도, 단 하루도 고기 생각이 머리에서 떠나지 않았다. 가끔씩 머리로 고기를 거부하려니 고기를 먹고 싶은 욕구가 더 강해지는 게 아닌가 싶기도 했다. 또 어떤 때는 행동은 어느 정도 의지를 따를지 몰라도 갈망은 그렇지 않다는 결론에 이르러야 했다. 이유가 뭐건 간에 나는 믿음 없는 지식을 내세우는 프랭크퍼터가 된 기분을 느끼곤 했다. 그런 기분이 들면 정말 기를 쓰고 버텨야 했고, 때로는 극단적인 위선에 이르렀다. 이런 얘기를 하자니 부끄러움을 견디기가 어렵다. 하지만 해야 한다.

『동물을 먹는다는 것에 대하여』를 홍보할 때 사람들이 여러 번 나에게 왜 채식을 안 하느냐고 물었다. 동물 복지를 주장하고 유제품과 달걀 섭취에 반대하는 환경운동은 고기 섭취를 반대하는 것과 매한가지거나 때로는 더 강력하다. 나는 까다로운 두 아이 때문에 요리하기 어렵다는 핑계를 대곤 했다. 또 어떤 때는 진실을 왜곡하고 내가 '사실상 채식주의자'라고 말하기도 했다. 실은 내 진짜 대답은 너무 부끄러워 차마 내놓지 못했다. 치즈와 달걀을 먹고 싶은 욕구가 동물 학대와 환경 파괴를 막겠다는 책임감보다 더 강하다고. 나는 다른 이들에게 정작 나 자신은 할 수 없는 일을 하라고 말하면서 그런 긴장을 잊으려 했다.

나의 위선을 마주하고 있자니 새삼 눈을 크게 뜨고 살기가 정말 어렵다는 생각이 든다. 힘이 들 것을 알면 노력들을 하는 데 도움이 된다. 노력이 아니라 **노력들**이다. 내가 다시 고기를 마음껏 먹기로 결정하는 미래는 상상할 수 없지만, 고기를 먹고 싶은 욕구를 느끼지 않는 미래도 상상할 수 없다. 가려 먹기는 전 생애에 걸쳐 삶을 규정하는 투쟁들 중 하나가 될 것이다. 무엇을 먹어야 옳은지 확신할 수 없기 때문이 아니라, 먹는 것이 그만큼 복잡한 일이기 때문이다.

　우리는 단순히 배를 채우려고 먹는 것이 아니며 원칙에 따라 입맛을 바꾸지도 않는다. 우리는 원초적인 욕망을 만족시키고, 정체성을 형성하고, 표현하고, 공동체를 인식하려고 먹는다. 우리는 입과 위로 먹지만 마음과 정신으로도 먹는다. 아버지, 아들, 미국인, 뉴요커, 진보주의자, 유대인, 작가, 환경운동가, 여행가, 쾌락주의자를 비롯한 나의 온갖 정체성이 음식을 먹을 때 드러난다. 나의 역사 또한 마찬가지이다. 처음 채식주의자가 되기로 한 것은 아홉 살 때였다. 동기는 단순했다. 동물들을 아프게 하기 싫었다. 세월이 흐르면서 나의 동기는 바뀌었다. 알게 된 정보가 달라졌기도 하지만, 더 중요한 이유는 나의 정체성이 바뀌었기 때문이다. 다른 이들도 보통 그렇겠지만, 나이가 든다는 것은 정체성이 확산된다는 뜻이다. 시간은 윤리적 이분법을 누그러뜨리고 삶에서 겪는 혼란스러움을 더 너그럽게 받아들이게 해 준다.

　삶에서 겪는 혼란스러움이라니? 고등학교 때 이 문장을 읽었다면 말 같지도 않은 간지러운 소리로 간주해 묵살하고 내가 결국 이런 얄팍한 인간이 된다니 하며 크게 실망했을 것이다. 내가 그런 사람이었다니 기쁘다. 다른 젊은이들도 굴하지 않는 이상주의를 품었으면 좋겠다. 하지만 지금 내가 이런 사람이라 기쁘다. 이 편이 더 쉬워서가 아니라, 나의 세계와 더 잘 대화하고 있기 때문이다. 바로 이것이 25년 전의 나의 세계와 다른 점이다.

그러나 각자 다른 시대에 산다는 말로 도덕적 상대주의를 정당화할 수는 없다. 개인의 일과 70억 지구인 중 한 명이 되는 일이 서로 만나야만 하는 경우도 있다. 아마도 역사상 처음으로 '각자의 시대'라는 표현의 의미가 없어지다시피 했다. 기후변화는 커피 탁자에 놓인 조각 퍼즐이 아니다. 조각 퍼즐이야 시간이 허락되고 그럴 마음만 있다면 다시 맞출 수 있다. 기후변화는 말하자면 불이 난 집이다. 오래 내버려 둘수록 수습하기는 더 힘들어진다. 녹아내린 빙하가 시커먼 물이 되어 더 많은 열을 흡수한다든가, 영구동토층이 녹아 최악의 온실가스 중 하나인 엄청난 양의 메탄을 방출하는 등의 되먹임 회로 때문에 순식간에 '통제 불가능한 기후변화'의 티핑 포인트(작은 변화들이 어느 정도 기간을 두고 쌓여, 이제 작은 변화가 하나만 더 일어나도 갑자기 큰 영향을 초래할 수 있는 상태가 된 단계-옮긴이)에 이를 테고, 그때는 어떤 노력을 기울여도 우리 자신을 구할 수 없을 것이다.

우리는 우리만의 시대에 사는 사치를 누릴 수 없다. 마치 우리 삶이 우리만의 삶이라는 듯이 계속 살아갈 수는 없다. 이 시대를 살아가는 우리는 조상들이 보기에는 옳지 않은 방식으로 되돌릴 수 없는 미래를 만들어 낼 것이다. 링컨이 1863년에 노예제를 폐지하지 않았고 미국에서 계속 노예제가 유지되었을 것이라고 상상해 보라. 오바마의 입장 변화(오바마는 대선 캠페인 때만 해도 동성 결혼에 반대했다─옮긴이)에 달려 있고 영원히 바뀌지 않는다고 상상해 보라. 도덕적 진보를 말할 때 오바마는 종종 마틴 루서 킹의 "우주의 도덕적 원호는 길지만 정의를 향해 구부러져 있습니다."라는 말을 인용했다. 이 전례 없는 순간, 예의 원호는 돌이킬 수 없이 파괴돼 버릴 수도 있다.

성경에는 하느님이 사람에게 어디 있느냐고 묻는 중요한 장면이 여러 차례 등장한다. 그중에서 가장 많이 인용되는 두 사례는 아담이 금지된 나무에서 과일을 따 먹고 나서 숨은 것을 알고 "어디 있느냐?"고 묻는 장면이고, 또 하나는 아브라함에게 그의 외아들을 제물로 바치라고 말할 때이다. 분명 전지전능하신 하느님은 당신의 피조물들이 어디 있는지 알고 있다. 하느님은 공간으로서 몸의 위치가 아니라 어떤 사람으로서 자아의 위치를 묻는 것이다.

우리도 우리 식대로 그런 질문을 던진다. 진주만 피습, 존 F. 케네디 암살 사건, 베를린 장벽 붕괴, 9·11 테러처럼 역사가 우리 눈앞에서 펼쳐지는 듯한 순간들을 돌이켜 볼 때면 반사적으로 다른 이들에게 그 일이 일어났을 때 어디 있었느냐고 묻는다. 그러나 이는 성경의 하느님처럼 진짜로 그들의 몸이 어디 있었는지를 묻는 게 아니다. 우리의 입장을 정하기 위해 역사적 순간과 그들의 관계에 대한 더 깊은 무언가를 묻는 것이다.

'위기(crisis)'라는 단어는 그리스어 krisis에서 나온 것으로, '결정'이라는 뜻이다.

환경 위기는 보편적인 경험이지만 우리가 그것의 일부를 이루고 있는 사건처럼 느껴지지는 않는다. 아예 사건으로 느껴지지도 않는다. 또한 허리케인, 산불, 기근, 멸종의 트라우마에도 불구하고 기후 문제는 이를 겪어 보지 않은 사람이 "그때 당신은 어디에 있었나요?" 같은 질문을 던질 것 같지는 않다. 그런 사태를 직접 겪어 본 사람들조차 묻지 않을 것 같다. 기후문제가 아닌 그냥 날씨 문제일 뿐이다. 혹은 환경 문제이거나.

하지만 미래 세대는 틀림없이 그날을 돌이켜보고 성경적인 의미에서 우리가 어디 있었는지 궁금해 할 것이다. 우리의 이기심은 어디 있었나? 위기로 인해 우리는 어떤 결정을 내렸는가? 도대체 왜 우리는 우리의 자살과 미래 세대의 희생을 선택했는가?

어쩌면 그런 결정을 내린 것은 우리가 아니라고 변명을 할 수도 있겠다. 바로잡을 마음은 있었지만 할 수 있는 일이 없었다고. 그때는 잘 몰랐다고. 우리는 개인에 불과해서 중대한 변화를 일으킬 수단이 없었다고. 우리가 석유

회사를 경영하는 것도 아니잖은가. 또 정부 정책을 수립하지도 않는다. 어쩌면 로이 스크랜턴이《뉴욕 타임스》에세이「저주받은 세상에서 아이를 키운다는 것」에서 주장했듯이 "우리가 물리 법칙을 자유롭게 깨뜨리지 못하듯이 우리는 어떻게 살아갈지 자유롭게 선택할 수 없었다."고 주장할지도 모르겠다.[107] 우리 자신을 구하고, 그들을 구할 능력이 우리 손에 없었다.

하지만 그것은 거짓말일 것이다.

정보가 충분치 않아도— 믿음 없는 앎은 **단지 앎**일 뿐이다.— 좋은 결정을 내리기 위해서는 반드시 필요하다. 나치의 잔학 행위를 알았어도 프랭크퍼터의 양심은 흔들리지 않았다. 하지만 몰랐다면 "당신은 어디에 있었습니까?"라는 질문을 다른 이들에게 받을 이유도, 자신에게 던질 이유도 없었을 것이다. 알았느냐 몰랐느냐에 따라 중대한 실수와 용서할 수 없는 죄가 갈린다.

기후변화에 관하여 우리는 위험할 정도로 부정확한 정보에 의존해 왔다. 우리의 시선은 화석연료에만 고정되어 있어서, 전 지구적 위기를 제대로 보지 못하고 각자 힘닿는 한계 내에서 골리앗에게 돌멩이를 던지고 있다는 기분이 든다. 각종 사실들은 우리 행동을 바꿀 만큼의 설득력은 없다 해도 우리의 마음을 바꿀 정도는 된다. 거기서부터 시작해야 한다. 우리는 **뭔가 해야 한다는** 사실을 알고는 있지만 보통은 할 능력이 없다거나 뭔지 잘 모르겠다고 말하는 데에서 그친다. 우리가 해야 할 일을 밝혀내지 않으면 하기로 결정할 수도 없다.

다음 장에서는 축산업과 기후변화가 어떻게 연관되어 있는지를 설명함으로써 전체 그림을 수정할 것이다. 나는 수백 페이지 분량이 될 수 있는 내용을 몇몇 핵심적인 사실들로 압축해 설명했고 이를 보완하는 중요한 이야기들은 포함하지 않기로 했다. 공장식 축산이 환경에 입히는 또 다른 피해, 현대 축산업에 근본적으로 깔려 있는 잔인성, 전례 없이 많은 양의 고기, 유제품, 달걀을 먹는 데에 따르는 건강과 사회의 문제들이다. 이 책은 기후변화에 대해 포괄적으로 설명하지 않으며 동물성 제품을 먹는 것을 반대하는 것도 아니다. 작금의 전 지구적 위기가 우리에게 어떤 결정을 내리도록 요구하고 있는지를 설명하려 할 뿐이다.

'결정'이라는 단어는 라틴어 데시데레(desidere)에서 왔는데, '잘라 내다'라는 의미이다. 전시에 등을 끄기로 결정할 때, 버스 뒷좌석으로 옮겨 앉기를 거부할 때, 동생 신발을 가지고 고향 마을에서 도망칠 때, 차 밑에 깔린 사람을 살리려고 차를 들어 올릴 때, 구급차에 길을 터줄 때, 디트로이트에서 밤새 집까지 차를 몰아 달려갈 때, 파도타기를 맞아 일어설 때, 셀카를 찍을 때, 추수감사절 식사에 참석할 때, 줄을 서서 투표할 때, 의학 실험에 참여할 때, 나무를 심을 때, 우리는 우리가 그런 일들을 하지 않은, 있었을 법한 세계들을 잘라 내고 있는 것이다. 모든 결정에는 손실이 따른다. 다른 결정을 했더라면 할 수 있었을 일만이 아니라, 우리가 행동함으로써 모종의 기여를 할 수도 있었을 세계를 잃는 것이다. 그런 손실은 너무 사소해서 알아차리지 못할 때도 많다. 너무 커서 견딜 수 없을 정도일 때도 있다. 보통은 그런 관점에서 우리가 내린 결정을 생각하지는 않는다. 자주 원하는 것을 취하라는 권유를 듣고 실제로 얻을 수 있는 시대, 역사적으로 전례 없이 많은 것을 얻을 수 있는 시기를 살고 있지만, 살려면 거의 모든 것을 버려야 한다.

기후변화는 인류에게 닥친 가장 큰 위기이다. 우리가 개인으로 맞는 위기이다. 여태 해 오던 식사를 할 수 없고, 여태 알던 행성에서 살 수도 없다. 식습관을 포기하거나 아니면 지구를 포기해야 한다. 그만큼 단순하고도 어렵다.

결정을 내릴 때 당신은 어디에 있었는가?

2 ⚡ 어떻게 하면 대멸종을 막을 수 있을까

⚡ 변화의 정도

— 1~10만 년 전, 마스토돈, 매머드, (멸종된)이리, 검
치호랑이, 거대 비버가 얼음 세계를 배회했다. 지
구의 평균 온도[1]는 오늘날보다 4~7도 낮았다.

— 5000만 년 전,[2] 남극은 열대우림으로 가득했다. 악
어, 거북이가 캐나다와 그린란드의 극지대 숲에 살
았다. 무게가 90.7킬로그램이나 나가는 펭귄이 오
스트레일리아를 뒤뚱거리며 돌아다녔고 알래스카
에는 야자수가 있었다. 극지에 만년설은 없었다.
북극해는 수영을 해도 좋을 정도로 따듯했고, 적도
주변 바다는 온수 욕조 온도였다. 지구 온도가 오
늘날보다 5도에서 8도 높았다.

— 체온으로 말하자면, 적은 온도차로도 건강할 때와
위험할 때가 갈릴 수 있다.

⚡ 첫째 위기

— 다섯 차례 대멸종이 있었다. 공룡이 죽은 한 차례의 멸종을 제외하고는 모두 기후변화가 원인이었다.

— 가장 치명적인 대멸종은[3] 2억 5000만 년 전에 일어났다. 화산 폭발로 이산화탄소가 방출되어 해양 온도가 약 10도 올랐고 해양생물의 96퍼센트와 육지생물의 70퍼센트가 사라졌다. 이 사건은 '페름기-트라이아스기 대멸종'으로 알려져 있다.

— 많은 과학자들이 산업혁명 이후 현재를 지질학적으로 '인류세'라 부른다.[4] 인간 활동이 지구에 지배적인 영향을 미치게 된 시기이다.

— 우리는 지금 여섯째 대멸종을 경험하고 있다. 흔히 '인류세 멸종'으로 불린다.

— 기후에 영향을 주는 자연의 메커니즘을 고려하면,[5] 1750년경 산업혁명이 시작된 이후 일어난 지구 온난화는 100퍼센트 인간의 책임이다.

— 최근의 기후변화는 자연적인 사건이 아니며 동물에게서 첫째 원인을 찾아야 한다.

— 여섯째 대멸종은 첫째 기후 위기로 인해 일어났다.

⚡ 최초의 농경

— 인간 역사를 하루라 치면 우리는 자정을 10분쯤 남
  겨 놓고서야 사냥꾼-수집꾼이 되었다.

— 인간은 지구 생명체의 0.01퍼센트를 대표한다.[6]

— 대략 1만 2000년 전 농경을 시작한 이래 인간은 모
  든 야생 포유동물의 83퍼센트와 식물의 절반을 없
  애 버렸다.

⚡ 우리 행성은 농장이다

— 전 세계적으로 인간은 우리가 키우는 동물들에게 먹일 음식을 마련하려고 곡물을 재배할 수 있는 땅의 59퍼센트를 이용하고 있다.[7]

— 인간이 사용하는 담수의 3분의 1이[8] 우리가 키우는 동물에게 가는 반면, 가정에서는 약 13분의 1만[9]을 사용할 뿐이다.

— 전 세계에서 생산되는 항생제의 70퍼센트[10]가 가축에게 사용되어, 인간 질병에 대한 항생제의 효능이 약화되고 있다.

— 지구상의 모든 포유동물의 60퍼센트는 식용으로 키워진다.

— 지구에는 한 인간에게 대략 서른 마리의 가축이 있는 셈이다.[11]

⚡ 인구가 급격히 늘고 있다

— 산업혁명 이전,[12] 유럽의 평균 기대수명은 서른다
  섯 살 정도였다. 지금은 여든 살에 가깝다.
— 인구가 10억 명에 이르는 데에 20만 년이 걸렸지
  만,[13] 70억 명이 되기까지는 채 200년이 걸리지 않
  았다.
— 지금은 이탈리아 피렌체의 인구에 맞먹는 36만
  명[14]이 매일 태어난다.

⚡ 우리의 농업은 급격히 변화하고 있다

— 1820년, 미국 노동력의 72퍼센트[15]가 직접 농업에 종사했다. 오늘날은 1.5퍼센트이다.

— 비디오 게임 콘솔처럼[16] 공장식 축산은 1960년대에 발명됐다. 그전에는 모든 식용 동물을 야외 공간에서 키웠다.

— 1950~70년,[17] 미국에서 농장과 농업에 종사하는 사람들의 수가 절반으로 줄었지만 평균 농장의 규모는 두 배가 되었다. 닭도 평균[18] 두 배로 커졌다.

— 1966년, 점점 더 부자연스러워지는 환경에서 닭들이 서로를 쪼거나 잡아먹는 일이 없도록 시야를 왜곡하는 콘택트렌즈[19]를 발명했다. 닭들이 주변 환경을 보지 못하게 해서 스트레스를 완화하려고 만든 것이다. 하지만 농부들에게 너무 부담이 된다고 하여[20] 닭의 부리 끝을 지져 없애는 자동화된 부리 절단기가 도입되어 업계 표준이 되었다.

— 2018년, 미국에서 식용 동물의 99퍼센트는[21] 공장식 농장에서 키워진다.

⚡ 우리의 식습관은 극단적이다

— 최근 고기와 유제품의 소비[22] 수준은 1700년에 살았던 사람이 매일 고기 445킬로그램과 우유 4542리터를 마시는 것과 맞먹는다.

— 전 세계에는 어느 한 시점으로 한정해 보면 약 230억 마리의 닭이 있다. 이들을 다 합치면 지구상의 모든 날짐승을 합친 것보다 많다. 인간은 해마다 650억 마리의 닭을 먹는다.[23] 한 명당 약 여덟 마리 반이다.

— 미국인들은 단백질 권장 섭취량의 평균 두 배를 소비한다.[24]

— 동물성 단백질을 많이 먹는 사람들[25]은 적게 먹는 사람들보다 암으로 죽을 확률이 네 배 더 높다.

— 흡연자들은 비흡연자보다 암으로 죽을 확률이 세 배 더 높다.[26]

— 미국인들은 다섯 끼[27] 중 한 끼는 차에서 먹는다.

⚡ 우리의 기후변화는 극단적이다

— 우리는 지금 대륙과 극지에 판빙이 있는 4차 빙기에 있다.[28] 이런 시기는 흔히 빙하기로 알려져 있다.

— 주기적인 기후변화 모델에 따르면[29] 지구는 지금 기온이 살짝 떨어지는 시기라야 한다.

— 온도가 가장 높았던 해의 열에 아홉이[30] 2005년 최초의 유튜브 비디오인 「동물원의 나」가 업로드 된 이후의 시기에 해당한다.

— 페름기-트라이아스기 대멸종기[31]에 시베리아 화산들이 용암을 쏟아 내 미국을 에펠탑 세 개의 높이까지 덮었다.

— 인간들은 현재 대멸종이 진행되는 동안 화산들이 쏟아 낸 것보다 열 배 더 많은 이산화탄소를 대기 중에 쏟아 내고 있다.[32]

⚡ 왜 온실가스가 중요한가

— 태양광이 대기를 통과해 지구를 덥힌다. 이때 열의
 일부는 우주로 도로 빠져나간다. 대기 중의 온실가
 스(GHG)는 담요가 체열을 붙잡아 두듯이 배출된
 열의 일부를 가둔다.
— 지구의 생명은 온실가스 효과에 의존하고 있다.[33]
 온실가스 효과가 없다면 지구의 평균 온도는 15도
 가 아니라 −18도에 이를 것이다.
— 인간 활동으로 배출된 온실가스의 82퍼센트[34]를
 이산화탄소가 차지한다. 대부분은 산업, 운송, 전
 기 사용으로 배출된다.
— 산업혁명 이전 80만 년 동안[35] 대기 중의 온실가스
 농도는 죽 안정돼 있었다. 대기 중의 이산화탄소
 농도는 산업혁명 이후[36] 약 40퍼센트 증가했다.
— 대기 중에 둘째, 셋째로 가장 많이 퍼져 있는 온실
 가스는 메탄과 이산화질소이다. 메탄 배출의 37퍼
 센트, 이산화질소 배출의 65퍼센트는 축산업 탓이
 다.[37]
— 1960~99년 이산화질소 농도의 증가 속도는 지난

2000년 중 어느 시기의 40년과 비교해 보아도 두
배 정도 빠르다.

— 1960년 공장식 축산이 시작되고 1999년까지, 메탄
의 농도는 지난 2000년 중 어느 시기의 40년과 비
교해도 여섯 배 더 빨리 증가했다.

⚡ 기후변화는 째깍거리는 시한폭탄이다

— 기후 과학자들마다 온실가스 배출 중단 데드라인을 다르게 잡고 있다. 진술은 보통 이런 식이다. "기후변화를 해결하기까지 남은 시간은 ×년이다."

— 기후변화는 당뇨병처럼 관리할 수 있는 질병이 아니다. 세포가 치명적으로 퍼지기 전에 제거해야 하는 악성종양 같은 사건이다. 긍정적인 되먹임 회로가 '통제 불능의 기후변화'를 초래하면 지구는 온난화를 감당할 수 없다.

— 가장 강력한 되먹임 회로[38] 중 하나는 알베도 효과이다. 하얀 얼음판은 햇빛을 대기 중으로 반사한다. 검은 바다는 햇빛을 흡수한다. 지구가 더워지면서 햇빛을 반사하는 얼음은 적어지고, 이를 흡수하는 검은 바다와 육지는 늘어난다. 바다는 점점 더 더워지고 얼음은 더 빨리 녹게 된다.

— 전 유엔기후변화협약 사무총장[39] 크리스티아나 피게레스는 우리가 2020년까지는 통제 불능의 돌이킬 수 없는 기후변화로 이어질 온도 문턱을 넘지 말아야 한다고 말했다.

⚡ 기후변화는 재깍거리는 시한폭탄이기 때문에, 모든 온실가스는 똑같이 중요하다

— 메탄의 경우 열을 가두는 능력을 뜻하는 '전 세계 적 온난화 잠재력(GWP)'이 100년 동안 이산화탄 소의 서른네 배가 되었다.[40] 지난 20년 동안에는 여 든여섯 배가 되었다. 이산화탄소가 보통의 담요 정 도 두께라면, 메탄은 르브론 제임스 키(206센티미 터-옮긴이)보다 더 두꺼운 담요라 생각하면 된다.

— 이산화질소는 이산화탄소의 GWP의 310배이다. 담요가 너무 두꺼워서 그 위에서 바닥으로 뛰어내 리면 죽을 수도 있다고 생각하면 된다.

— 전 세계적인 배출량을 계산할 때는 온실가스를 '이 산화탄소-등가물'로 바꾼다. 계산은 보통 100년 단위를 기준으로 한다. 이는 메탄 1미터톤은 전체 GHG 평가에서 이산화탄소 34미터톤으로 계산해 야 한다는 뜻이다.

— 대기를 예산으로, 배출은 비용으로 생각할 수 있 다. 메탄과 이산화질소가 단기간에 탄소보다 훨씬 더 많은 온실가스 비용을 발생시키기 때문에 이를 줄이는 것이 가장 긴급한 문제이다. 메탄과 이산화

질소는 대개 음식 섭취로 인해 생기기 때문에[41] 줄이기 쉽다.

⚡ 벌목이 왜 문제인가

— 나무들은 '탄소 싱크'이다. 이산화탄소를 흡수한다
  는 뜻이다.

— 물을 가득 채운 욕조를 상상해 보라. 물이 천천히
  빠지면 물이 차오르는 속도도 빠를 것이다. 지구의
  광합성 능력과 비슷하다.[42] 벌써 인간은 지구 한계
  를 초과하는 속도로 대기 중에 온실가스를 방출하
  고 있지만, 식물이 아직은 상당량의 이산화탄소를
  흡수하고 있다. 현재 속도로 따지면 인간이 일으킨
  배출량의 4분의 1,[43] 혹은 반세기 동안의 배출량에
  해당한다.

— 숲을 파괴하는 것은[44] 배수구를 막는 행위나 다름
  없다.

— 가축을 사육하는 데에 쓰는 열대의 땅 상당 부분을
  숲으로 재생한다면[45] 인간이 발생시킨 모든 GHG
  의 절반 이상을 경감할 수 있다.

— 나무의 50퍼센트가 탄소로 구성돼 있다.[46] 나무는
  석탄처럼 탈 때 저장하고 있던 이산화탄소를 배출
  한다.

— 숲은 개발할 수 있는 화석연료 보존량 전체보다 더 많은 탄소를 품고 있다.[47]

— 연간 전 세계 온실가스 배출량의 15퍼센트는 숲을 벌목하고 불태운[48] 탓이다. 《사이언티픽 아메리칸》에 따르면,[49] "어느 모로 보나 열대우림 벌목이 전 세계의 도로를 달리는 차와 트럭을 전부 다 합친 것보다도 대기 중 이산화탄소 배출에 큰 영향을 준다."

— 벌목의 약 80퍼센트는[50] 목초와 방목에 필요한 땅을 얻기 위해서다.

— 캘리포니아에서 나는 산불은[51] 1년 내내 캘리포니아주의 진보적인 환경 정책으로 줄인 온실가스보다 더 많은 양의 온실가스를 만들어 낸다.

— 숲을 불태우는 것은 배수구가 막혀 있는데 수돗물을 트는 일이나 다름없다.

⚡ 모든 벌목이 똑같이 중요하지는 않다

— 2018년 브라질은 자이르 보우소나루를 대통령으로 선출했다.

— 보우소나루는 이전까지 보호되고 있던 아마존 우림 개발 계획을 세워 추진할 예정이다.

— 보우소나루의 정책으로 13.2기가톤의 탄소가 배출되리라 추정된다.[52] 이는 전 미국의 연간 배출량의 두 배가 넘는다.

— 아마존 벌목의 91퍼센트는 축산업 때문이다.[53]

⚡ 축산업이 기후변화를 유발한다

— 소, 염소, 양은 음식을 소화시킬 때[54] 엄청난 양의
   메탄을 발생시킨다. 대부분은 트림할 때 나오지만
   숨을 쉬거나 방귀를 뀔 때도 나오고 동물 폐기물에
   서도 나온다.
— 가축은 메탄 배출의 주요 근원이다.[55]
— 이산화질소는 가축의 소변, 대변, 곡물 재배에 이
   용되는 비료에서 나온다.[56]
— 가축은 이산화질소 배출의 주요 원인이다.[57]
— 축산업이 벌목의 주요 원인이다.[58]
— 유엔 기후변화협약에 따르면,[59] 소들을 나라라고
   치면 이 나라는 중국과 미국에 이어 온실가스 배출
   에서 3위를 차지한다.

⚡ 축산업은 기후변화를 일으키는 주요 원인이다

— 축산업이 온실가스 배출에 전반적으로 미치는 영향을 따져 볼 때, 계산에 무엇을 포함하느냐에 따라 그 추정치는 크게 달라진다.

— 유엔 식량농업기구는[60] 가축 사육이 기후변화의 주요 원인이며, 연간 대략 75억 1600만 톤의 이산화탄소 등가물을 배출한다고 주장한다. 이는 전 세계 배출량의 14.5퍼센트에 해당한다.

— 유엔 식량농업기구는 동물이 먹을 풀을 얻고 목장을 짓기 위해 숲을 벌목할 때 배출되는 이산화탄소를 계산에 포함하지만, 숲이 더는 흡수할 수 없게 된 이산화탄소는 고려하지 않는다.(장례식 비용은 보상해 주지만 미래의 잃어버린 임금은 쳐 주지 않는 생명보험 증권을 상상해 보라.) '가축은[61] 인간이 등장하기 이전 시대의 무엇이 아니라 자동차처럼 인간의 발명품이자 편의를 위한 존재이며, 가축이 내뿜는 이산화탄소 분자는 이제는 자연의 산물이라기보다는 자동차의 배출물로 보아야' 하는데도 그들은 가축이 내뿜은 이산화탄소도 계산에 포함하

지 않는다.

— 월드워치 연구소의 연구자들이 유엔 식량농업기구
에서 빠뜨린 배출을 계산에 넣어 추정한 결과, 가
축은 연간 325억 6400만 톤의 이산화탄소 등가물
을 배출한다. 이는 연간 전 세계 배출량의 51퍼센
트에 해당한다. 차, 비행기, 건물, 발전소, 산업을
다 합친 것보다도 많다.

— 축산업이 기후변화의 여러 요인들 중 하나인지, 특
정한 주요 요인인지는 확실히 알 수 없다.

— 축산업을 빼고 기후변화를 논할 수 없다는 것은 확
실한 사실이다.

⚡ 동물성 제품 소비를 줄이지 않으면 시한폭탄을 해체할 수 없을 것이다

— 과학자들은 지구 온난화에 관한 파리협약의 목표, 즉 지구의 평균 온도 상승을 2도 이하로 유지하기 위한 이산화탄소 등가물 배출 예산(심각한 기후변화를 피하기 위해서 제한되는 이산화탄소 배출량을 의미한다 — 옮긴이)을 2050년까지 565기가톤으로 추정한다.[62]

— 최근 기후 조절에 식단이 미치는 영향에 대한 존스 홉킨스 대학 보고서에 따르면,[63] "전 세계의 고기와 유제품 섭취가 이대로 계속된다면, 비농업 부문에서 배출량을 크게 줄인다 해도 전 세계 평균 온도는 2도 이상 오를 것이다."

— 2차 대전 당시 국내 전선의 노력만으로 전쟁에서 이기기는 충분치 않았겠지만, 국내 전선의 노력 없이는 이길 수 없었을 것이다. 우리의 식습관을 변화시키는 것만으로는 지구를 구하기에 충분치 않겠지만, 식습관을 바꾸지 않으면 지구를 구할 수 없다.

⚡ 모든 행동이
똑같이 효율적이지는 않다

— 가장 낙관적인 추정치에 따르면[64] 각국이 서로 협력해 전 세계가 풍력, 수력, 태양열로 전환한다 해도 그 기간이 20년 넘게 걸리고 100조 달러를 투자해야 한다.

— 포츠담 기후 영향 연구소 소장 한스 요아킴 쉘른후버: "수학은 무서울 정도로 명확합니다.[65] 앞으로 몇 년 안에 세상이 치유될 수는 없는 반면 2020년 이전에 부주의로 인해 치명상을 입을 수 있습니다."

— 인플레이션에 맞추어 조정하면 전 세계가 2차 대전에 치른 비용은 14조 달러에 이른다.

— 개인이 기후변화를 막기 위해 할 수 있는 가장 효과적인 활동 네 가지[66]는 다음과 같다. 채식 위주로 먹기, 비행기 여행 피하기, 차 없이 살기, 아이 적게 낳기.

— 위의 네 가지 행동 중에서 가장 강력한 온실가스인 메탄과 이산화질소에 즉각 영향을 미치는 것은 채식 위주의 식사뿐이다.

— 대부분의 사람들은 아기를 가질지 말지 결정해야
할 상황이 아니다.

— 미국인들의 85퍼센트는 차로 출퇴근한다.[67] 차를
쓰지 않기로 결정할 수 있는 사람은 거의 없다.

— 2017년 미국인들의 경우, 항공기 여행의 29퍼센트
는 업무상 여행이었고 21퍼센트는 '휴가 이외의 개
인적인 목적'에 따른 여행이었다. 업무는 점점 더
원격 통신에 의지[68]할 테고 일부 '휴가 이외의 개인
적인' 비행은 줄여야겠지만, 그래도 많은 사람들은
항공기 여행을 피할 수 없다.

— 누구나 식사는 곧 하게 된다. 그러므로 지구에 대
한 걱정을 행동으로 당장 옮길 수 있다.

⚡ 모든 음식이 동등하지는 않다

— 각 음식 1인분의 이산화탄소 양을 킬로그램으로 계
산한 것.[69]

소고기: 3

치즈: 1.11

돼지고기: 0.78

가금류: 0.57

달걀: 0.40

우유: 0.32

쌀: 0.07

콩류: 0.05

당근: 0.03

감자: 0.01

— 아침 점심으로 동물성 식품을 먹지 않는다면[70] 세
끼 모두 채식으로 하는 식단의 평균보다 이산화탄
소 발자국을 더 줄일 수 있다.

⚡ 대멸종을 막는 법

— 파리협약의 목표(지구의 평균 온도 상승을 2도 이하로 유지)를 달성하기 위해[71] 개인의 연간 이산화탄소 등가물 예산은 2050년까지 2.1톤을 넘지 말아야 한다.

— 세계 각국 시민들[72]의 이산화탄소 발자국은 저마다 다르다. 미국인의 경우 연평균 19.8톤이고, 프랑스인은 연평균[73] 6.6톤, 방글라데시인은 연평균[74] 0.29톤이다. 세계 시민의 이산화탄소 등가물 발자국은 대략 연평균[75] 4.5톤이다.

— 아침과 점심에 동물성 식품을 먹지 않으면[76] 연간 1.3미터톤을 줄일 수 있다.

3 ◢ 유일한 집

◉ 우리의 전망

이제 화성의 주민들은 이 행성의 온도 상승이나 임박한 엄청난 재앙을 더는 부인할 수 없는 지경까지 왔다. 그들은 문명을 유지하기 위해 최후의 필사적인 시도로 광대한 운하를 파서 행성의 양극과 행성 표면을 덮고 있는 그을린 땅을 연결했다. 매년 녹은 극지방의 만년설이 적어도 다음 세대까지는 먹고살 작물을 키울 수 있는 물을 공급할 것이다.

이 멸종에 저항하는 최후의 투쟁을 19세기 말 애리조나 플래그스태프의 개인 관측소에서 천문학자 퍼시벌 로월이 기록했다. 로월은 돌팔이가 아니었다. 미국 학술원 회원으로 선출되었고, 명왕성 발견에도 한몫을 했다. 그러나 당대의 다른 천문학자들은 화성의 '비자연적인 특징들'을 발견하지 못했고, 과학 공동체는 대중을 사로잡은 그의 이론을 거부했다. 그는 계속해서 화성의 운하를 관찰하고 꼼꼼히 스케치했고, 1916년 사망할 때까지 그것이 죽어가는 문명의 주인들이 자신들을 구하려는 최후의 영웅적 시도의 증거라고 주장했다.

화성 운하를 로월이 처음 조사한 것은 아니었다. 1877년 이탈리아 천문학자 조반니 스키아파렐리가 화성 운하를 관찰했고, 영어권 천문학자들도 행성 표면의 비자연적인 특징들을 조사하기 시작했다. 로윌은 스키아파렐리의 관찰을 확인해 준 유일한 인물이었다. 그러나 안타깝게도 이탈리아어로 운하(canali)는 운하가 아니라 수로(자연발생적인 지형 특성. 화성에도 많다)라는 뜻인데 영어에서 운하로 잘못 번역되어 버렸다.

1960년대 나사의 매리너 프로그램이 화성 옆을 날아가면서 처음으로 행성의 표면 사진을 찍었을 때 비로소 그게 운하가 아니라는 사실이 확실해졌다. 화성에 한때 지적 생명체가 거주했다 해도,[1] 그들의 문명은 자취를 감추었거나 이를 뒷받침하는 증거는 시간이 지나 지워졌을 것이다. 과학자들이 지구에서 인류가 사라지고 2만 년쯤 지나면 그렇게 될 거라고 말하듯이.

그러나 로윌이 관찰하고 내내 기록했던 것이 무엇인지 해명하기까지는 40년이 더 걸렸다.

할머니의 침대 옆에 앉아 이 단어들을 자판으로 치고 있다. 할머니가 요양 시설에서 지내며 너무 스트레스를 받자 지난 몇 년간 부모님이 할머니를 모셨다. 부모님은 할머니가 층 사이를 오갈 수 있도록 계단에 승강기를 설치하고, 가끔씩 혹은 전일제로 도와줄 사람을 고용하셨다. 부모님은 사생활을 누리기 힘들어졌다거나 감정적, 재정적 책임을 더 지게 되었다는 말은 단 한 번도 하신 적이 없다.

나는 한 달에 한두 번은 워싱턴 D. C.에 와서 주말을 보낸다. 할머니는 거의 온종일 주무신다. 어머니는 나에게 할머니의 소원이 누군가 할머니를 뵈러 올 때 깨어 일어나는 것이라고 하신다. 할머니를 깨우기가 영 내키지 않지만— 잠자는 아기를 절대 깨우지 마라, 죽어가는 할머니를 절대 깨우지 마라— 이번만은 감정이 아닌, 알고 있는 바에 따라 행동한다. 할머니의 눈이 뜨이면서 얼굴에 미소가 퍼진다. 마치 실로 연결된 것 같다.

할머니는 어느 때보다 정신이 말짱하다. 마지막으로 해야 할 말들이 그렇게나 많은데도 불구하고— 혹은 많기 때문에— 오히려 할 말이 없는 듯하다. 그래서 우리는 그저 조용히 앉아 있다. 할머니는 깨어 계실 때도 있고, 잠들어 계실 때도 있다. 나는 할머니가 쉬는 동안 계단을 내려가 부모님과 시간을 보내기도 한다. 가끔은 지금처럼 여기 머문다. 시간을 보내는 방법 중 하나는 차를 몰고 도시를 돌아다니는 것이다. 인근 지역과 내가 자랐던 곳에 가 본다. '미스터 엘' 레스토랑은 이제 없다. '히거스' 드럭스도 없다. '폴리틱스 앤드 프로즈' 서점은 거리 건너편으로 옮겨서 제국처럼 퍼져 나간다. 셰리든 학교의 운동장은 새 교실들로 빼곡하다. 푸가지는 해체되어 이제 밴드가 아니지만 포트리노는 여전히 그대로 있다.

모든 것이 크기가 다르다. 형과 내가 용감하게 브레이크를 밟지 않고 자전거로 질주해 내려갔던 '높은 언덕'은 기껏해야 경사가 완만한 작은 언덕이다. 학교까지 가는 길은 기억하기로는 한 시간 가까이 걸렸는데 여섯 블록밖에 안 된다. 하지만 학교는 작다고 기억했는데 어마어마하게 크다. 우리 아이들이 지금 다니는 학교보다 몇 배는 더 크다. 내 크기 감각이 특정 방향으로 왜곡되진 않았지만, 심각하게 왜곡되기는 했다.

다시 마주했을 때 가장 이상했던 것은 내가 태어나 9년을 살았던 집이었다. 이번에는 물리적 크기가 아니라 감정의 농도가 왜곡되었다. 수십 년 만에 처음 다시 보니 강렬한 감정이 솟아날 거라 여겼지만 그저 좀 흥미로운 뿐이었고 잠시 후 만족해서 자리를 떴다.

몇 년 전, 한 예술가가 우리 형제와 긴 인터뷰를 여러 차례 진행하면서 우리가 공유하는 어린 시절의 집에 대한 기억을 떠올리게 했다. 대문은 무슨 색인가요? 들어가면 뭐가 보이나요? 난간은 어떤가요? 바닥은 맨바닥입니까? 뭘 깔았습니까? 대충 몇 층인가요? 난간은 어떻습니까? 창문에는 뭘 덮었습니까? 조명 기구에는 전구가 몇 개나 있나요?(그녀의 질문은 모두 현재형이었다.) 그녀는 우리의 기억에 따라 서로 다른 집 평면도 세 개를 만들었다. 얼마나 다른지 놀라울 정도였다. 방의 배치도 다르고 크기도 다르고 심지어 층수도 달랐다. 어떻게 이럴 수가 있을까? 고작 몇 번 들어가 본 건물이 아니었다. 우리가 자란 집이었다. 어쩌면 그녀의 실험은 기억이 우리가 생각하는 것보다 훨씬 믿을 만하지 않다거나, 그때 우리가 아이들이라 너무 분주해서 자세히 들여다볼 짬이 없었다는 사실을 입증했을지도 모르겠다. 하지만 훨씬 더 불편한 또 다른 가능성은 우리가 만들어 내는 이야기와 믿는 이야기에 없어서는 안 될 요소라고 여겼던 집이 생각만큼 강력한 요소는 아니라는 것이다. 어쩌면 결국 집은 장소일 뿐인지도 모른다.

로마제국이 붕괴한 후, 콜로세움의 피로 얼룩진 바닥에 이국적인 식물들이 무성해졌고 꽃을 피웠다. 유럽 어디에서도 찾아볼 수 없는 이 식물들은 난간을 타고 오르고, 기둥을 뒤덮으면서 무섭게 쑥쑥 자랐다. 한동안 콜로세움은 의도하지 않았지만 세계 최대의 식물원이었다. 발단은 검투사에게 죽임을 당하기 위해 수천 킬로미터 밖에서 데려온 황소, 곰, 호랑이, 기린의 가죽에 씨앗이 묻어온 것이다. 식물들은 로마제국이 사라진 자리를 채웠다.

할머니와 휴일에 공원을 산책하던 시절, 할머니는 벤치만 보이면 다가가 앉아서 잠시 휴식을 하셨다. 사이사이

잠깐씩 산책하던 그 일요일의 시간들은 주말 휴식이라 말하는 편이 더 정확할 것이다. 보통 우리는 말없이 앉아 있었다. 가끔은 할머니가 인생 조언을 해 주셨다. "너보다 살짝 덜 똑똑한 사람과 결혼하렴." "부자랑은 사랑에 빠지기가 쉽지." "넌 바구니에 든 빵의 값을 치렀어. 그러니까 빵을 가져와야 해." 할머니는 내 무릎에 큼지막한 손을 얹고 이런 말씀도 몇 번 하셨다. "너는 나의 복수(revenge)란다."

그런 말을 들을 때마다 어리둥절했다. 나는 오랫동안 여러 가지로 이를 해석했다. 복수(revenge)는 라틴어로 'vengeance'에 해당하는 말인 빈디카레(vindicare)에서 왔다. vindicare는 '자유로이 보다' 혹은 '소유권을 주장하다'라는 뜻이다. 뭔가를 다시 자유롭게 해 주는 것. 되찾는 것. 어쩌면 할머니는 자식과 손주, 증손주 들을 보실 때 무성하고 다채롭고 독특한 생명들로 가득한 대경기장 같은, 있을 법하지 않기에 더욱 놀라운 장관을 보고 계셨는지도 모른다. 우리가 지금 환경 위기에 제대로 대처한다면, 나중에 다시 찾아 자유롭게 하고 번성케 할 미래의 생명도 똑같이 보일지도 모른다.

2003년에야 로월이 오랫동안 관찰하고 기록했던 문제에 대한 해답을 얻었다. 은퇴한 검안사 셔먼 슐츠가 로월이 망원경을 조정한 방법이 백내장을 찾아내는 데 사용하는 도구의 사용법과 아주 흡사하다는 사실을 발견했다. 로월은 작은 조리개를 쓰면 관찰 대상인 화성과 금성 같은 행성들의 이미지가 더 선명하게 보인다고 느꼈다. 그런데 이 경우 눈 혈관과 수정체의 부유물 그림자가 망막에 비쳐서 보이게 된다. 로월은 우연히 보는 이의 눈에서 가장 먼 곳에 있는 사물을 보여 주는 장치를 가장 가까이 있는 사물을 보여 주는 장치로 바꾸었던 것이다. 그는 산업혁명 직전에 태어났다. 서구 인류가 가장 극적으로 자신의 전망을 지구에 투사하여 영구히 구현해 낸 시기였다. 로월이 문명이 죽어가는 행성을 보고 그린 지도는 자기 눈의 구조와 결함을 그린 지도였다.

내가 자란 집은 줄어들지 않았고 할머니의 손도 마찬가지였다. 로월처럼 나도 자신이 관찰하는 현상을 내적 변화가 아니라 외적 변화라고 착각한다. 인류가 기후변화를 초래했다는 사실을 인정하는 사람들조차도 우리가 개인적으로 한몫했다는 점은 부인한다. 우리는 환경 위기가 커다란 외부 힘에 의해 초래되며, 그렇기에 아주 큰 외부 힘에 의해 해결될 수 있다고 믿는다. 하지만 우리가 책임져야 한다는 점을 인식하는 것이야말로 해결책을 도출하는 출발점이다.

행성이 우리에게 복수하든가, 아니면 우리의 존재 자체가 행성의 복수가 될 것이다.

◖ 집은 대개 감지할 수 없다

브루클린에 있는 아들의 침실 바닥에 앉아 컴퓨터 자판을 두들기고 있다. 아들은 잘 때를 빼고는 거의 여기서 시간을 보내지 않는다. 세탁물을 치울 때 빼고는 나도 들어오지 않는다. 그래서 이 방에서는 미묘하지만 이 집의 다른 곳과는 살짝 다른 냄새를 맡을 수 있다. 아들이 삼촌한테 물려받은 랜드마크 북 시리즈의 미미한 곰팡내, 아들의 침실에서만 나는 비누와 샴푸 냄새, 생일에 받거나 축제에서 얻은, 혹은 이를 뽑고서 이와 교환한 곰, 돼지, 호랑이 봉제인형의 냄새.

집 냄새를 새삼 느껴 본 적이 있는가? 아마 긴 여행에서 돌아왔을 때? 아니면 손님이 얘기해서? 평소 환경에서는 우리가 사는 곳에서 나는 냄새를 맡을 수 없다. 익숙한 것에서 풍기는 냄새는 맡을 수 없는 법이다. 인지 심리학자 패멀라 돌턴의 말에 따르면,[2] 딱 두 번만 숨을 들이쉬면 "콧속의 수용기가 꺼진다". 냄새가 위협적이지 않다고 판단되면 더는 관심을 주지 않는다. 공기정화기를 갖다 놓고 하루만 지나면 그것이 작동하는지 마는지를 잊어버린다. 이처럼 냄새에 빠르게 적응하는 것은 진화의 결과인 듯하다. 이미 알려진 자극에는 관심을 줄여 주위 환경에서 위험할 수도 있는 자극을 찾아내는 데 자원을 돌리는 것이다. 진화 생물학자들에 따르면 고기가 먹기에 안전하지 않게 되는 때를 알아내려고 이렇게 진화했다.

이런 현상이 시각과 청각에도 적용된다고 하면 거짓말처럼 들리겠지만 정말로 그렇다. 우리는 무슨 소리를 몇 초동안 듣거나 잠시 보고 나면 듣거나 보기를 중지한다. 냄새만큼 극적이지는 않아도 이런 현상은 다른 감각에도 마찬가지로 적용된다. 건축 현장 옆에 사는 사람들은 시끄러운 소리를 듣지 못하게 된다. 개에게 손을 얹으면 처음에는 온기와 털의 질감이 느껴지지만 조금만 지나면 뭔가를 만지고 있다는 사실을 의식조차 못 하게 된다. 거의 온종일 하늘을 보고 살아도 아름다운 석양이라든가 보름달, 무지개처럼 다른 볼거리가 있을 때를 제외하면 하늘이 거기 있다는 사실도 잊어버릴 수 있다. 늘 그 자리에 있는 사물은 더는 그 자리에 있지 않다.

대부분의 사람들에게 집은 가장 친숙하고 덜 위협적인 곳이다. 그래서 가장 정확히 인식하기 어려운 곳이다.

◢ 집을 힐끗 보기

지구에서 적어도 3만 2000킬로미터는 떨어져 있어야[3] 지구가 구(球)로 보인다. '푸른 구슬'은 지구를 처음 찍은 사진이 아니라 처음으로 전체가 환히 밝혀진 지구를 찍은 사진이다. 지구의 사진뿐 아니라 지구上에서 찍은 사진들 중에서 가장 많이 인쇄 재인쇄되고 널리 퍼진 사진 중 하나는 약간 규칙을 어기고 충동적으로 찍은 것이다. 영화 제작자 앨 레이너트는 이렇게 썼다. "사진 찍기는 성공을 위해 모든 단계가 자세하게 짜인 엄격한 비행 플랜의 예정된 행사였다.[4] 그 위험한 비행에서 필름은 다른 모든 물품과 마찬가지로 엄격히 배급되었다. 70밀리 하셀블라드 카메라 몫으로 필름 스물세 통(컬러 필름 열두 통, 흑백 필름 열한 통)을 비행기에 실었다. 모두 진지한 기록 작업에 쓰일 것들이었다. 그들은 창밖을 내다보아서도 안 되었다."

아폴로 17호는 마지막으로[5] 달 유인 탐사 임무를 수행했다. 승무원들은 목적지에 도착하여, 현재 기준으로는 가장 많은 달 샘플을 수집했다. 하지만 결국은 지구를 찍은 사진이 인류에게 가장 오랫동안 기여한 것이라는 사실이 입증되었다. '푸른 구슬'보다 앞서 '어스라이즈'를 찍은 아폴로

8호 우주인 윌리엄 앤더스는[6] 이렇게 기록했다. "달을 탐험하러 가서 우리가 발견한 가장 중요한 것은 지구였다."

'푸른 구슬'은 1972년 촬영되었다. 많은 이들이 환경운동이 활발해진 것을 이 사진 덕으로 돌렸다.[7] 어떤 이들은 아무런 도움도 없이 홀로 검은빛 우주를 배경으로 하고 떠 있는 연약한 지구의 모습이 지구를 보호해야 한다는 집단 욕망을 불러일으켰다고 믿는다.

우주인들은 우주에서 본 지구의 모습에 깊이 감명 받았고 정신적 변화를 경험했다. 우주인 앨런 셰퍼드가 소리를 질렀던 것은 달에 착륙했을 때가 아니라[8] 자신의 고향 행성을 돌아보았을 때였다. 이런 경험은 우주여행자들 사이에서 너무나 강력하고 한결같아서 '조망 효과'라는 이름까지 붙여졌다. 고향을 갑자기 보았을 때, 우리가 행성에 살고 있음을 깨달았을 때의 경외감을 묘사하는 말이다.

경외감을 일으키는 것은 아름다움과 광대함, 두 가지이다.[9] 우주에서 본, 특히 무한해 보이는 검은 허공을 배경으로 한 지구의 모습보다 더 크게 사람을 변화시킬 만큼 아름답고 광대한 것이 또 있을까? 상상하기 어렵다. 이는 상호 연결성, 생명의 진화, 심원한 시간, 무한함을 시각적으로 가장 뚜렷이 보여 주는 예일 것이다. 이런 관점에서 '환경'은 더는 우리 바깥, 저기 어딘가에 있는 무엇이나 맥락이 아니다. 우리를 포함하는 모든 것이다.

조망 효과는 사람들을 바꿔 놓는다.[10] 아폴로 우주인들 중 한 명은 지구로 돌아와서 전도사가 되었다. 한 명은 초월 명상을 시작하고 자원봉사에 힘썼다. 또 한 명인 에드거 미첼은[11] 순수이성협회를 설립하여 인간 의식을 연구하고 조용히 휴식할 곳을 제공한다. 미첼은 이렇게 말했다. "38만 킬로미터에 이르는 귀환 여행을 통해 별들과 내가 떠나 온 행성을 보면서 돌연 지적이고 사랑이 넘치며 조화로운 우주를 경험했습니다."

1961년 유리 가가린이[12] 최초로 우주에 나아간 이후 우리의 집을 맨눈으로 본 사람은 567명뿐이다. 대부분의 우주인들은 그림자가 일부 드리워진 지구만 보았다. 환히 빛나는 행성을 보기가 어렵다 보니 아폴로 17호 승무원은 그것을 찍을 수밖에 없었을 것이다. 우주 항공 기술자 아이작 드수자에 따르면,[13] "567명이 우주를 경험한다면 그것은 신기한 일이다. 100만 명이 경험한다면 하나의 운동이다. 10억 명이 경험한다면 세상 사람들이 지구를 생각하는 방식을 혁명적으로 바꿀 것이다." 그래서 드수자는 고해상도 가상 현실 카메라를 장착한 위성을 궤도에 올려 보내기 위해 스타트업 '스페이스VR'을 공동 창립했다. 이 회사의 목표는[14] 이렇다. "전 세계 모든 사람에게 조망 효과를 경험할 기회를 주는 것."

펜실베이니아 대학 연구원 요하네스 아이흐스타에트

는 이런 가능성을 두고 이렇게 말했다.[15] "행동을 바꾸기는 지극히 어렵다. 그래서 이런 심오할 뿐 아니라 재생 효과도 있는 것을 우연히 발견하면 심리학자들은 벌떡 일어나 앉아 이렇게 외친다. '대체 이게 무슨 일이지? 어떡하면 이걸 좀 더 활발하게 일으킬 수 있을까? (……) 결국 우리는 이러한 경험을 어떻게 유도할 것인가에 관심이 쏠린다. 이런 경험은 사람들의 적응력을 더 높여 주고, 서로서로 연결된 기분을 느끼게 하고, 문제를 재구성하도록 도와준다."

우주인 론 개런은 조망 효과의 경험을 설명하면서[16] 이렇게 말했다. "감정과 인식 둘 다 물밀 듯이 저에게 밀려왔습니다. (……) 지구를, 이 놀랍고도 연약한 오아시스, 우리에게 주어진, 거친 우주로부터 모든 생명을 보호해 온 이 섬을 내려다보고 있자니 슬픔이 몰려왔습니다. 거부할 수 없는, 정신이 번쩍 들게 하는 모순에 배를 한 대 얻어맞은 듯했습니다."

어떤 모순일까? 우리 행성이 거친 우주로부터 우리를 보호해 주고 있지만 우리는 지구를 거친 우리들로부터 보호해 주지 않는다는 것. 우리가 지구에 살고 있음을 모두 알고 있지만, 지구를 떠나 봐야 비로소 이 사실을 믿게 된다는 것.

◖ 우리 자신을 힐끗 보기

피사에서 최초로 안경[17]이 만들어졌다. 연도는 1290년경까지 거슬러 올라간다. 10년 후 베네치아에서 볼록 렌즈 거울이 발명되었다. 안경에 사용된 렌즈가 발전하면서 우연히 만들어졌을 가능성이 높다. 그전에 드물게나마 있던 거울은 흐릿하고 부정확하며 상이 왜곡되었다. 우리가 달 여행 덕분에 우리 행성을 볼 수 있게 되었듯이, 다른 이들이 사물을 보게 해 주려고 만든 발명품이 처음으로 우리 자신의 모습을 볼 수 있게 해 주었다.

지구의 선명한 첫 이미지가 지구의 거주민들에게 지구를 보호해야겠다는 생각을 불러일으켜 환경운동에 시동을 걸었던 반면, 우리 조상들이 처음으로 본 자신의 선명한 이미지는 자신을 이해하고 싶다는 열망을 불러일으켰다. 1500년경에는 부자라면 거울을 살 여유가 있었다. 역사가 이언 모티머는 이렇게 썼다. "14세기가 끝나가고 사람들이 자신을 공동체 속 개인으로 보기 시작하면서, 신과의 개인적인 관계를 강조하게 되었다. 종교적 후원에서 이러한 변화를 볼 수 있다. 1340년에 자신의 영혼을 위해 미사를 올려줄 예배당을 짓는 부자라면 내부를 동방박사들의 경배와 같은 종교화로 장식했을 것이다. 1400년경 설립자의 후손이 예배당을 다시 꾸민다면, 동방박사들 중 한 명의 얼굴을 자기 얼굴로 그려 넣었을 것이다." 유리의 부상[18] 또한 초상화(아마도 최초의 셀카라 할 수 있을 자화상을 포함하여)의 부상을 촉발했고 편지와 일인칭 소설에서는 개인의 성찰이 강화되었다.

아기들은 거울에 비친 자기 모습을 처음 알아볼 때[19] 얼굴을 돌리거나, 물러나거나, 부끄러워하는 식으로 '자의식'을 드러낸다.

비인간 종들 중에서는 극히 일부만 거울에 비친 자기 모습을 알아본다. 흰줄박이물돼지, 돌고래, 유인원, 코끼리, 까치 등이 그렇다. 최근에는 이 목록에[20] 청줄청소놀래기라는 산호초에 사는 작은 물고기가 추가되었다. 이 물고기는 더 큰 물고기들의 점액, 기생충, 죽은 살갗을 먹고 살아서 이런 이름이 붙었다. 보통 과학자들은 동물의 얼굴에 점을 찍어 놓고 동물이 제 얼굴과 거울에 비친 모습을 연관 짓는지 확인하는 식으로 거울 인식을 테스트한다. 청줄청소놀래기를 테스트하기 위해서는 먼저 탱크에 거울과 함께 물고기들을 넣었다. 처음에는 물고기들이 거울에 비친 상을 공격하며 거칠게 행동했다. 《내셔널 지오그래픽》은 이렇게 전한다. "하지만 결국 이런 행동 대신 훨씬 더 흥미로운 행동이 나타났다." 물고기들은 "몸을 거꾸로 뒤집어 거울에 비친 모습으로 다가가거나, 혹은 거울을 향해 빨리 돌진하다가 닿기 직전에 멈추었다. 연구자들은 이 단계에서 청줄청소놀래기들이 '긴급 사태 테스트'를 하고 있었다고 말한다. 자기들의 거울에 비친 상과 직접 상호작용을 해 본 후에서야 다른 청줄청소놀래기가 아니라 자기들을 보고 있다는 것을 이해하기 시작한 것이다." 물고기들이 일단 거울에 익숙해지자, 과학자들은 물고기 중 몇 마리에 갈색 젤을 주사하여 피부에 반점들이 나타나게 만들었다. 물고기들이 거울에 비친 모습을 보았다면 알아챌 수 있을 변화였다. 일부 물고기들에게는 피부에 아무것도 나타나지 않는 젤을 주사했고, 어떤 물고기들한테는 갈색 젤을 주사했지만 거울을 주지 않았다. "반점이 나타나지 않는 주사를 맞은 물고기들은 몸을 긁지 않았고, 거울이 없을 때 몸에 반점이 나타난 물고기들도 역시 긁지 않았다. 물고기들은 거울에 비친 자기 몸에 반점이 보일 때 그것을 긁어서 벗겨내려 했다. 물고기들은 거울에 비친 모습이 자기 몸이라는 사실을 알고 있는 것이다."

청줄청소놀래기들은 우리가 파리협약의 목표를 달성하여 지구의 평균 온도 상승을 2도 이내로 줄인다고 해도 멸종될 산호초에 살고 있다.[21]

⚡

'푸른 구슬' 사진이 전 세계에 퍼지고 10년이 지나, 인류가 지구 온난화를 초래했다는 반박의 여지가 없는 증거가 나타났다. 1988년 제임스 핸슨이 미국 상원의 에너지와 천연자원 위원회 앞에서 증언했다. "지구 온난화는 이제 온실가스 효과와 관찰된 온난화의 인과관계를 확신할 수 있을 정도에 이르렀습니다." 그의 증언으로 '지구 온난화'라는 용어가 미국의 일상어가 되었다. 같은 해, 당시 대통령 후보였던 조지 H. W. 부시[22](아버지 부시—옮긴이)는 미국의 자동차 수도인 미시간에서 연설하면서 이렇게 말했다. "우리의 땅, 물, 흙은 놀라울 정도로 폭넓게 인간 활동을 지원해 줍니다. 하지만 준 만큼을 빼앗아 갈 수도 있습니다. 우리는 이를 당연히 주어진 것이 아니라 선물로 대해야 한다는 점을 기억해야 합니다. 이런 문제들은 어떤 이데올로기도, 어떤 정치적 입장과도 상관이 없습니다. 우리가 이야기하는 것은 자유주의도 보수주의도 아닙니다." 그는 "백악관 효과로 온실가스 효과와 싸우겠다."고 약속했다. 그해에 상원의원 마흔두 명—공화당원이 절반가량을 차지했다—의원들은[23] "오존협약을 모델로 삼은 국제협약 체결을 레이건이 요구해야 한다."고 주장했다.

오존협약은 국제 환경 협력의 가능성을 보여 준다는 점 때문에라도 다시 짚어 볼 가치가 있다. 1987년 조인되었고 몬트리올 의정서라고도 불린다. 초안에서는 1993년부터 선진국들이 냉장고와 에어로졸 압축가스에 든, 오존을 파괴하는 화합물인 프레온가스를 단계적으로 감축하기 시작하여 1998년에는 절반으로 줄이도록 요구했다. 또한 선진국들은 오존층을 손상시키는 소화기에 사용되는 화합물인 할론의 생산과 소비도 중단해야 했다. EPA에 따르면,[24] "몬트리올 의정서에 따라 취해진 조치 덕분에 ODS(오존층 파괴물질) 배출량이 감소하고 있고, 오존층이 21세기 중반쯤에는 완전히 복구될 것으로 예상된다."

핸슨이 의회에서 증언한 후 6년이 지나고,[25] 기후변화 조사에 투자한 후 10년이 지나 석유회사 엑손모빌이 화석연료에서 배출되는 이산화탄소가 행성에 얼마나 큰 영향을 주는가를 조사하는 예산의 83퍼센트를 대폭 삭감해 버렸다. 화석연료 산업은 그런 다음 허위 정보를 뿌리는 캠페인을 시작하여, 미국을 고통스러운 자기반성에서 면해 줄 가짜 보고서들을 만들어 냈다. 너새니얼 리치는 조사 논문[26] 「지구를 잃는 것: 우리가 기후변화를 거의 멈추었던 10년」에서 이렇게 말한다. "나중에 엑손이 된 회사의 고참 직원들은 1950년대에는 분명히 대부분의 거대 석유 회사 직원들처럼 기후변화의 위험에 대해 알고 있었다. 그러나 전력망을 대표하는 주요 무역단체들이 그랬듯이, 자동차 산업도 이를 알고 1980년대 초부터 연구를 수행하기 시작했다. 우리가 지금 이렇게 마비된 데에는 그들 모두에게 책임이 있다. 그들은 마비 상태를 필요 이상으로 고통스럽게 만들었다. 하지만 그들뿐만이 아니었다. 미국 정부도 알고 있었다. (……) 모두 알고 있었다."

그러나 우리는 여전히 회피하고, 물러서고, 난처해 하는 반응을 보였다. 우리 행성에 우리가 미친 영향을 조사하던 아주 초기 단계에도 우리는 처음으로 거울에 비친 제 모습을 알아보는 아기들이었고 어느 정도는 여전히 그렇다.

아들 부시는 아버지가 미시간에서 연설한 지 13년이 지나 자신이 대통령이 되고 100일을 맞았을 때, 석탄 사용으로 인한 배출을 규제하는 캠페인을 취소하고 교토 기후변화협약에서 미국을 탈퇴시켰다. 그의 변명은 탈퇴 자체만큼이나 의미심장했다. 그는 과학적인 의심을 이유로 댔다. 2001년 부시는 "행정부의 기후변화 정책은 과학에 기반을 두고 세우겠다."고 약속했고[27] 같은 해 미국 기후변화 연구계획을 수립했다.[28] 기후변화 과학에서 '불확실성의 영역'에 속한 연구를 두 가지 우선순위 중 하나로 놓았다. 부시는 미국이 왜 교토 의정서에 참여하지 않는지를 둘러싼 토론에서 이렇게 말했다.[29] "자연적인 기후 변동이 온난화에 얼마나 영향을 주었을지 알 수 없습니다. 우리의 기후가 얼마나 많이 변화할지, 미래에 어떻게 변화할지도 모릅니다. 변화가 얼마나 빨리 일어날지, 아니, 우리가 하는 행동들 중 일부가 거기에 어떻게 영향을 미칠지조차 알지 못합니다."

　　미국에서 환경에 무지하다는 이유로 좌파가 우파에게 지금보다 더 비난의 목소리를 높인 때는 없었다.[30] 국유림을 줄이고, 보존 지역을 석유 이익단체에 열어 주고, 환경보호국을 화석연료 보호국으로 만들고, 석탄 산업을 살리려 전기충격기를 대려 하고, 오바마 시대의 메탄규제법을 폐지하고, 수로를 보호하는 연방 규제를 제거하고, 파리협약을 탈퇴하는 대통령이 현직에 있으니 더 말할 것도 없다. 하지만 그런 비난은 거울에 비친 우리의 모습에서 고개를 돌리는 수단이 될 수도 있다. 오바마 행정부가[31] 어느 정도 환경 진보를 성취했다 하더라도, 그는 민주당이 의회를 주도하던 집권 첫 2년 동안 기후 관련 법안들을 밀어붙이는 데 실패했다. 최근 '진보적'이라던 지역들도[32] 기후변화에 대처하는 데 실패했다. 워싱턴주는 탄소세 도입을 거부했고, 콜로라도주는 석유와 가스 프로젝트를 늦추지 않겠다고 했다. 해외에서는 프랑스에서 가솔린 세금으로 촉발된 기록적인 항의 시위가 일어났다.[33] 격렬한 시위가 3주간 이어지자 에마뉘엘 마크롱 대통령은 관련 정책을 철회하겠다고 발표했다.

　　'위아스틸인(We Are Still In)'(파리협약의 목표를 연방정부의 도움 없이 달성하려는 미국 지도자들의 협력단체), 라스트 플라스틱 스트로, 미틀리스 먼데이스 같은 운동, 비닐봉지에 붙는 세금, 오염과 기후변화를 위한 중국의 2020 행동

계획…… 이 모든 것이 긴급사태 테스트일 뿐인가? 청줄청소놀래기가 거울과 자신을 연관 짓기 전에 그러듯이, 우리의 행동이 거울에 비친 우리의 모습에 어떻게 영향을 주는지 실험하고 있을 따름인가? 물론 첫술에 배부를 리는 없지만 첫술 치고도 너무 소소하다.

아폴로 17호 우주인들이 '푸른 구슬' 사진을 찍은 지 50년,[34] 나사에서 일하는 과학자 핸슨 박사가 지구 온난화에 대해 처음 증언한 지 30여 년이 지나 미국은 기후변화에 회의적인 트윗을 100개도 넘게 올린 대통령을 뽑았다.

"우리가 집중해야 할 것은 깨끗하고 건강한 공기이다. 지구 온난화 같은 값비싼 거짓말에 정신이 팔려서는 안 된다!"

"'지구 온난화'라는 말이 더는 먹히지 않으니까 '기후변화'라고 한다. 똑같은 사람들이 이 상황을 계속 끌고 가려고 발악을 하는 중이다."

"아주 돈이 많이 드는 지구 온난화라는 개소리를 이제 집어치워야 한다. 우리 행성은 기록적으로 낮은 온도로 얼어붙는 중이고, 우리의 기후온난화 과학자들은 얼음 속에 갇혀 있다."

이런 말에 여러분은 어떤 반응을 보이고 있나? 분노? 공포? 반감? 이런 말에 접하면 나는 얼굴이 시뻘게지면서 누가 내 자식들을 위험에 처하게 할 때나 느껴 보았던 원시적인 분노를 느낀다.

하지만 그런 반응은 번지수가 틀렸다.

트럼프의 말보다 훨씬 더 치명적으로 과학을 부정하는 말이 있다. 바로 수용하는 것처럼 말하는 것이다. 어떤 일이 일어나고 있는지 알면서도 행동에 나서지 않는 우리 같은 사람들에게 더 분개해야 마땅하다. 우리는 우리 자신을 두려워해야 한다. 우리가 저항해야 할 상대는 바로 우리이다. 내가 내 자식들을 위험에 빠뜨리고 있는 장본인이다.

"자기 모습을 알아본다고 꼭 자신에 대해 알게 되는 것은 아니다." 거울 실험을 비판하는 이들이 하는 말이다.

◗ 집을 저당 잡히기

스티븐 호킹은 이렇게 말했다. "인간은 지구를 떠나야 합니다.[35] 지구는 우리에게 너무 작아지고 있고, 우리의 물리적자원은 놀랄 만큼 빠른 속도로 사라지고 있습니다. (……)우리는 우리 행성에 기후변화라는 재앙을 선물로 주었습니다. 온도는 올라가고 만년설은 녹고 삼림 파괴에 동물들의대량 멸종 (……) 우리는 어디로 가든 문명을 건설해야 할것입니다. 아는 것이 거의 없는 환경에서 살아남으려면 완전히 새로운 생태계를 건설할 실질적인 수단이 있어야겠지요. 수천 명의 사람들, 동물, 식물, 균류, 박테리아, 동물을실어 나르는 일도 고려해야 할 겁니다."

국제생태발자국네트워크(Global Footprint Network)(이하 GFN)는 과학자, 학자, NGO, 대학과 기술 단체들이모인 컨소시엄으로, 인간의 생태학적 발자국을 측정한다.GFN은 소비재를 생산할 때 천연자원이 얼마나 사용되는지뿐 아니라 온실가스가 얼마나 배출되는가를 조사하고, 우리가 가진 것 안에서 어느 정도까지로 살고 있는가를 알려주는 예산을 계산한다. 답은 우리가 누구냐에 따라 크게 달라진다. 지구인 75억 명이[36] 평균적인 방글라데시인만큼 소비하고 생산한다면 지구가 아시아 정도 크기만 되어도 삶을 유지할 수 있다. 우리 행성은 우리에게 충분하고도 남을 것이다. 지구는 중국인들의 예산을 지탱할 정도는 된다. 중국인들이 환경 악당 취급을 받고 있지만 최근 들어 균형을 맞추고 있다. 모두가 미국인처럼 산다면 지구가 적어도 네 개는 필요하다.

GFN에 따르면 1980년대 말을 기점으로 지구가 지구인들의 요구를 만족시킬 능력이 바닥났다. 그때 이후 우리는 지속불가능한 속도로 소비를 계속하면서 이른바 생태학적 빚으로 살아왔다. GFN은 2030년경이면 우리의 세속적인 요구들을 채워 주기 위해 둘째 지구가 필요한 시점에 도달할 것으로 추정한다.[37]

이 책을 읽는 독자들은 대부분 학자금 대출이든, 자동차 할부든, 신용카드 대금이든, 주택 마련 대출금이든 어느 정도는 빚을 지고 있을 것이다.(미국 소비자들의 73퍼센트[38]는 빚을 다 청산하지 못하고 죽는다.) 대출의 경우, 은행들은 대출 신청자의 총부채상환비율을 따져본다. 대부분의 재무 기획자들은 총부채상환비율이 36퍼센트 이하면 건전하다고 본다. 총부채상환비율이 45퍼센트가 넘는 사람은 은행에서 대출을 받기 어렵다.(2008년 금융위기로 인해 제정된 도드-프랭크 법안의 핵심은 유자격 장기주택자금대출 법안이었다. 이 법은 대출자들이 대출 자격을 얻으려면 총부채상환비율이

43퍼센트 이하가 되어야 한다고 규정했다.) 인류의 총부채상
환비율은[39] 150퍼센트이다. 이 말은 우리들이 지구가 보충
할 수 있는 능력보다 50퍼센트 더 많이 천연자원을 소비하
고 있다는 뜻이다.

'우리 아이들의 미래를 저당 잡히고 있다.'는 표현은 감
세로 정부 빚이 생기게 될 상황에 따른 공공기반시설 투자
부족까지 여러 맥락에서 쓰였다. 누군가는 우리의 선택에
대가를 치러야 할 것이다. 또한 우리는 미래의 환경 재앙을
초래할 생활 방식으로 우리 아이들의 미래를 저당 잡히고
있다. 한 스물한 살의 젊은 원고는[40] "기후변화를 유발하는
정부의 조치가 어린 세대의 생명, 자유, 번영에 대한 헌법
상의 권리를 침해했을 뿐 아니라 중요한 공공 자원을 보호
하는 데 실패했다."고 주장하면서 연방정부를 상대로 "헌법
상의 기후 소송"을 제기했다. 트럼프 행정부가 개입하여 소
송을 무산시키려 했으나 대법원은 만장일치로 소송 진행을
허용했다.

미국인의 꿈은 부모보다 나은 삶을 사는 것이다. 주로
더 부유한 삶을 의미한다. 우리 조부모님은 그들의 부모님
보다 더 크고 좋은 집에서 사셨다. 우리 부모님은 그들의 부
모님보다 더 크고 좋은 집에서 사셨다. 나는 우리 부모님보
다 더 크고 좋은 집에서 산다. 더는 그럴 수 없게 될 때까지
이런 식으로 영원히 계속될 것이다. 많은 경제학자들은 밀

레니얼 세대가 재정적으로 부모보다 사정이 나빠지는 첫
세대라고 주장한다.[41]

할머니와 나는 동전을 종이에 말아서 은행에 가져가
지폐로 바꿔오곤 했다. 5달러를 받아 오면 부자가 된 기분
이었다. 할머니는 슈퍼마켓에 들러 살아 있는 가족들만이
아니라 죽은 친척들까지 모두 먹일 기세로 세일하는 음식
들을 사셨다. 나를 데리고 아침을 먹으러 나가는 것은 특별
한 경우였다. 베이글 두 개를 사셨는데 그중 하나는 크림치
즈 베이글이었다. 할머니는 이 크림치즈 절반을 맨 베이글
에 바르셨다. 길모퉁이 식품점을 수십 년간 하루 스물네 시
간 운영하다가 은퇴한 할머니는 50만 달러가 넘는 저축이
있었다. 할머니는 자식들과 손주들에게 주려고 모아 두신
것이 아니었다. 우리에게 전혀 지원을 받지 않겠다는 뜻을
확실히 하고 싶을 뿐이었다. 아무도 할머니를 돌보기 위해
돈을 낼 필요가 없다는 것을.

증조부모님은 실내 배관 시설이 없는 목조주택에서 살
았고 추운 밤이면 난로 옆 부엌 바닥에서 주무셨다. 그분들
은 내가 가진 것들을 믿을 수 없을 것이다. 필요하다기보다
그냥 편리해서 몰고 다니는 차, 전 세계 각지에서 수입한 음
식들이 가득 채워진 식료품실, 매일 쓰지도 않는 방들이 있
는 집. 내 증손주들도 이유는 다르겠지만 믿지 못할 것이다.
그렇게 잘 살았으면서 우리한테는 도저히 갚지 못할, 도저

히 감당하지 못할 빚을 남겨 줄 수가 있었을까?

감세로 인한 빚은 협상할 수 있다. 낡은 공공기반시설은 수리하거나 새로 지으면 된다. 해양 오염이나 수질 오염, 생물다양성 감소, 삼림 파괴 같은 환경에 입힌 피해조차 상당수는 되돌릴 수 있고, 또 그렇게 했다. 하지만 온실가스 배출에 관해서는 저당 개념이 통하지 않는다. 아무도, 어떤 단체도, 어떤 신도 우리가 미친 듯이 써 대는 만큼 대출을 해 주지 못할 것이다. 그리고 이토록 번성한 인류가 망하지는 않을 거라고 생각할지 모르지만, 아무도 우리를 구해 주지 않을 것이다.

◗ 둘째 집

언젠가는 우리에게 필요한 둘째 지구를 갖게 될지도 모른다. 호킹 같은 이들은 종들의 생명을 유지하기 위하여 100년 안에 우주에 식민지를 건설해야 한다고 주장했고, 일론 머스크 같은 이들은 이를 구현하기 위해 적극적으로 움직이고 있다. 한 번에 1만 명을 우주로 보낼 방법을 찾아낼지도 모른다.[42] (행성들의 배열상 2년에 한 번씩만 출발하는 것이 적절하다. 머스크의 말에 따르면, "화성 식민 함대는 배틀스타 갤럭티카(미국의 공상 과학 TV 드라마―옮긴이)처럼 일제히 출발할 것이다.") 화성에서 로켓 연료를 제조할 방법을 찾아낼지도 모르고, 영하 62도[43]의 온도에서 치명적인 방사선이 충만한 지역에 집을 짓고 식민지를 유지하는 데 필요한 기반시설 건설을 비롯한 문제들을 해결할 수 있을지도 모른다. 우리의 물과 공기를 정화하지 못한다면, 아예 물도 공기도 없는 행성에서도 잘 살아나갈 방안을 찾아낼 수 있을 것이다.

라이트 형제가 첫 비행을 한 다음 닐 암스트롱이 아폴로 우주선을 타고 달에 첫발을 내딛기까지 66년밖에 걸리지 않았다. 노아가 방주를 만드는 데 걸린 기간보다 짧고,

우리 부모님의 한평생보다도 짧다. 누군가 라이트 형제가 살던 시대에 향후 70년이 안 되어 인간이 달에 갈 거라고 말했다면—집에서 텔레비전으로 달 착륙 광경을 보는 수천만 명의 지구인들은 접어 두고—믿을 수 없다는 비웃음 정도가 아니라 훨씬 더 심한 반응에 맞닥뜨렸을 것이다. 인류는 창조하고 파괴하는 자신의 힘을 과소평가하는 경향이 있다.

어쩌면 우리가 **할 수** 있을까(할 수 있다고 치자), 혹은 심지어 우리가 **해야만** 할까(머스크가 예측했듯이 상대적으로 적은 투자와 상대적으로 적은 시간으로 이룰 수 있다고 치자.)와 같은 문제가 아니다. 그보다는 보거나 바라는 것을 넘어 그동안 우리가 무엇을 해야 하는가가 핵심이 아닐까? 이렇게 한 방에 해결하는 방법 이외에도 다량의 황산염을 분사하여 태양광을 막는 것에서 탄소 제거와 대양의 '공학적 풍화'에 이르기까지, 지금껏 제안된 수십 가지의 공학적 전략들은 어느 정도나 관심을 기울일 가치가 있을까?

그리고 이런 관심이 어느 정도나 창조주에 맞선 프랑켄슈타인식 해결책에 대한 공연한 두려움에 불과했다는 결론으로 이어질까? 환경에 대한 기술-개입에 대하여[44] 평소 차분한 태도를 유지하는 미국 과학아카데미는 이렇게 선언했다. "정치적, 사회적, 법적, 경제적, 윤리적 차원을 포함하여, 기후를 조정하려는 시도로부터 다양한 인간적 차원에서 예측하지 못한, 통제할 수 없는, 유감스러운 결과가 발생할 가능성이 매우 크다." 대체 마법의 해결책이라는 바구니에 달걀을 몇 개나 넣어야 할까?

또 적법한 변화의 바구니에는 달걀을 몇 개나 넣을까? 우리가—그들이—배출하는 탄소의 양에 비례하여 화석연료에 세금을 매길 수는 없을까? 야심찬 배출권 거래제 프로그램을 만들면 안 될까? 고집 센 지도자라도 자기 나라를 면제하지 못하도록 전 세계가 힘을 모아 배출을 단단히 규제하면 안 될까?

시도할 수 있다. 시도해야 한다. 우리 집이 부서지는 것을 막아야 할 마당에, 답은 **둘 중 하나**가 아니라 언제나 **둘 다**이다. 더 이상 어떤 전 지구적 병을 고쳐 볼까, 어떤 처방을 써 볼까 고르고 자실 여유가 없다. 화석연료 추출과 사용을 중단하고, 재생에너지에 투자하고, 재생 물질을 사용하고, 냉장고에서 HFC의 사용을 단계적으로 줄이고, 나무를 심고 보호하고, 탄소세 도입을 지지하고, 농경 방식을 바꾸고, 음식물 낭비를 줄이고 동물성 식품 소비를 줄여야 한다. 이렇게 하고도 할 일은 훨씬 더 많다.

하지만 기술적, 경제적 해결책들은 기술적, 경제적 문제의 해결에나 적합하다. 전 지구적 위기에는 기술의 개발이나 법 제정도 필요하겠지만, 이는 인구 과잉, 여성의 영향력 감소, 소득 불평등, 소비 습관처럼 사회적 도전과 연관된 훨씬 더 광범위한 문제이다. 그야말로 모든 **환경에 관련된** 문제로 우리의 미래뿐 아니라 과거와도 이어진다.

기후변화를 되돌리려는 200여 명의 환경 과학자와 사상가들의 모임인 '드로다운'에 따르면,[45] 지구 온난화를 완화하는 가장 중요한 전략 네 가지는 음식물 쓰레기 줄이기, 여성 교육, 가족계획, 채식 위주의 식사로 전환하기이다. 이런 실천의 이점은 온실가스 배출을 줄일 뿐 아니라 우리가 다 함께 노력하기만 하면 된다는 것이다. 하지만 이렇게 노력하는 것이 불가능하다.

2차 대전 때 미국인들의 노력은 나치를 물리치는 데 꼭 필요했으나, 또 한편 영원히 미국 문화의 일부가 된 사회 진보를 촉진하는 결과를 가져왔다. 당시 많은 미국 군인들이 군내 인종 분리나 일본계 미국인들에 대한 학대와 같은 부당한 대우를 받기도 했지만 말이다. 1941년 루스벨트는 대통령 명령 8802호에 서명했다. 국방 산업과 정부에서 인종 차별을 금지하는 법안이었다. NAACP 가입자[46]는 전쟁기에 1만 8000명에서 50만 명으로 늘었고, 많은 아프리카계 미국인들이[47] 전쟁을 '더블 V'라고 불렀다. 해외에서는 나치에 승리하고, 본국에서는 인종 분리에 맞서 승리했다는 뜻이다. 남부에서 흑인 유권자 비율이 2퍼센트에서 20퍼센트로 껑충 뛰어올랐다. 전선으로 남자들이 빠져나간[48] 자리에 700만 명의 여성들이 들어와 산업 현장에서 일했다. 멕시코계 미국인들에게도 일자리가 생겼다.[49] 1941~44년, 로스앤젤레스 조선소에서 일하는 멕시코계 미국인은 1만 7000명이었다. 여성과 소수자들이 새롭게 기회를 얻어 구조적 편견을 드러내고 전문 기술을 습득했으며 다가올 민권 운동에 힘을 불어넣었다.

우리 자신을 구하려면 집단행동이 필요할 것이다. 집단으로 행동해야 우리를 바꿀 수 있을 것이다. 특히 스스로 마음이 내켜서, '빛이 보이기' 때문에 바뀌기보다, 다가오는 어둠을 느끼고 믿을 수 없는 사실에 직면해 행동해야만 한다면 더욱 그렇다. 배우자가 바람을 피우거나 배신했지만[50] 그래도 부부가 함께하기로 결정했다면, 유명한 부부 문제 전문가 에스더 페럴은 이런 관점에서 생각해 보도록 권한다. "여러분의 결혼 생활은 끝났습니다. 함께 두 번째 결혼 생활을 꾸리고 싶은가요?" 어쩌면 우리 자신을 구하기 위해 이 행성을 떠날 필요가 없을지도 모른다. 둘째 지구는 우리가 지금 살고 있는 지구의 변화된 버전일지도 모른다.

인류가 살아남는다면, 우리는 새로운 행성에서 살아야 할 것이다. 떠남으로써 도착한 지구이거나, 머무름으로써 도착한 지구이다. 우리 자신을 구하는 이 두 가지 방식은 우리에 대해 전혀 다른 무언가를 말해 줄 것이다.

자기 집을 버리는 문명은 어떤 미래를 맞을까? 이런 결정을 통해 우리가 어떤 존재인지 드러날 테고, 우리는 결국 바뀔 것이다. 집을 없애 버릴 수 있는 것으로 생각하는 사람들은 뭐든 없앨 수 있는 것으로 간주할 테고, 실제로 없앨 수 있는 사람들이 될 것이다.

집을 구하려고 집단적으로 행동하는 문명은 어떤 미래를 맞을까? 이런 결정을 통해 우리가 어떤 존재인지 드러날 테고 우리는 결국 바뀔 것이다. 필요한 도약을 함으로써—믿음의 도약이 아니라 행동의 도약—우리는 집을 구할 뿐 아니라, 우리 자신을 구할 가치가 있는 존재로 만들 것이다.

◖ 유리

허블 우주 망원경은 1990년에 설치되었다. 렌즈가 얼마나 강력하고 피사체를 정확히 볼 수 있는지, 누군가 이 망원경으로 흐릿한 대기와 망원경 궤도의 엄청난 속도를 극복하고 지구를 볼 수 있다면 당신의 어깨 너머로 이 페이지도 읽을 수 있을 것이다. 지구에서 눈을 돌려 시간의 시초까지도 볼 수 있을지 모른다.

허블 망원경은 1970년에 처음 자금 지원을 받았지만 설계하고 제작하여 설치하기까지 20년이 걸렸다. 현대판 대성당이라 할 이 망원경은 인류의 집단적인 성취와 희망의 물리적 표현이다. 이 망원경이 해낸 일을 보자. 우주의 크기와 나이를 결정하고, 우리 태양계 밖에서 최초의 유기 분자를 찾아냈고, 거의 모든 은하수가 초질량의 블랙홀을 담고 있음을 밝혀냈고, 행성들이 어떻게 태어나는지 알아냈고, 우주가 최근에 속도를 높이기 시작했음을 보여 주는 먼 거리의 초신성을 목격했다. 이외에도 나 같은 사람은 이해하기 어려운 수십 가지의 중요한 발견을 해냈다.

하지만 다 부질없는 일이었다. 최초의 이미지를 확인했을 때 거울에 심각한 문제가 있음이 분명했다. 의심의 여지 없이 가장 정밀하게 깎은 거울이지만 인간의 머리카락 두께의 50분의 1 정도의 오차가 있었다.[51] 허블 망원경은 초점에 별빛의 70퍼센트가 아니라 약 10퍼센트 정도만 간신히 담을 수 있었다. 이미지는 실망스러웠고, 프로젝트는 나사 역사상 가장 망신스러운 최악의 프로젝트가 되었다. 「총알탄 사나이 2」에서 허블 망원경은 힌덴부르크(1937년 독일에서 제작한 초대형 비행선으로 공중에서 폭발했다 - 옮긴이) 취급을 받았다.

쉽게 해결할 수 있는 문제가 아니었다. 우주에서 다시 거울의 광을 낼 수는 없었다. 교체용 거울을 궤도에 설치하는 것도 불가능했다. 허블 망원경을 지구로 도로 가져와 수리하려면 비용이 너무 많이 들 것이다. 그러나 다행스럽게도 오차와 정확히 똑같은 정도의 광학적 부품을 반대 방향으로 적용하여 오차와 정확히 똑같은 정도로 보정하면 초점을 맞출 수 있었다. 1300년, 유리를 만들다가 거울을 발명하게 되었다. 7세기 후, 지금까지 제작된 가장 정교한 거울에 한 쌍의 유리가 필요한 상황이 되었다. 가끔은 가장 어마어마하고 복잡한 문제들조차 간단한 보완책으로 해결되는 수가 있다. 바로 균형을 맞추는 것이다. 음식을 다시 발명할 필요는 없고, 발명 이전으로 되돌리면 된다. 미래의 농경과 식이는 과거를 닮을 필요가 있다.

⚡

　　빈첸초 페루자는 루브르에 고용되어 그림을 보호하는 유리 상자를 제작하게 되었다. 1911년 8월 20일 저녁, 그는 동료 두 명과 함께 노대가들의 작품을 복제하면서 수련하는 학생들의 미술용품을 보관해 두는 장 안에 숨었다. 다음 날 아침 그들은 장에서 나왔고[52] 페루자는 곧장 벽으로 가서「모나리자」를 떼어 내 미로 같은 방들을 통과하여 박물관의 주출입구로 빠져나갔다.

　　당시 모나리자는[53] 예술계 밖에는 널리 알려져 있지 않았다. 미술관에서 가장 유명한 작품도 아니었고, 박물관 전체에서는 더 말할 것도 없었다. 하루가 꼬박 지나서야 그림이 사라졌다는 사실이 알려졌다. 당시 급성장하던 인쇄 매체의 관심을 끌자[54] 절도는 국제적인 관심거리가 되었고, 지금은 걸작으로 불리는「모나리자」는 전 세계에서 가장 유명한 그림이 되었다. 루브르가 조사를 위해 일주일간 문을 닫았다가 열자,[55] 박물관 역사상 처음으로 바깥에 긴 줄이 늘어섰다. 도둑맞은 그림이 돌아오기까지 2년 동안, 그동안 그림을 보러 왔던 이들보다 더 많은 사람들이 그림이 걸려 있었던 텅 빈 벽—'수치의 표시'—을 보러 갔다.

　　프란츠 카프카는 그림이 사라지고 채 한 달이 지나지 않았을 때 텅 빈 벽을[56] 보러 갔다. 그가 보지 못하고 놓친 광경, 사건, 사람, 예술 작품 등을 기록한 "보이지 않는 진기한 것들"이라는 컬렉션에 이제 사라진 걸작이 포함되었다. 이듬해, 카프카는 이 경험에서 영감을 얻어[57] 걸작 『변신』을 썼다. 어느 날 아침 한 남자가 벌레로 변해 깨어나는 이야기이다. 카프카의 시각은 완전히 바뀌었고, 그의 첫째 집, 즉 몸은 더 이상 쾌적하지 않다.

「모나리자」의 명성은 시간이 흐르면서 점점 커져만 갔다. 아니, 그림의 명성의 명성이 커져갔다고 하는 편이 더 정확할지도 모르겠다. 사람들은 다들 「모나리자」를 보고 싶어 해서 모나리자를 보고 싶어 한다. 루브르 박물관은 관람객의 80퍼센트가 「모나리자」 하나를 보러 온다고 추정한다.[58] 이제는 1.52인치 두께의 방탄유리 뒤에 있는 그림을.[59] 유리는 세계에서 가장 귀한 그림을 보호하는 기능을 하지만, 또 한편 그림이 가치 있고 취약하다는 느낌을 더해 준다. 우리가 「모나리자」를 볼 때 방탄유리는 시각 수정 렌즈 역할을 한다.

나는 2년 내내 안경을 가지고만 있다가 비로소 안경을 규칙적으로 쓰게 되었다. 유치원 때의 소풍을 기억한다. 선생님이 아이들에게 버스 한편으로 옮기라고 하셨다. 창밖에 구경거리가 있었다. 무게가 한쪽으로 쏠리면서 버스가 기울었고, 아이들은 놀라 헉 하고 숨을 들이쉬었다.

"저거 보이니?" 선생님이 물었다.

"뭐 말이에요?"

"안경을 끼면 보일 텐데."

"뭘 봐야 하는지 모르겠어요." 내가 말했다.

"안경을 끼면 보일 거야."

그때는 다들 장난을 치고 있다고, 학생들이 미리 짜고 아무것도 없는데 있는 척하면서 손가락으로 가리키고 수선을 피운다고 의심했다. 나에게 뭔가 가르침을 주려는 수작인 줄 알았다.

다음 날, 선생님이 나에게 어머니가 골라 주신 조종사용 안경을 끼니까 잘생겨 보인다고 말했지만 나는 진실을 알고 있었다. 선생님께 버스에서 아이들이 무엇을 보았는지 물어 보았다.

"보름달이었어." 선생님이 대답했다.

"하지만 저는 유리창 닦아 주는 사람을 보고 있었는데요. 아주 작았어요."

"우리는 달을 보고 있었어."

"**물론** 저도 달을 볼 수 있었어요."

"하지만 너는 보지 못했지."

나는 달을 찾지 않았기에 달을 보지 못했다. 우리는 지구에 **맞게** 우리의 시야를 조정하기 위해 안경을 쓸 수 있다. 지구를 **보는** 우리의 시각을 조정하기 위해 우주로 나갈 수도 있다(혹은 가상현실 고글을 이용할 수 있다). 하지만 어떤 안경도, 망원경도, 가상현실 고글도 우리가 올바른 방향을 보도록 위치를 맞추어 줄 수는 없다. 우리는 보고 싶은 것, 관심이 가는 것에 시선을 돌린다. 우리의 지각은 관심이 깊어질 때 가장 날카로워지고, 살아 있는 것들은 두려움을 느낄 때 가장 관심을 집중한다. 사람들은 「모나리자」가 도둑맞은 후에야 시선을 집중했다. 나는 높이에 대한 공포를 느꼈을 때에서야 창문 닦는 사람에게 시선을 주었다.

이는 냄새뿐 아니라 다른 감각들에 대한 내 경험과도 잘 맞아떨어진다. 잠든 아이에게 귀를 기울일 때 청각이 가장 날카로워진다. 음식이 상했는지 판단해야 할 때 미각이 가장 예민해진다. 싸우거나 도망쳐야 할 때 시각이 가장 날카로워진다. 죽음이 눈앞에 닥쳤을 때 모든 감각이 예민해지는 슬로 모션 현상이 일어나는 경우가 많다. 어쩌면 흥분 상태에서 생겨나는 힘의 또 다른 예일지도 모른다.

문제는, 지구와 우리의 관계가 (죽음을 눈앞에 두고 있는데도) 그렇게 느껴지지 않는다는 것이다. 우리 행성이 위험에 처했다는 사실을 믿으면 있는 그대로 볼 수 있을지도 모른다. 10억 명의 사람들이 조망 효과를 경험한다면 지구인들이 지구를 생각하는 방식에 혁명적인 변화가 일어나리라는 말은 사실일 것이다. 하지만 그런 일이 실제로 일어난다면 가능성이 있는 유일한 시나리오는 우리가 새로운 집으로 옮겨 갈 때일 것이다. 상상해 보라. 모든 종이 우주선 한 쪽으로 몰려가 창밖을 내다보고 두꺼운 보호 유리 너머를 보면서 우리의 집이 걸작이었음을 새삼 깨닫는 모습을.

금문교에서 뛰어내리면 98퍼센트는 죽는다. 1만 6000명이 넘는 사람이 뛰어내렸다. 살아남은 몇 안 되는 이들[60] 가운데 자신의 경험을 이야기한 사람들은 하나같이 뛰어내리는 순간 마음이 바뀌었다고 말한다. 우리 종도 비슷한 경험을 하게 될지도 모른다. 케빈 하인스는 열여덟 살 때 자살을 기도했다. 우리가 우리의 행성을 잃게 된다면,[61] 하인스가 떨어지면서 멀어지는 다리를 보며 그랬듯이 다들 이런 생각을 할지도 모른다. "내가 무슨 짓을 한 거지?"

◢ 최초의 집

"인간 종은 약 200만 년 전부터 별개의 종으로 존재했다. 문명은 1만 년 전에 출현했고 발전 속도는 꾸준히 증가해 왔다. 인류가 100만 년 더 존재한다면, 이전에 아무도 가 본 적이 없는 곳까지 대담하게 갈 수 있을 것이다. 우리가 거의 알지 못하는 환경에서도 버틸 수 있는 전혀 새로운 생태계를 건설할 실질적인 수단을 찾아내야 할 것이며, 수많은 사람들과 동물, 식물, 균류, 박테리아, 곤충을 어떻게 나를지도 고려해야 할 것이다."

스티븐 호킹은 이렇게 말했다.

집을 수리해야 한다면, 그냥 집을 버리고 새집으로 옮겨 가면 그만일까? 새집이 훨씬 불편하고 지금껏 알았던 것과는 완전히 딴판일 것이라면?

지평선 너머로 여행을 떠날 게 아니라 우리의 양심 속으로 들어가 내면의 풍경에서 아직 아무도 살지 않는 곳을 식민화할 수도 있을 것이다. 우주선에 동물들을 싣고 머나먼 행성까지 갈 게 아니라, 우리가 거주하고 있는 특별한 행성에서 훨씬 적은 수의 동물을 키우기만 해도 될 것이다.

미국인들은 2차 대전 때 자기 집을 보호하자고 등을 끈

게 아니었다. 불 *끄기*는 별 도움이 안 된다. 그들은 집이 상징하는 무언가를 보호하려고 했다. 유대감을 과시함으로써 가족과 문화, 안전과 자유를 보호하려 한 것이다.

2016년 스웨덴 비영리단체를 위한 공식 강연에서 스티븐 호킹은 이렇게 말했다. "지금 이 순간 인류는 큰 도전에 직면해 있습니다. 수백만의 생명이 위험에 처해 있습니다." 그러고는 비만과, 왜 인류가 음식은 덜 먹고 몸은 더 많이 움직여야 하는가를 둘러싼 이야기로 화제를 돌렸다. "이것은 이해하는 데 고도의 지능이 필요한 사실이 아닙니다."

과식은 수백만의 생명을 위험으로 내몰지만, 동물성 제품 과식은 모든 인간의 생명을 위험에 처하게 만든다. 이를 이해하는 데 고도의 지능이 필요한 일이 아니고, 답을 내놓는 데도 고도의 지능이 필요하지 않다. 우리들이 작은 희생을 통해 유대감을 보여 주지 않으면 전쟁에서 이기지 못할 것이다. 전쟁에서 이기지 못하면 모든 인간이 어린 시절부터 살아 온 집을 잃게 될 것이다.

◖ 최후의 집

나는 할머니의 침대 옆에 앉아 있다. 형이 이번 주말에 내려가 보라고 나를 채근했다. 무슨 말인지 알아들었다. 형이 "곧 돌아가실 것 같아."라고 말하지 않은 것과 같은 이유로 나는 할머니의 몸을 어루만져 드리면서도 내 뜻을 말하기가 힘들었다. 할머니에게 "사랑해요."라고 말할 수는 있지만 "할머니가 보고 싶을 거예요."라는 말은 할 수 없었다. 할머니에게 인사로 키스를 할 수는 있지만 곁을 지키면서 할머니의 손을 잡을 수는 없었다.

이 정도 거리를 두고 할머니를 보고 있으려니 우주인들이 묘사한, 지구를 볼 때의 심경과 비슷한 감정을 느낀다. 집이 갑자기 부서지기 쉽고, 아름답고, 유일무이한 것으로 보인다. 무한해 보이는 검은 허공에 둘러싸여, 할머니는 보호가 필요하고, 보호 받을 가치가 있는 존재다.

내내 할머니의 존재를 당연시했음을 떠올리며 자책한다. 의무감 때문에 할머니와 전화 통화를 하면서 형에게 인상을 썼다. 할머니 댁에서 자기 싫다고 떼를 쓰고, 할머니 댁에 있을 동안에 몇 시간이나 텔레비전 재방송만 보면서 할머니께는 거의 말도 붙이지 않았다. 할머니가 입 맞추려고 하면 고개를 홱 돌렸다.

이제 나에게도 아이가 생기고 보니 아이들이 하는 짓을 나도 하고 있었음을 알겠다. 노인을(혹은 집을, 아니면 행성을) 돌보는 것은 아이 책임이 아니다. 어른 책임이다. 우리 부모님이 바로 그렇게 하셨다. 부모님은 할머니를 여기로 모시고 와서 부모님 집을 할머니의 집으로 만들었다. 부모님은 할머니를 돌보면서 많은 희생을 했지만, 부모님의 모습은 나에게 하나의 계시였다. 이 책을 할머니가 부모님 댁으로 들어오신 즈음에 쓰기 시작했는데, 우연의 일치라고 보지 않는다.

내 큰아들은 성인이 되는 유대식 통과의례인 '바르 미츠바'를 곧 치른다. 이는 무엇보다 세상이 주는 것을 받는 입장에서, 세상이 다른 사람들에게 주는 것을 생산하고 유지하는 데 참여하는 입장으로 바뀐다는 의미이다. 아주 멋지고도 굉장한 일이다. 아들은 자기가 먹을 음식을 손수 준비할 수 있다. 잠자기 전에 혼자 책을 읽을 수 있다. 품을 떠나려는 과정에 있는 누군가를 돌보는 일은 복잡하고 때로는 고통스럽다. 할머니에게 부모님이 필요하듯이, 아들에게는 내가 필요하다. 하지만 나나 부모님이나 붙잡아서는 안 된다.

기후변화를 진지하게 생각하건 안 하건, 떠나보내는 법을 배울 필요가 있다. 상실은 이미 시작되었다. 내일 탄소 배출을 영(0)으로 줄인다 해도 과거의 행동들이 초래할 죽음을 계속해서 목격하고 경험할 것이다. 행성은 우리는 물론이고 아이들에게도 더는 살기 좋고 아름답고 쾌적하지 않을 것이다. 이제 겨우 경험하기 시작한 상실을 받아들이는 것이 중요하다. 바로 이것이 로이 스크랜턴이 《뉴욕 타임스》에 쓴 에세이 「인류세에 죽는 법을 배우기」의 요지이다. 스크랜턴은 끝부분에 이렇게 썼다

> 기후변화가 제기하는 가장 큰 문제는[62] 국방부가 자원 전쟁을 위한 계획을 어떻게 세워야 하는가, 혹은 맨해튼을 보호하기 위해 어떻게 방파제를 건설해야 하는가, 호보켄을 언제 소개해야 하는가 따위가 아니다. 하이브리드 자동차 프리우스를 사거나 협정에 서명하거나 에어컨을 끄는 정도로는 제대로 대처할 수 없을 것이다. 우리가 직면한 가장 큰 문제는 철학적인 것이다. 이 문명이 이미 죽었음을 이해하는 것이다. 이 문제를 더 빨리 직시할수록, 우리 자신을 구하기 위해 할 수 있는 일이 없음을 더 빨리 깨달을수록, 죽어야 할 운명의 굴욕을 짊어지고 새로운 현실에 적응하는 힘겨운 일을 더 빨리 시작할 수 있을 것이다.

나는 할머니를 보면서 스크랜턴이 한 말을 진심으로 이해한다. 차마 글로 쓰기도 힘들지만 할머니가 이미 돌아가셨음을, 할머니의 부재를 받아들이는 것이 가장 정직한

태도일 뿐 아니라, 할머니의 존재에 온전히 가치를 부여하는 방법이라고 느낀다.

　유대식 속죄일인 욤키푸르에는 병마와 싸우고 있는 사랑하는 사람들을 위해 '미 셰베라크(Mi Sheberakh)' 기도를 올리는 관습이 있다.

축복하는 자여

그녀에게 동정을 쏟아 주소서

그녀를 회복시키고

그녀를 치료하고

그녀를 강하게 해 주고

그녀에게 활기를 불어넣어 주소서

그녀에게 속히 완벽한 치유를

보내줄 자여—

영혼의 치유와 육신의 치유를

모든 병에 맞게

이스라엘 백성과 모든 인류 속에

곧

속히

지체없이

보내 주시기를

그리고 우리 모두 기도하나이다: 아멘!

며칠 고민한 끝에 어머니는 올해에는 할머니를 위해 기도문을 외지 않기로 하셨다. 할머니는 치유되지 않을 것이며, 치유되어서는 안 된다. 할머니는 아흔아홉 살이다. 육체적으로나 감정적으로나 고통이 없다. 할머니의 삶의 경험을 대가로 생명의 지속 시간을 늘리려 한다면 잔인한 짓일 것이다.

사실 우리가 할머니를 '구하기' 위해 할 수 있는 일은 아무것도 없다. 한편 할머니에게, 그리고 우리에게 중요한 것을 구할 수 있다는 점 또한 사실이다. 할머니는 평화로운 환경에서 남은 시간을 보낼 수 있다. 부모님은 할머니에게 욕창을 방지하는 데 도움이 되는 매트리스를 사 드렸다. 할머니를 창가로 옮겨서 나무를 보고 햇빛을 느낄 수 있게 해 드렸다. 의료 도움이 필요해서 입주 간병인을 고용했지만, 할머니를 절대 홀로 두는 일은 없다. 부모님은 매일 몇 시간씩 할머니에게 말을 걸고, 손주들에게도 되도록 자주 와 보도록 권한다. 할머니의 증손주들은 페이스타임으로 연락을 드리게 한다. 부모님은 초콜릿, 할머니의 가족사진, 어릴 때 들으셨던 이디시어 노래 등 할머니를 행복하게 하는 것을 드리고 말벗이 되어 드린다.

우리는 산호초를 구할 수 없다. 아마존을 구할 수 없다. 해변 도시들도 구할 수 없을 것이다. 불가피한 상실의 규모는 아무리 발버둥을 쳐 봤자 헛일이라는 생각이 들 정도로 엄청나다. 하지만 그렇다 해도 할 일은 있다. 수백만 명이 기후변화 때문에 죽을 것이다. 어쩌면 수천만, 수억 명이 될 수도 있다. 숫자는 중요하다. 수억 명의 사람들, 어쩌면 수십억 명의 사람들이 기후 난민이 될 것이다. 난민들 숫자도 중요하다. 얼마나 많은 종이 사멸할지, 아이들이 밖에서 놀 수 있는 날이 해마다 며칠이나 될지, 물과 식량이 얼마나 남아 있을지, 평균 기대수명이 얼마나 될지도 중요하다. 이는 단지 숫자가 아니라 하나하나가 가족, 독특한 성벽, 공포증, 알레르기, 좋아하는 음식, 반복되는 꿈, 머릿속에서 떠나지 않는 노래, 자기만의 지문, 독특한 웃음을 지닌 개인 삶의 일부이기 때문에 중요하다. 우리가 내뱉은 분자를 들이마시는 개인. 수백만 명의 삶에 관심을 기울이기는 어렵지만, 단 한 사람의 생명에도 관심을 갖지 않을 수는 없다. 어쩌면 관심을 기울일 필요도 없을지 모른다. 그들을 구하기만 하면 된다.

나는 기후변화로 인한 가장 큰 도전이 철학적인 것이라고는 믿지 않는다. 사하라 사막 이남 아프리카나 남아시아, 남미처럼 기후변화로 인해 이미 고통을 느끼고 있는 곳에 사는 사람이라면 틀림없이 내 말에 동의할 것이다.[63] 우리는 할 수 있는 한 많이 구하고 지켜야 한다. 나무도, 만년설도, 기온도, 종도, 생명도 가능한 한 많이. **곧, 속히, 지체 없이.**

두말할 필요도 없이 우리 모두 지구상에서 편안히 지내고 싶겠지만, 말을 해야 한다. 그냥 말하는 게 아니라 거듭 말해야 한다. 신이 우리를 파괴하지 않도록, 잊지 않도록 일깨워야 한다. 우리가 우리 자신을 파괴하지 않도록 끊임없이 일깨워야 한다. 뭔가를 하려면 우리 자신과 기나긴 논쟁을 벌여야 한다. "내 말을 들어 보라." 최초의 유서에서 영혼이 삶을 옹호하는 주장을 펼 때 이렇게 애원한다.[64] "자, 들어 보는 것이 좋다."

4 ⚡ 영혼과의 논쟁

── 모르겠다.

── 뭘 모르겠다고?

── 어쩌다 여기까지 왔는지 모르겠어. 이만큼 배웠고, 바뀌어
야 한다는 것을 완전히 확신하게 되었는데, 그런데도 아직
내가 바뀔지 어떨지 잘 모르겠어. 너는 희망적이야?

── 네가 바뀔 거라는 거?

── 인류가 이 사실을 알아낼 거라는 거.

── 우리는 벌써 알아냈어.

── 우리가 알아낸 바에 따라 행동할 거라는 거.

── 기후변화에 관한 토론이 대개 희망이 있는지 물으며 끝나는 거
알아?

── 기후변화에 대한 토론이 대개 그냥 끝나 버린다는 건 알아?

── 그건 우리가 희망이 있다고 생각하기 때문이야. 마음 편히 토론
을 옆으로 밀쳐놓는 거지.

── 아니야. 희망이 없다고 생각하니까 그래. 토론하면 마음이
불편해진다고.

── 어느 쪽이건 기후변화 주제가 시들해지는 이유는 희망 때문이
야. 뉴스와 정치, 우리 삶에서 더 '긴급한' 화제에 밀려서 말이
지. 네가 의사라면 암 환자한테 희망이 있는지 물어보겠어?

── 물어볼 수도 있지. 긍정적으로 생각하면 건강에도 도움이
될 테니.

── 네가 의사라면 암 환자한테 어떤 치료를 받게 되는지도 안 물어
보고 희망적이냐고 물어볼 거라고?

── 아니, 아마 아닐걸.

── 그럼 환자가 너한테 아무 일도 안 할 거라고 하면 어떡할래? 그
래도 희망적이냐고 물어볼 거야?

── 기적을 믿을지, 그냥 죽음을 받아들일지 물어볼 수도 있겠지.

── 맞아. 목숨을 위협하는 위기에 직면해서 그런 생각은 안 하기로
한다면, 희망적인지 물어보는 것은 기적을 믿을지 죽음을 받아
들일지 묻는 거나 마찬가지지.

── 이 책을 쓰면서 희망을 품었던 순간도 있었지만, 거의 항상
분노 아니면 절망을 느꼈어.

── 넌 그런 즐거움들을 도둑질해 온 거야.

── 희망을?

── 응, 하지만 분노와 절망도.

── 도둑질했다고?

── 보답으로 아무것도 내놓지 않았잖아.

── 분노와 희망이 곧 즐거움이야?

── 제일 죄책감이 따라오는 즐거움이지. 잡지 《뉴욕》에 실린 지구
온난화에 관한 운명의 날 기사가 왜 입소문이 났다고 생각해? 사
람들이 갑자기 기후변화에 관심이 폭발해서? 아니야, 우리의 묵
시록에 대한 생생한 묘사에 끌렸던 거라고. 공포 영화, 자동차 사

고, 현 정부가 혼란에 빠진 사태에 끌리는 거나 마찬가지라고. 암울한 시나리오일수록 좋다고 읽으면서 아닌 척하지 말라고.

— 그런 척 안 하는데.

— 인정해. 남들의 단점을 찾아내면 기분이 좋아지잖아.

— 그건 공정치 않아.

— 당연하지. 그러니까 네가 도둑질한 모든 즐거움에 마땅한 대가를 치르란 말이야.

— 난 2년 동안 이 책을 쓰면서 사람들의 삶을 바꾸려고 가능한 한 많은 이들을 설득하려 했어. 그게 아무것도 아니라고?

— 모자라.

— 그럼 어떡해야 충분한데?

— 네 삶부터 바꿔.

— 나도 알아.

— 그런데?

— 모르겠어.

— 뭘 모른다는 거야?

— 자신의 선택이 모두에게 영향을 미칠 수 있다고 믿는 것보다 더 심한 자아도취가 또 있을까?

— 딱 한 가지 있지. 자신의 선택이 아무한테도 영향을 주지 못한다고 믿는 거. 네가 마지막 네 장에 걸쳐서 설명했듯이 말이야.

— 다 그냥 글일 뿐인지도 몰라. 더 많은, 훔쳐 온 즐거움이라고. 기후변화는 중국과 엑손의 규모에 달린 문제야.[1] 100개 회사가[2] 전체 온실가스 배출량의 71퍼센트에 책임이 있어.

개인에게 책임을 지우는 건 공정치 못해.

— 네가 아이라면 공정에 집착하는 것도 칭찬해 줄 만하겠지.

— 공정 얘기는 잊어버려. 정치인이나 기업인들은 눈감아 주면서 개인에게 책임을 묻는다고? 순진한 생각이야. 진짜 중요한 문제는 따로 있는데.

— 하지만 기업들은 우리가 쓰는 것들을 만들고, 농부들은 우리네 먹을거리를 재배하잖아. 그들이 우리를 대신해서 죄를 짓는 거라고. 게다가 기후변화가 국가와 기업의 문제라고 말하면서도 아무도 국가와 기업들의 정책 변화를 끌어낼 계획을 세우지는 않는 것 같아. 또 나쁜 놈들을 비난하는 일도 좋은 사람들과 함께하는 일 못지않게 중요한 행동이야.

요즘 너도 나도 입에 올리는 구호가 있더라. 우리 시대의 비공식 구호랄까. "뭔가 해야 한다." 그런데 아직은 뭔가 해야 한다고 되풀이해 말할 뿐 진짜로 뭔가 하는 사람은 거의 없어. 뭘 해야 할지 모르거나, 아니면 하고 싶지 않은 거지. 그러니까 전선을 비틀대고 돌아다니면서 허공에 대고 아무렇게나 총질을 해 대고 있는 거야. 뭐든, 뭐든, 뭐든……

— 하지만 우리가 할 수 있는 일이 있어. 동물성 제품을 덜 먹는 것이 개인이 지구 온난화에 대처하는 가장 중요한 행동이야. 우리 환경에 눈에 띄게 의미 있는 효과를 내는 일이라고. 다 함께 한다면 정치인과 기업들도 뭔가 행동을 취할 수밖에 없을 거야.

— 그건 그래.

─ 모르겠어.

─ 뭘 모른다는 거야?

─ 난 이 책을 쓰는 과정에서 벌써 바뀌었어. 라디오랑 잡지와 인터뷰를 하고, 논설을 쓰고, 전 세계 여러 도시를 돌면서 낭독회를 여는 모습을 상상할 수 있어. 공정으로 인한 즐거움을 훔치고 행사가 끝난 후 호텔로 돌아와 문을 잠그고 햄버거를 먹는 상상을 할 수 있다고. 이 역시 즐거움을 훔치는 행위지. 이보다 더 한심한 꼴이 또 있을까?

─ 멋진 모습은 아니군. 하지만 그보다 더 한심한 시나리오도 얼마든지 있다고. 네가 진실 여부는 신경 쓰지 않거나, 너무 겁이 나서 알려고도 하지 않는다면 말이지. 아니면 진실을 알더라도 상관하지 않는다든가, 그에 걸맞은 노력을 하지 않는다면 말이야. 노력은 해 보지만 실패해도 무심할 수도 있고.

─ 진짜 화나는 일은 내 친구가 작가이고 심지어 열정적인 환경운동가인데, 내 책 『동물을 먹는다는 것에 대하여』를 읽지 않겠다는 거야. 친구라서 화가 나는 게 아니라, 생각이 깊고 자연 보호에 관심이 많고 글을 쓰는 사람이라서 화가 나. 그런 친구가 먹을거리와 환경의 관계를 알려고도 하지 않는 판에 수억 명의 사람들이 평생에 걸친 습관을 바꾸리라 희망할 수 있겠느냐고?

─ 왜 안 읽는대?

─ 그 친구는 관심이 많아서 이런 정보를 무시해 버리진 못하지만, 동물성 제품을 너무 좋아해서 끊지를 못해. 자기가

실행할 수 없는 변화를 요구할 것을 아니까 책을 읽기가 겁난다고 하더라고.

— 축하해. 넌 네 친구보다는 낫구나. 친구의 단점을 지적하면 네 단점에 대한 죄책감이 적어질 거야. 우리는 지금 너의 자기애에 대해 얘기하는 중인데 왜 너 자신이 한심하다는 얘기를 끌고 들어와?

— 난 내 단점을 분명히 보여 주려고 그의 단점을 이용하고 있었어. 동물성 제품을 계속 먹으면서 먹지 말아야 한다고 주장한다면 엄청난 위선자지.

— 왜 그게 그토록 중요해?

— 위선자가 되고 싶은 사람은 없으니까.

— 그럼 대신 완벽해져 봐.

— 그러지 마.

— 뭘?

— 옳은 일을 하려는 데 따르는 진짜 고통을 놓고 함부로 떠들어 대지 말라고.

— 너나 그러지 마.

— 뭘?

— 지구의 파괴보다 네 감정을 더 앞세우고 있잖아.

— 우리의 감정과, 감정 부족이 지구를 파괴하고 있어.

— 의심의 여지가 없지. 넌 햄버거를 포기하고 싶지 않고, 식료품점까지 차를 몰고 가는 일도, 유럽 비행기 여행도, 전기를 값싸게 사용하는 것도 포기 못해. 디너파티를 어색하게 만들고 싶지도

않고 짜증나는 사람이나, 더 나쁘게는 재수 없는 놈으로 보이기도 싫어. 넌 내키지 않아서 필요한 일을 하지 않는 거야. 그러면서도 여전히 안락하게 지내고 싶단 말이야. 그래서 문제가 무엇인지 알고 그에 대해 책을 쓰는 것만으로도 뭔가 하고 있는 거라고 자신을 설득하지.

── 그러니까 너는…… 희망이 없다고 보는 거야?

── 하지만 네 감정이 원하는 바를 따라 주지 않으면 너도 네 감정에 맞춰 주지 않아도 돼. 내키지 않는 일도 얼마든지 할 수 있고, 하고 싶은 일을 참을 수도 있어. 그런다고 네가 간디가 되지는 않아. 너 자신이 되고 어른이 되는 거지.

── 그건 정말 공정하지 않아.

── 어린애 입에서나 나올 소리네. 타조가 왜 모래 속에 머리를 파묻는지 알아?

── 자기 눈에 아무도 안 보이면 남들도 자기를 못 본다고 생각하니까.

── 진짜 바보 같지, 안 그래? 하지만 타조는 모래 속에 제 머리를 묻는 게 아니야. 알을 묻어. 따뜻하게 유지하고 보호하려는 거라고. 가끔씩 알을 돌려놓느라 머리를 파묻어. 인간들은 타조가 제 알을 돌보는 것을 보고 멍청해서 저런다고 오해하는 거야. 하지만 우리야말로 제 눈을 감으면 세상이 어두워지는 줄로 아는 동물이야. 회피하면 안전할 거라 착각하고 마는데 이건 우리 자손을 죽이는 가장 효과적인 방법 중 하나지. 아는 거나 행동하는 거나 마찬가지라고 믿는 짓도 그렇고. 위선자가 되고 싶은 사람은

아무도 없지만, 눈을 감는 것보다는 한 번씩 깜박거리는 편이 낫지 않아? 어차피 불가능한데도 완벽하려고 애쓸 필요는 없어. 전혀 행동에 나서지 않는 것이야말로 용서할 수 없는 짓이지.

— 모르겠어.

— 질문 하나 할게. 텅 빈 방에도 불을 켜 놓고, 비효율적인 가전제품을 사고, 집에 아무도 없을 때도 에어컨을 켜 놓는 사람의 반대편에는 어떤 사람이 있을까?

— 에너지를 절약하는 사람?

— 그리고 거리가 멀건 가깝건, 대중교통이 있건 말건 어디를 가나차를 몰고 다니는 사람의 반대편에는?

— 운전을 지나치게 많이 하지 않으려고 주의하는 사람?

— 고기, 유제품, 달걀을 많이 먹는 사람의 반대편에는?

— 채식주의자.

— 아니야. 동물성 제품을 많이 먹는 사람 반대편에는 동물성 제품을 너무 자주 먹지 않으려고 신경 쓰는 사람이 있어. 부담스러운 생각에서 벗어나는 가장 좋은 방법은 선택지가 딱 두 개밖에 없는 척하는 거야.

너는 카르스키한테 프랭크퍼터가 한 대답을 두고 마치 그에게는 선택지가 둘밖에 없었던 것처럼 썼어. 믿음에 대해 말하자면 전부 아니면 전무일지도 모르지만 행동도 그럴까? 프랭크퍼터가 진짜라고 알고 있는 사실에 기반을 두고 뭔가를 할 수는 없었을까? 백악관 앞에서 단식을 하면서 세상이 지켜보는 가운데 서서히 죽어가지는 않았을 거야. 하지만 영향력 있는 인물들을 모아서 카르스키가 하는 말을 듣게 하고, 의회에 독일의 잔학 행위에 대해 공식 조사를 개시하도록 촉구할 수도 있었겠지. 아니면 스스로 나서서 긴급한 문제들을 공식 제기할 수도 있지 않았을까? 그때 카르스키를 만났을 때 믿어 주려고 애썼을 수도 있지. 하지만 2년 후에 강제 수용소의 첫 사진들을 보았다면 어땠을까? 그때는 자기가 본 것을 믿었을 거라고 생각해? 그리고 굶주린 아버지와 어머니들의 푹 꺼진 눈, 죽은 아들딸들의 시체 더미를 보았을 때는? 대법관이 자신을 심판한다면, 너는 그가 대학살에 공모했다고 생각했을까? 아니면 그저 딱하다고 생각하고 말았을까?

─ 그건 공정하지 않아.

─ 그건 프랭크퍼터의 손자나 할 법한 말이지. 지금 위기에 처한 사람한테서나 기대할 법한 말이라고. 하지만 너는 홀로코스트 생존자의 손자야. 그분의 형제자매는 강간당하고 살해당했고, 부모님은 아기를 안은 채 총에 맞아 죽고, 조부모님은 산 채로 매장당했단 말이야. 그런데 프랭크퍼터에게 어떻게 해 줘야 공정하다는 거야?

─ 하지만 사람들한테는 정말로 한계가 있어. 역사가 아무리 엄격히 판단한들, 그런 한계는 그들로서도 어쩔 수가 없어. 그들 잘못도 아니고.

─ 난 모르겠어.

─ 뭘 몰라?

─ 어쩌면 우리는 어떤 한계는 과소평가하고 어떤 행동은 과대평가하는지도 몰라. 차 밑에 깔린 소년을 구하려고 차를 들어 올린 사

람은 자신의 육체적 한계를 넘어섰어. 하지만 그렇게 하는 대신 집으로 돌아가 자전거 길을 정하고 신호등을 더 많이 설치하자는 캠페인을 벌인다면? 자전거 타는 사람들이 자동차에 치여 죽는 사태는 누구 한 사람의 흥분 상태에서 나온 힘으로 해결할 수 없는 제도의 문제니까. 그에게 할 만큼 했느냐고 묻는다면 공정한 걸까?

── 아니, 공정하지 않아. 왜냐하면 그는─

── 카르스키는 할 만큼 했을까? 너는 프랭크퍼터의 믿음이 부족했다는 게 이야기의 주제라고 했지만, 카르스키의 한계는 어떨까? 그는 프랭크퍼터한테 유대인들을 구하겠다는 약속을 받아 내지 않았어. 음식과 음료를 거부하고 대법관의 방에서 서서히 죽어 가지도 않았고. 우리가 그를 판단하는 것은 공정할까? 자신이 맡은 임무의 성공에 본인 목숨과 아이들 목숨이 달려 있었던 사람들은 어땠을까? 그들이 그를 판단한다면 공정한 일일까?

── 그는 유대인으로 위장했어. 노란색 완장을 차고 다윗의 별을 달았지. 바르샤바 게토에 숨어 들어가 그곳 상황을 기록하려고 말이야. 또 전 세계에 진실을 알리려고 나치의 죽음의 수용소에도 잠입했어.[3] 그래, 그는 할 만큼 했어.

── 네 할머니는 어떨까?

── 틀림없이 할머니도 나와 같은 생각일 거야.

── 내 말은 그게 아니야. 네 할머니도 할 만큼 하셨는지 묻는다면, 가혹하다 못해 사악하게─

── 그러지 마.

— 하지만 할머니는 할 만큼 하셨을까?

— 그만하라고.

— 할머니는 '뭔가 해야 한다.'는 것을 알았기 때문에 고향의 유대인 마을에서 도망치셨어. 알고 있었다고. 할머니의 여동생이 따라 나와 자기가 가진 하나뿐인 신발을 주면서 이렇게 말했어. "언니는 떠날 수 있어서 정말 다행이야." 다시 말해서 '나도 데려가.'라는 뜻이지. 어쩌면 여동생은 너무 어려서 떠나지 못했을지도 몰라. 여동생까지 데려갔다가는 둘 다 죽을 테니까. 우리는 지금 할머니가 지금은 위기라고 굳게 믿었다고 생각하지만 실제로는 아니었을 수도 있어. 하지만 할머니가 마을 집집마다 돌면서 머물려는 사람들의 얼굴을 붙잡고 소리 질렀다고 상상해 봐. "뭔가 해야 해요!" 왜 네 할머니는 그들의 얼굴을 붙잡지 않으셨을까?

— 누군가에게 너무 많은 것을 기대해서는 안 되니까.

— 내 생각도 그래. 누군가에게 너무 많은 것을 기대하는 거지.

— 그런데 그건 왜 물은 거야?

— 어떤 일은 요구할 수 없다는 점에 동의한다면, 그다음에는 어디까지 요구할 수 있을지를 생각해 보게 되니까. 프랭크퍼터가 무엇을 할 수 있었을까, 여기에 대해서는 생각이 다를 수 있지만, 그가 한 일보다 더 많은 것을 할 수 있었다는 데에는 동의하지.

— 그래.

— 이제 네가 문을 닫고 햄버거를 먹는 상상을 해 봐.

— 우스꽝스러운 기분이 —

— 네 기분이 어떤지는 말하지 말고. 네가 무엇을 할 수 있는지만

말해.

— 물론 동물성 제품을 덜 먹을 수 있어. 그리고 이랬다저랬다 한다는 소리를 들을까 봐 아예 시도조차 안 할 필요도 없고. 지금 난 정말로 희망이 있다고 느끼지만—

— 네 기분은 말하지 말라니까.

— 하지만 지금 그 얘기를 하고 있잖아. 역사적인 트라우마를 생각해 보고, 이렇게 깊이 파고들어 물어 본다면 분명히 사소한 거라도 일상의 변화를 끌어낼 수 있지. 하지만 다음에는 어떻게 될지도 알아. 시간이 지나면 내 기준을 잃고, 전 지구적 재앙을 막기 위해 내가 무엇을 희생했는지 돌아보려 하지도 않겠지. 다시 내 삶을 그 자체로만 보게 될 거야. 무엇을 알고 무엇을 원하건 처음 출발 지점으로 돌아갈 거야.

— 그러지 마.

— 포기하지 말라고?

— 희망이 있다고 강조하지 말라고.

— 하지만 그래야 동기부여가 되지.

— 물론 희망이 있다고 느낄 때는 그렇지. 하지만 기후변화에 대해 잘 모르거나 착각하고 있는 게 아니라면 희망이 있다고 느끼지 않을걸. 희망이 주요한 동기라면 너는 무풍지대에서 노를 젓고 있는 셈이라고. 축 늘어진 돛만 쳐다보면서 돛이 부풀어 올라 부당한 짐으로 느끼는 것에서 너를 구해 주기만 기다리면서 말이야. 노아의 방주에는 돛이 없었고, 우리 배에도 없어. 아무도, 아무것도 우리를 돕지 않으리라는 점을 알면 노력하기가 더 쉬워질

거야.

— 남은 평생을 이렇게 버틸 힘이 있을지 잘 모르겠어. 노를 젓고 있는 정도가 아니야. 물살을 거슬러서 노를 젓고 있다고. 이번 한 번만은 다른 것을 주문해 줘. 평생 몸에 밴 습관을 바꾸기는 어렵지만, 식단을 한 번 바꾸기는 그리 어렵지 않아. 시간이 가면 그런 식사가 새로운 습관이 돼.

— 네가 앞으로 하게 될 모든 식사를 상상하는 대신, 지금 네 앞에 놓인 식사에만 집중해 봐. 남은 평생 동안 버거를 포기하라는 말이 아니야. 이번 딱 한 번만 다른 메뉴를 주문하면 돼. 평생의 습관을 바꾸기는 어려워도 식사 한 번을 바꾸기는 그 정도로 어렵지는 않아. 시간이 지나면 그 식사들이 너의 새로운 습관이 되는 거야.

— 그런데 왜 30년이 지났는데도 채식주의가 조금도 더 쉬워지지 않는 걸까? 왜 더 어려워질까? 채식주의자가 되고 나니까 예전 어느 때보다도 지금 더 고기가 먹고 싶어.

— 그게 그렇게 끔찍해?

— 내가 끌리는 대로 행동할 때는 그래.

— 지난 10년간 고기를 몇 번이나 먹었어?

— 몰라. 한 스무 번쯤?

— 이 책 앞쪽에서 말한 것보다 더 많네.

— 처음엔 살살 해야지.

— 고기를 100번 먹었다고 해 보자.

— 그 정도는 아닌데.

— 좋아, 그럼 200번 먹었다고 해. 지난 1만 950끼 중에서 200번이 빠지는 거야. 타율로 치면 9할 8푼 2리라고.

— 아마 200번까지는 아닐걸.

— 왜 아직도 여전히 어렵냐고 묻는 거야? 어떡하면 쉬워지는지 내가 물어봐 줘?

— 그래.

—「영혼과 벌이는 논쟁」에 나오는 첫 유서랑 비슷해. 우리가 이 대화를 절대 끝내서는 안 된다는 점만 제외하면.

— 난 끝내고 싶은데. 이 문제는 다른 사람들한테 맡기고 싶어. 사람들을 죽이고, 도둑질을 하고, 쓰레기를 버리지 말아야겠다는 결정을 다른 사람들한테 맡겨 놓듯이 말이야. 어떤 사람들은 완전 채식주의자가 되어 다시는 바꾸지 않겠지. 어떤 사람들한테는 방화범이 되지 않기로 결심하는 것만큼이나 간단해 보여. 그게 옳아. 너무나 당연하지. 어떤 변명도 필요 없단 말이야. 하지만 음식 문제에 있어서는 항상 내가 시작했던 곳으로 돌아가 버리게 돼.

— 너 그거 알아? 상어는 말야.

— 계속 헤엄치지 않으면 죽는다는 거?

— 맞아. 상어들 중에서 몇 종만 그렇지만. 사실 대부분의 상어들은 숨을 쉬기 위해 헤엄을 쳐야 할 필요는 없어.

— 타조 얘기도 틀렸고, 상어도 틀렸군.

— 어쩌면 넌 대부분의 상어들하고는 다를지도 몰라. 동물성 제품을 덜 먹거나, 완전 채식주의자가 되기가 어렵지 않은 사람들도

있어. 그런 사람들은 이 문제를 놓고 평생에 걸쳐 논쟁을 벌일 필
요가 없을 거야. 넌 처음부터 네가 그렇게 생겨 먹지 않았다는 사
실을 받아들여야 해. 그리고 장담하는데 대부분의 인간들은 대
다수 상어와는 달라.

— 그럼 내가 처음으로 돌아가면 그때는 어떡해야 하지? 워드
문서를 열고 내가 얼마나 한심한지 설명해 줘?

— 아니, 처음으로 돌아가는 게 퇴보가 아니라는 사실을 인정하기
만 하면 돼. 어디서든 '너를 찾는다면' 그걸로 충분해. 자신을 인
식했다는 거니까. 마라톤을 절반쯤 뛰었는데 돌연 아직도 42킬
로미터나 남았다는 생각이 들면 포기해 버리고 싶어질걸. 하지
만 마라톤을 뛰기로 결정했을 때 단초는 훨씬 더 오래전에 생겨
났잖아? 그리고 항상 단호하게, 어느 정도는 기쁜 마음으로 그
런 결정을 내리지 않아? 그래서 사람들이 새롭게 맹세를 하는 거
라고. 결혼 생활을 처음 시작한 곳을 찾아가서 말이지. 뭔가를 할
마음이 안 내키더라도 해야 할 때는 균형을 유지할 필요가 있어.
올바른 감정이 찾아올 때까지 기다릴 수는 없다고. 하지만 가끔
은 왜 처음에 관심을 가졌는지 기억해 내면 동기부여가 될 수도
있어. 너를 여기에 있게 한 근본적인 진실은 뭐야?

— 무슨 뜻이야?

— 모든 것의 기초가 된 아이디어 하나, 하다못해 문장 하나라도 있
을 거 아니야?

— 우리의 행성은 농장이다.

— 그 얘기를 해 봐.

── 그거라면 벌써 입이 닳도록 했어.

── 다시 해 봐. 다시 하는 것도 듣는 것만큼이나 중요해.

── 우리는 우리 행성의 정체를 잘못 알고 있어. 그래서 어떻게 구할지도 잘못 생각해.

── 진짜로 얘기해 봐. 시간 충분해.

── 화석연료에만 초점을 맞추다 보니 지구의 위기를 연기 기둥이랑 북극곰 이미지로만 떠올리게 된단 말이야. 그게 중요하지 않다는 말은 아니지만, 연기 기둥이며 북극곰이 우리의 위기를 상징하는 마스코트가 되면서 우리 행성이 공장이고 기후변화와 가장 관련이 깊은 동물들은 저 멀리 야생에 있다는 인상을 주게 되었어. 이는 틀렸을 뿐 아니라 심각한 역효과를 낳는다고. 우리 행성이 농장임을 인정해야만 기후변화에 대처할 수 있고 우리의 집을 구할 수 있어. 그걸 바로잡는 데서 출발할 거야.

── 나는 우리가 기후변화를 부인하기 때문에 대처에 실패했다고 생각했는데?

── 그런 생각은 그게 언급하는 부인보다 훨씬 더 간교한 부인이지.

── 왜 그런지 말해 봐.

── 하지만 너도 이미 알고 있잖아.

── 다시 말해 봐.

── 그런 생각은 과학을 받아들이는 사람과 받아들이지 않는 사람을 이분법으로 나누어.

── 하지만 그런 이분법은 진짜잖아, 안 그래?

── 진짜지만 사소하지. 진짜로 중요한 이분법은 행동하는 사람들과 행동하지 않는 사람들로 나누는 거야. 프랭크퍼터가 카르스키한테 이런 말을 했지. "당신이 한 이야기를 믿을 수 없습니다." 하지만 일이 다르게 진행되었다고 상상해 봐. 그가 이렇게 말했다고 상상해 보라고. "당신을 믿습니다." 프랭크퍼터가 유럽의 유대인들을 구하기 위해 할 수 있는 모든 일을 다 했다고 상상해 보라고. 영향력 있는 인물들을 모아서 카르스키가 한 말을 듣게 하고, 의회가 독일의 잔학 행위를 공식 조사하게 하고, 대법관 지위를 이용해서 긴급한 문제들을 공식 제기했다면 어땠을지 말이야.

── 멋진 얘기군.

── 하지만 이걸 다 약속하고, 윤리적인 인물이라는 평판이 나서 자기 이미지가 높아지는 이득까지 보고 나서도 아무 일도 하지 않았다고 쳐 봐. 사람들을 모으지도 않고, 의회에 권하지도 않고, 목소리를 내지도 않았다고. 심지어 프랭크퍼터는 국내 전선에서 함께 싸우는 것조차 거부했어. 배급 식량을 실컷 먹고 마음 내키는 대로 차를 몰고 다녔지. 거리에서 밤새 불을 환히 밝혀 놓은 집은 그의 집뿐이었어. 그렇다면 유럽에서 벌어진 전쟁에 어떤 태도를 취해야 할지 묻는 1943년 투표에서 프랭크퍼터가 어떤 대답을 했는지가 중요할까?

── 적어도 카르스키는 그와 만난 후 희망을 안고 자리를 떴을지도

몰라…….

— 우리는 과학을 부인하는 자들의 역할을 지나치게 과장하고 있어. 그래야 과학적 사실을 믿는 사람들이 우리가 받아들이는 지식에 따라 행동하라고 요구하지 않으면서도 여전히 자기들이 정당하다고 느낄 수 있거든. 미국인들 중에서 기후변화를 부인하는 사람들은 14퍼센트[4]뿐이야. 진화를 부인하거나 지구가 태양 주위를 돈다[5]는 사실을 부인하는 사람들보다도 훨씬 낮은 비율이라고.[6] 미국 유권자 69퍼센트는[7](다수의 공화당원을 포함해서) 미국이 파리 기후협약에 남아 있어야 했다고 말해. 그런 말이나 관점은 진보주의자들한테서 빌려 왔는지도 몰라. 하지만 보수보다 더 보수적인 것은 없어.

— 지구가 위험에 처해 있음을 부인하지 않으면서도 지구가 위험에 처해 있는데도 놀라지 않는 사람들은 어떻게 설명할 거야?

— 내가 그런 사람들이 아니라면 멍청하다거나 사악하다고 말하겠지.

— 너도 놀라지 않는다면?

— 난 놀라고 싶지만 놀라지 않아. 놀란다고 말하지만 안 놀라. 그리고 상황이 점점 더 놀라워질수록 무시하는 능력도 커지지.

— 그걸 어떻게 설명할래?

— 나도 몰라.

— 해 봐.

— 인간은 놀랍도록 적응력이 강한 생물이야.

— 별 거지 같은 소리 다 듣겠네.

— 정말이야.

— 그러니까 더 노력해 봐.

— 우리는—

— 모두에 대해 얘기하지 말고. 네 얘기를 해 보라고.

— 「어떻게 하면 대멸종을 막을 수 있을까」는 이 책에서 유일하게 정보가 많이 들어간 장이야. 이 장을 쓸 때 나는 조사하면서 읽었던 기사와 책의 신문기사 같은 문체를 모방하기보다는 나 자신의 반응에 가능한 한 집중하는 전략을 따랐어. 내가 읽은 것들은 아무리 생각이 깊고 잘 썼고 주제가 절박할 만큼 중요할지라도 결국은 나를 움직여 뭔가를 하게 만들지는 못했어. 범위가 넓거나, 심지어 전문적이지 않아도 좋으니까 나에게 동기를 부여해 줄 형식을 찾고 싶었어.

— 그래서 그게 통했어?

— 확신이 진짜로 굳어졌어.

— 그럼 좋은 거 아니야?

— 이미 확신하고 있었던 건데 뭐. 그런다고 삶이 달라진 건전혀 없어.

— 그렇다면 네 친구보다 나을 게 뭐야? 넌 책을 썼지만 믿지는 않는다며. 친구는 믿기 때문에 읽지 않겠다고 했고.

— 소수의 기후 무신론자들이 아니라 다수의 기후 불가지론자

들이 있다니 부끄러운 일이지 뭐야.

— 하지만 대부분의 미국인들은 미국이 파리협약에서 탈퇴하지 않고 남아 있기를 바랐다며?

— 그래. 그랬어. 내 생각도 그렇고. 이런 의견이 탄소 싱크(지구 온난화를 줄이는 데 도움이 되는 넓은 삼림 지대 – 옮긴이)가 아니라 셀카라니 유감이지.

— 그래서 너는…… 희망이 없다고 생각해?

— 그래. 난 똑똑하고 배려심 넘치는 사람들을 너무나 많이 알고 있어. 저 잘난 맛에 취해 지지하는 척하는 사람들이 아니라, 더 나은 세상을 만들기 위해 돈과 시간, 에너지를 쓰는 좋은 사람들 말이야. 그렇지만 아무리 설득해도 절대 식습관을 바꾸지는 않을 사람들이지.

— 그런 똑똑하고 배려심 많은 사람들이 식습관을 바꾸고 싶어 하지 않는 이유는?

— 아예 바꾸라는 부탁을 받을 일이 없겠지.

— 부탁한다면?

— 축산업은 심각한 문제가 있는 시스템이라고 말하겠지. 하지만 사람은 먹어야 하고, 동물성 제품이 이렇게 저렴한 적이 없었잖아.

— 그럼 뭐라고 대답할래?

— 살자면 먹어야 하지만 꼭 동물성 제품을 먹을 필요는 없다고 말하겠어. 식단을 대부분 채식으로 바꾸면 더 건강해질 거야. 지금 우리는 역사상 전례가 없을 만큼 많은 양을 먹

고 있는데, 그렇게까지 먹을 필요가 없다고. 하지만 이건 경제 정의의 문제라는 말도 맞아. 불평등 담론을 피하는 수단으로 불평등을 이용하기보다는, 경제 정의 문제로, 있는 그대로 얘기해야 해.

전 세계 인구에서 가장 부유한 10퍼센트[8]가 탄소 배출량의 절반에 책임이 있어. 가장 가난한 절반이 책임져야 할 양은 10퍼센트고. 또 지구 온난화에 가장 책임이 적은 사람들이 벌은 제일 심하게 받는 경우가 흔하단 말이야. 방글라데시를 생각해 봐. 기후변화에 가장 취약하다는 나라거든. 대략 600만 명의 방글라데시인들이[9] 벌써 폭풍 해일, 열대 사이클론, 가뭄, 홍수 등의 환경 재앙 때문에 이주했고, 앞으로도 수백만 명이 삶의 터전을 떠나게 될 거야. 예상되는 해수면 상승[10]으로 '방글라데시 전 국토의 3분의 1이 잠기고 2500~3000만 명이 고향을 떠나게' 될 수도 있어.

그런 수치를 듣고도 아무렇지도 않을 수 있지. 해마다 「세계 행복 보고서」는 '가능한 최상의 삶'에서 '가능한 최악의 삶'까지, 응답자들이 자기들의 삶에 매긴 점수를 기반으로 전 세계에서 가장 행복한 나라 50개국을 뽑거든. 2018년 연간 「세계 행복 보고서」는 핀란드, 노르웨이, 덴마크를 세계에서 가장 행복한 세 나라로 올렸어.[11] 이 순위가 발표되자 며칠 동안 NPR(미국 공영 라디오—옮긴이)은 물론이고 너도나도 그 얘기만 하는 것 같더라. 핀란드,[12] 노르웨이, 덴마크 인구를 다 합치면 예상되는 방글라데시 기후 난민 숫자의 대략 절반이야. 하지만 가능한 최악의 삶으로 위협받는 3000만 방글라데시인들 이야기는 라디오에서 환영받지 못하지.

방글라데시는 전 세계에서 탄소 발자국이 제일 적은 나라들 중 하나야. 이 나라를 가장 고통스럽게 하는 재앙에 대한 책임은 가장 적다는 거지. 평균 방글라데시인의 연간 이산화탄소 배출량은[13] 0.29미터톤인데 평균 핀란드인의 배출량은 38배쯤 돼. 11.15미터톤이거든. 또 방글라데시는[14] 전 세계에서 채식을 가장 많이 하는 나라 중 하나야. 일인당 연간 고기 소비량이 4킬로그램이지. 2018년에 평균 핀란드인[15]이라면 18일이면 다 먹었을 양이야. 해산물을 포함하지 않은 양이 이 정도라고.

수백만 명의 방글라데시인들이 정작 자기들은 누려 본 적도 없는 자원을 펑펑 쓰는 생활 방식에 대가를 치르고 있어. 평생 담배는 손에 대지도 않았는데 행성 반대편에서 골초들이 내야 할 세금을 다 내줘야 한다고 생각해 봐. 흡연자들은 해마다 담배를 점점 더 많이 피우고 중독을 즐기면서 건강하고 행복한데 너는 폐암으로 고생하고 있다고 생각해 보라고.

전 세계적으로 8억 명[16]이 굶주리고 있고, 6억 5000만 명은 비만이야. 1억 5000만 명이 넘는[17] 5세 이하 어린이들이 영양 부족으로 제대로 자라지 못하고 있어. 그것도 생각해 볼 필요가 있는 수치이지. 영국과 프랑스에 사는 사람이 전부

다 5세 이하의 어린이고 제대로 먹지 못해서 잘 크지 않는다고 상상해 봐. 매년 300만 명의 5세 이하 어린이들이 영양실조로 사망하고 있어. 홀로코스트로 150만 명[18]의 어린이가 사망했고.

굶주린 인구가 먹을 식량을 재배할 땅[19]을 과식하는 인구가 먹을 가축을 키우는 용도로 쓰고 있음을 알아야 해. 음식물 쓰레기를 생각할 때는 먹다 남긴 음식 말고 접시에 음식을 가져오는 과정에서 생기는 쓰레기에 초점을 맞춰야 해. 고기 단 1칼로리를 생산하려고 동물에게 26칼로리를 먹여야 한다고.── 유엔 식량특별조사관[20]을 지낸 장 지글러는 10억에 가까운 인구가 굶주리는 마당에 바이오 연료에 1억 톤의 곡물을 쏟아 붓는 것은 '인류에 대한 범죄'라고 썼어. 사실 살인 범죄라고 해도 좋을 거야. 해마다 축산업자들이 부유한 사람들이 먹을 동물들한테 전 세계의 굶주린 사람들을 모두 먹일 수 있는 양의 일곱 배가 넘는 곡물을 먹이고 있다는 얘기는 아직 하지도 않았어. 이건 학살이라 불러야 한다고. 그러니까 공장식 축산이 '전 세계를 먹여 살리는' 게 아니야. 공장식 축산은 세계를 파괴할 뿐 아니라 굶주리게 만들고 있어.

── 이 정도면 반박할 말이 없겠는데.

── 하지만 자주 나오는 반박이 있지. 채식 위주 식단을 옹호하는 것은 엘리트주의래.

── 왜 엘리트주의야?

— 모두가 동물성 제품을 포기할 만큼 여유가 있진 않다고. 미국인 2350만 명이 신선한 음식을 구하기 어려운 데서 살고[21] 그중 절반 가까이는 저소득층이야. 부자들이 저지른 일에 가난한 사람들이 홍수와 기근이란 대가를 치러야 한다고 주장할 사람은 없겠지만, 비싼 음식에 돈을 쓰라고 할 수도 없잖아?

— 그리고?

— 건강한 식단이 해로운 식단보다 돈이 더 많이 드는 건 사실이지.[22] 연간 550달러 정도 더 들어. 그리고 누구나 값이 적당하고 건강한 음식을 구할 수 있어야 해. 하지만 건강한 채식 식단은[23] 건강한 육식 위주 식단보다 연간 750달러가 덜 들어.(미국인 전업 노동자의 중위소득은[24] 3만 1099달러야.) 다시 말해 건강에 나쁜 전통 식단보다 건강한 채식주의 식단 쪽이 연간 200달러 덜 든다는 거지. 당뇨병이나 고혈압, 심장병, 암 예방으로 절약되는 비용은 차치하더라도 말이야. 이런 병들은 다 동물성 제품 섭취량 관련이 있지. 그러니까 더 저렴하고, 더 건강하고, 환경 면에서도 더 지속가능한 식사가 더 좋다는 것은 엘리트주의와 아무 상관이 없어. 한데 왜 엘리트주의라는 인상을 줄까? 건강한 음식을 쉽게 구할 수 없는 사람들이 있으면 그런 사람들을 도울 생각을 해야 할 텐데, 그보다는 자기 삶을 바꾸지 않을 핑계로 삼으려고 하니까 그렇지.

— 다른 반론이 있나?

── 수백만 명의 농부들이 일자리를 잃는 거?

── 그 사람들을 어떡하냐고?

── 미국 인구는 남북전쟁 이후 거의 열한 배가 늘었지만 농부들의 숫자는 더 적어졌어.[25] 축산업 복합체의 궁극적인 꿈이 실현된다면 머잖아 농부가 아예 없어질 거야. '농장'이 완전 자동화될 테니까. 축산업자들이 『동물을 먹는다는 것에 대하여』의 가장 큰 협력자들이라는 사실을 알았을 때 놀랍고도 기뻤어. 그들은 이유는 다르지만 동물권 운동가들 못지않게 공장식 축산이라면 치를 떨고 혐오해.

전 지구적 위기로 인해 가축을 키우는 일이 점점 더 어렵고 비용도 많이 들어. 가뭄 때문에 곡물 수확이 줄어들고 허리케인, 산불, 혹서 같은 극단적인 기후로 인해 가축들이 죽어 가고 있거든. 기후변화는 벌써 전 세계의 가축 농부들에게 피해를 입히고 있어. 결국은 재생에너지를 사용하고, 채식 위주 식사를 하고, 지속가능한 농경을 선택하면 없어지기는 커녕 훨씬 더 많은 일자리를 만들어 낼 거야. 또 이런 전환은 지구를 구할 테고. 지구를 구하지 못하면 농부들을 구하는 게 무슨 의미가 있겠어?

── 또 뭐가 있을까?

── 동물성 제품이 다 환경에 나쁘지는 않아.

── 그건 또 무슨 헛소리야……?

── 헛소리가 아니야. 환경에 해를 끼치지 않도록 주의하면서 상대적으로 적은 수의 동물들을 얼마든지 키울 수 있다고.

공장식 축산이 시작되기 전까지는 다들 그렇게 살았어. 건강에 해롭지 않게 담배를 피울 수도 있어. 담배 한 대 정도는 해롭지 않거든.

— 그래, 하지만 한 대만 피우고 마는 사람이 어디 있어?

— 그런 경험을 싫어하는 사람들이나 지각이 있어서 중독되기 전에 끊는 사람들이지. 고기나 유제품, 달걀을 싫어하는 사람들은 극소수야. 대부분의 사람들은 나처럼 그런 음식들을 아주 좋아해. 그러니까 당연히 더 먹고 싶지. 나는 바보가 아니지만 가끔은 먹고 싶은 마음이 너무 강해서 참을 수가 없을 때가 있어. 대부분의 미국인들처럼 나도 그런 음식을 먹고 자랐으니 중독되기 전에 끊을 기회가 없었지.

— 하지만 일반적으로는 동물성 제품이 환경에 나쁘잖아?

— 일반적인 정도가 아닐뿐더러 나쁜 것보다 더 심하지. 유엔에 따르면 축산업은 지역적인 규모에서 전 세계적인 규모까지 가장 심각한 환경 문제에서 가장 중요한 요인들 두세 가지 안에 들어간대. 토지 황폐화, 기후변화, 공기 오염, 물 부족, 수질 오염, 생물 다양성 감소 등의 문제를 다루려면 축산업 문제에 주요 정책의 초점을 맞춰야 해. 가축이 환경 문제에 끼치는 영향[26]은 정말 어마어마하거든.

— 그런데 왜 굳이 예외를 얘기하는 거야?

— 이렇게 과학적으로나 심리적으로나 복잡한 문제를 과도하게 단순화하고 싶은 유혹이 너무 크거든. 입맛대로 골라 쓰는 통계 자료들은 '비논리적인' 감정들은 일축하고 중요하

지 않은 사례들은 무시해 버린단 말이야. 그리고 우리가 무엇을 먹는가가 중요하다는 사실을 받아들이기도 이렇게나 힘든데— 똑똑하고 배려심 많은 사람들조차 자기네 생활 방식을 건드리지 않고 빠져나갈 구멍을 찾는 판에 말이지— 부정확한 얘기를 하면 거짓말을 하는 기분이 들기도하고.

하여간 그건 또 하나의 반론이야. 숫자가 믿을 수 없을 정도로 애매해. 축산업이 전 세계적으로 온실가스 배출에서 14.5퍼센트를 차지한다고 했지. 그런데 51퍼센트라는 말도있어. 그리고 낮은 수치를 타이슨 푸드(미국의 식품 다국적 기업－옮긴이)에서 제공한 것이 아니고, 높은 추정치를 페타(PETA, 동물권 옹호 단체－옮긴이)에서 내놓은 것도 아니야. 이게 아마도 모든 기후변화 통계 가운데 가장 중요할 거야. 그리고 높은 추정치는 낮은 추정치의 세 배가 넘어. 그런 추정치보다 정확한 수치를 내놓지 못한다면 내가 하는 말을 믿을 사람이 어디 있겠어?

— 왜 믿어야 하는데?

— 이보다 더 정확할 수도 있어. 각주에 해당 수치를 도출한 방법론을 제시하고 왜 51퍼센트가 더 정확하다고 생각하는지도 설명했어. 하지만 문제의 시스템은 복잡하고 다른 것들이랑 연계되어 있어. 수치화하려면 추정을 많이 해야 해. 아무리 정치적으로 중립적인 과학자라도 그런 도전을 감수해야 한다고.

전기차로 화제를 돌려 볼까. 차에 전력을 공급하는 전력망이 상대적으로 깨끗하다는 점도 다시 따져 봐야 해. 중국에서는 전기의 47퍼센트를 석탄으로 만들어.[27] 전기차로 바꾼다면 기후변화에 엄청난 악영향을 미칠 거야. 전기차를 생산하는 데 드는 에너지가 기존 차량의 두 배나 된다는 점은 어떻게 생각해야 해?[28] 그리고 배터리 제조에 쓰이는 희귀한 광물 채굴이나, 땅에서 뽑아낸 것의 0.2퍼센트밖에 이용하지 못하고 나머지 99.8퍼센트(이제는 유독성 물질이된)는 고스란히 오염 물질로 만들 정도로 에너지를 많이 소비하는 식의 환경 피해들은 또 어떻고?[29]

우리가 실제로 아는 것 이상으로 아는 척을 하면 위험해. 하지만 덜 아는 척하는 것은 훨씬 더 위험하지. 14.5퍼센트와 51퍼센트의 차이는 엄청나지만, 낮은 쪽을 택하더라도 기후변화를 막고 싶다면 동물성 제품이 미치는 영향을 경계해야 해.

프랭크퍼터는 카르스키에게 바르샤바 게토의 벽 높이를 물었지. 카르스키가 2.4미터에서 7.6미터 사이라고 대답했다면 뭐가 달라졌을까? 유대인들이 기어오를 수 없다고? 프랭크퍼터가 그들의 운명을 고려할 때 뭔가 달라졌을까? 프랭크퍼터에 대한 우리의 판단이 달라질까?

— 하지만 벽의 높이를 모르면 어떻게 벽을 오를지 계획을 세울 수가 없어.

— 연구자들마다 기후변화에 대응하려면 식단을 어떻게 바꾸

어야 할지를 두고 서로 다른 제안을 내놓지만 대략 추정치는 아주 분명해. 축산업이 환경에 미치는 영향을 가장 포괄적으로 산정한 결과는 2018년 10월 《네이처》에 발표되었지. 지은이들은 전 세계 모든 나라의 식량 생산 시스템을 분석한 다음, 영양이 부족한 가난한 사람들은 고기와 유제품을 좀 더 많이 먹어도 좋지만 평균적인 세계 시민은 파국적이고 돌이킬 수 없는 환경 피해를 막기 위해 채식 위주 식단으로 바꾸어야 한다고 결론 내렸어. 평균적인 미국인이나 영국 시민은[30] 쇠고기는 90퍼센트, 유제품은 60퍼센트 줄여야 한대.

— 어떻게 그런 걸 일일이 따지면서 먹어?

— 저녁 식사 전에 동물성 제품을 안 먹으면 되지. 정확히 줄여야 하는 양만큼은 안 될 수도 있지만, 기억하기 쉽잖아.

— 실천하기도 쉽고?

— 정직성에 달렸다고 봐. 아침 점심에 주로 채식하는 정도는 별 거 아닌 척한다면 솔직하지 못한 거지. 역효과를 가져올 거야. 하지만 대부분의 사람들이 지난 5년간 제일 좋았던 식사, 문화적으로나 종교적으로나 맛있으면서 사교적인 즐거움도 가장 많이 선사한 식사가 뭐였는지 생각해 보면 전부 다 저녁 식사일걸.

그런 변화가 불가피하다는 것을 인정해야 해. 우리는 변화를 선택할 수 있어, 아니면 다른 변화에 강요당할 수밖에 없지. 대규모 이주를 하거나 질병을 앓거나 삶의 질이 크게 떨

어질 거야. 하지만 변화 없이는 미래도 없어. 어떤 변화가
더 좋은지 선택하는 사치를 부릴 시간이 없다고.

── 넌 어땠는데?

── 뭐가?

── 너한테는 쉬웠어?

── 이 책을 끝내면 유제품과 달걀을 끊기로 하고 시한을 정해
놓았어.

── 농담이지.

── 아니야.

── 아직까지는 못 했단 말이야?

── 아직은 시도해 보지 않았어.

── 그런데 어떻게 그런 설명을 한단 말이야?

── 내가 끝내 대꾸할 말을 찾지 못하는 유일한 반론은 이거야.
다 판타지라는 말. 과학적으로 들리는 판타지지. 윤리적인
판타지, 거부할 수 없는 판타지야. 하지만 어쨌든 판타지지
뭐. 대다수 사람들은 결국 제때 식습관을 바꾸지 못할 거야.
판타지에 매달리는 일은 실행할 수 있는 계획을 묵살하는
것만큼이나 위험해.

── 넌 거기에 어떻게 대응할 건데?

── 그들이 벌이는 논쟁의 산 증인이 된다면 아주 골치 아파지
겠지.

── 노력해 봐.

── 사실은, 난 희망이 없어.

— 좋아. 이제 어떻게 하면 판타지를 실행 가능한 계획으로 만들 수 있는지 말해 줘.

— 상상하기가 힘들어.

— 힘들어도 해 봐. 대충이라도.

— 만약 판타지가 현실이 된다면 뭐가 되었건 이유가 하나뿐이진 않을 거야. 현실로 만들려면 필요한 건 발명(예를 들자면 쇠고기 햄버거와 차이가 없는 채식 버거를 만들어 낸다던가), 입법(농업 보조금을 조정하고 축산업에 환경파괴의 책임을 묻는다던가), 아래에서 위로의 지지 운동(대학생들이 구내식당에서 저녁식사 전에는 동물성 제품을 제공하지 말도록 요구한다던가), 위에서 아래로의 지지 운동(유명 인사들이 우리의 식습관을 바꿔야만 지구를 구할 수 있다는 메시지를 퍼뜨린다던가), 또—

— 한 사람의 힘으로는 누구도 기후변화를 해결하지 못한다는 거야? 모두 함께 기후변화를 해결하는 거라고?

— 바로 그거야.

— 어떻게 할 수 있을지 보게 나를 좀 도와줘.

— 솔직히 난 안 보여.

— 넌 희망적이지 않구나.

— 난 현실적이야.

— 그리고 내가 벌써 알고 있다고 생각할지 모르지만, 왜 희망을 품지 않는 편이 더 현실적인지 다시 한번 말해 줄래?

— 농담이지?

— 말해 줘.

— 우리가 이미 일으킨 파괴 때문이지. 되돌려야만 하거나 되돌릴 수 없는 파괴 말이야. 1년이 채 안 되어 벌목꾼들이 런던의 다섯 배 넓이의 아마존 우림을 파괴했으니까.[31] 이 생태계를 재생하려면 4000년이 걸려. 75억 명이 가속페달에 체중을 싣고 있는 상황을 되돌리기가 너무 힘드니까. 미국의 이산화탄소 배출량이 2018년에 3.4퍼센트 증가했으니까.[32] 정확성에 기반을 두고 있다는 수학의 부정확성 때문에 -0.5도 차이가 모든 차이를 만들어 낼 수도 있거든. 개발도상국들도 기후변화에 가장 책임이 큰 선진국처럼 되고 싶어 하는 거야 당연한 욕망이니까. 날씨가 더워질수록 에어컨을 더 많이 쓸 테고, 온실 가스는 더 많이 배출될 테니까. 이외에도 수도 없이 많은 되먹임 순환들이 통제할 수 없는 기후변화를 일으킬 테니. 소들이 배출하는 메탄가스가 이전에 생각했던 것보다 적어도 11퍼센트 늘었다는 것을 2017년에 확인했고,[33] 2018년에는 전에 생각했던 것보다 40퍼센트 더 빨리 바다의 온도가 올라가고 있다는 것을 확인했으니까.[34] 기후변화에 영향을 받는 많은 사람들(그리고 기후변화의 공포를 가장 잘 증언할 수 있는 사람들)이 실태를 널리 알려서 우리 모두의 양심을 흔들어 놓을 방법이 없으니까. 문제 해결의 동기를 꺾는 이해관계가 문제 해결의 동기에 끌리는 이해관계보다 더 강력하고, 집요하고, 영리하니까. 향후 30년간 인구가 23억 명 늘고 전 세계

소득은 세 배가 될 테니까.[35] 훨씬 더 많은 사람들이 동물성 제품을 많이 먹을 수 있게 된다는 뜻이지. 전 지구적으로 서로 협력할 가능성이 없어 보이니까. 통제 불능의 기후변화를 피하기에는 이미 너무 늦은 듯하니까. 또—

— 알겠어.

— 인간 본성 때문이지. 나 같은 사람들, 관심을 기울여야 하고 행동에 나서야 하고 큰 변화를 일으켜야 하는 사람들이 미래의 큰 이익을 위해 작은 희생조차 할 수 없다는 것을 알았으니까.

— 이제 됐어.

— 난 시도조차 한 적이 없으니까.

— 모르겠어.

— 뭘 모르겠다고?

— 왜 우리가 아직도 얘기를 하고 있는 거지?

— 무슨 말이야?

— 넌 시도조차 한 적이 없다면서도 우리는 아직도 얘기를 하고 있잖아.

— 그래서?

— '삶에 지친 자가 영혼과 벌이는 논쟁' 기억나?

— 난 유서를 쓰고 있지 않아.

— 내 말이 그 말이야. 그리고 내 고집스러운 희망이 문제야.

— 난 네가 희망에 반대하는 줄 알았는데.

— 도둑맞은 희망에 반대하지.

── 희망만 있으면 뭐해, 행동에 나서야지.

── 나에게 희망을 주는 행동이 하나 있지.

── 동물성 식품을 포기하는 거?

── 아니.

── 무슨 말을 하는지 모르겠어.

── 그렇지 않아. 우리는 아직도 이야기를 하고 있잖아. 그러니까 넌 여전히 네가 무슨 말을 하고 있는지 안다고.

── 무슨 소리 하는 거야?

── 유서 이야기는 끝났어. 우린 아직도 헤엄치고 있어. 그러니까 아직은 애쓰고 있는 셈인 거야.

넌 지쳤니?

── 이 대화에? 응.

── 삶에는?

── 아니.

── 아직 삶에 지지치 않은 사람의 영혼과 논쟁하고 있네. 하지만 중대한 순간에 중대한 질문을 던지며 호소하는 상대가 영혼일까? 아니야, 틀렸어. 어떻게 살아야 할까? 누구를 사랑해야 할까? 목적은 뭐지? 질문을 던지는 것도, 질문에 대답하지 않는 것도 바로 영혼이야. 영혼이 '저기 멀리' 있지 않듯이 기후변화의 원인과 해결책도 멀리 있지 않아. 더 나쁜 것은 우리는 뭐가 중요한지를 두고도 크게 헛갈리고 있다는 거야.

── 어떻게 헛갈린다는 거야?

── 우리는 영혼에게 이렇게 묻지. "희망이 있다고 생각해?" 영혼은

우리에게 물어. "점심에 뭐 먹어?"

— 카르스키 씨.

— 그 사람이 왜?

— 카르스키 씨, 너처럼 완전히 솔직해져야 하는 사람에게 나처럼 얘기해야 했던 사람.

— 내가 카르스키라고?

— 난 네가 나한테 한 말을 믿을 수 없다고 말해야 해.

— 넌 지금까지 내가 너한테 거짓말을 했다고 생각하는 거야?

— 네 말이 거짓이라고 하지는 않았어. 너를 믿을 수 없다고 했을 뿐이지. 내 마음, 내 가슴은 네 말을 받아들일 수 없게 생겨 먹었어.

— 누가 그렇게 만들었는데?

— 미안해, 하지만 난 처리해야 할 급한 일이 있어.

— 카르스키 씨.

— …… 응?

— 너처럼 완전히 솔직해져야 하는 사람에게 나처럼 얘기하는 사람.

— 넌 내가 지금까지 너한테 거짓말했다고 생각해?

— 모르겠어.

— 뭘 몰라?

— 빙붕의 높이가 얼마나 되지?

— 60미터야.

— 그리 나쁘지 않네.

— 30미터.

── 모르겠어.

── 카르스키 씨.

── 응.

── 난 널 믿고 싶어.

── 규모가 문제인 거야? 비극의 규모가 너무 엄청나서 추상적인 느
  낌이 되어 버린다고? 내가 전에 한 얘기가 거짓말이라서.

── 네가 거짓말을 했다고는 안 했어.

── 영양 부족으로 죽어가는 아이들은 수천 명에 불과해. 이제 아이
  들을 구하기 위해 뭔가를 할 거야?

── 그건 문제가 아니야.

── 그럼 거리가 문제인가? 네가 겁먹지 않도록 이 문제를 아주 멀리
  떨어진 일처럼 보이게 만들었어. 하지만 대법원은 물속에 잠겨
  있게 될 거야.

── 거리는 문제가 아니야.

── 내가 차 밑에 깔려 있어.

── 뭐라고?

── 네가 차를 들어 올려 나를 빼내 주어야 해.

── 차가 어디 있다고.

── 왜 넌 내 생명을 구해 주지 않아?

── 구해야 할 상황이 아니니까.

── 그럼 왜 분명히 구해야 할 생명들을 구하지 않으려는 거야?

── 나도 차 밑에 깔려 있으니까.

── 카르스키 씨, 너처럼 완전히 솔직해져야 하는 사람에게 나처럼

이야기하는 사람.

── 왜? 이제 솔직함 따위를 누가 신경이나 쓴대?

── 카르스키 씨. 난 너에게 시간을 주었고, 네 말을 끝까지 들어 주고, 내 입장을 말해 주었어. 이제 넌 떠나야 해.

── 네가 나를 믿지 않는다는 거 알겠어. 나도 나 자신을 잘 믿지 못하겠어. 네가 나를 믿어 줄 필요는 없어.

── 가!

── 넌 행동해야 해.

── 다음에는 너를 이 방에 들어오지도 못하게 할 거야.

── 다음에?

── 다음에는 마음속으로 이 대화를 되돌려 볼 거야.

── 빙붕이 딱 네 문 아래까지 들이닥칠 수도 있어.

── 그렇게 높은 데까지?

── 왜 넌 아이가 없어, 카르스키 씨?

── 우리는 아이를 전혀 원하지 않았어.

── 왜 원하지 않았어?

── 그냥 이 상태가 행복했어.

── 너도 이 대화를 마음속으로 영원히 되새겨야 할 운명이라서?

── 왜 당신은 아이가 없지, 프랭크퍼터 판사님?

── 그게 너랑 무슨 상관이야?

── 왜 내 질문에 왜 그리 방어적이야?

── 메리언이 너무 힘들어했어. 그녀는 연약해. 감당 못했을 거야.

── 너를 믿을 수 없어.

── 내가 거짓말한다고 생각해?

── 네가 거짓말한다고 하지는 않았어. 너는 자신도 인정할 수 없지만 네 아이가 심판할지도 모른다 생각하니 아이를 낳을 수가 없었던 거야.

── 카르스키 씨.

── 너의 마음, 너의 심장.

── 맞아. 그것들은 네가 나에게 한 말을 받아들일 수 없도록 생겨 먹었어. 결함이 있어서가 아니야. 제 구실을 하기 때문이야. 네가 나한테 한 말을 받아들인다면 나는 미쳐 버릴 거야.

── 넌 행동할 거야.

── 어떤 행동도 부족하다는 사실을 알게 되겠지.

── 넌 세상이 지켜보는 가운데 물과 음식을 거부하고 서서히 죽어갈 수도 있었어.

── 그래봤자지, 뭐.

── 영향력 있는 인물들을 모아 전해야 할 말을 들려주고, 의회에 기후 잔학 행위에 대한 공식 조사를 개시하도록 촉구하고, 네 목소리를 이용해 긴급한 문제들을 공식적으로 제기할 수도 있어.

── 그래도 충분하지 않을 거야.

── 내가 떠난 후, 너는 다른 경우라면 선택했을 다른 점심을 먹을 수도 있어.

── 모르겠어.

—— 카르스키 씨.

—— 빙붕 높이에 대해서 거짓말했어.

—— 네가 거짓말한다고 하지는 않았어.

—— 하지만 거짓말을 했어.

—— 그럼 높이가 몇 미터인데?

—— 이만큼이야.

—— 이 방의 벽 높이라고?

—— 이 단어들이 인쇄된 페이지 길이랑 같아. 이 페이지가 벽이
야. 그 반대편.

—— 이해가 안 되는데.

—— 네 의무가 아무리 와닿지 않는다 해도, 너를 그것들과 갈라
놓은 얼음벽이 아무리 높고 두껍다 해도, 그것들은 바로 반
대편에 있어. 바로 저기. 바로 저기에.

—— 모르겠어.

—— 카르스키 씨.

—— 뭘 모르겠다는 거야!

—— 모르겠어.

—— 난 이제 가야겠다.

—— 카르스키 씨!

—— 벽이 녹고 있어. 난 처리해야 할 급한 문제가 있어.

—— 이것보다 더 급해?

—— 돌아가서 그들에게 여기에서 무슨 일이 있었는지 말해 주고 너를
구해 달라고 간청해야 해.

— 나를 구해 달라고?

— 그들은 더 많은 일을 해야 해. 더 많은 사람들이 더 빨리, 더 끔찍하게 죽어야 해. 그들은 자기 몫을 해야 해. 대답을 요구할 수밖에 없는 고통스러운 장면들을 보여 주어야 해.

— 계속 얘기해 봐.

— 그게 다 무슨 소용이야? 너의 마음, 너의 심장, 그것들은 내가 하는 말을 받아들일 수 없게 돼 먹었는데.

— 하지만 항상 만들어지고 있는 중이야.

— 걱정이야.

— 내가 바뀌지 않을까 봐?

— 그들이 너가 믿지 않는다는 사실을 믿지 않을까 봐 걱정돼.

5 ◗ 더 많은 삶

◗ 유한한 자원

어느 날 오후 할아버지가 일을 마치고 돌아오다 폴란드인 마을 외곽에서 친구와 마주쳤다. 친구는 모두가 살해당했고 도망쳐야 한다고 말했다. '모두'에는 할아버지의 아내와 어린 딸도 포함되어 있었다. 할아버지는 나치에 자수하고 싶어 했지만 친구가 할아버지의 행동을 완력으로 막아서 살려 냈다. 할아버지는 몇 년을 초인적인 지략을 발휘하여 독일인들을 피해 숨어서 도망 다니다가 할머니를 만나 루지(폴란드 중부에 있는 도시 – 옮긴이)로 옮기셨다. 그들은 그곳에서 살해당한 유대인들의 소유였던 빈 집에서 살았다.

몇 년 전까지만 해도 할아버지에 대해서는 지략이 좋은 분이었다는 얘기밖에는 듣지 못했다. 할아버지는 난민 수용소의 암시장을 운영했고, 통화, 귀금속, 위조문서를 거래하고, 신발 뒷굽을 파내 돈을 숨겼다. 1949년 할아버지는 현금 1만 달러가 든 짐 가방을 들고 미국행 배에 오르셨다. 오늘날로 치면 10만 달러가 넘는 금액이다.(할아버지를 받아 준 미국 친척들보다 할아버지가 돈이 더 많았다.) 영어도 거의 할 줄 모르고 미국 문화나 사업 방식도 전혀 모르는 상태에서 할아버지는 작은 식료품점을 여럿 사들여 운영하다가

팔아서 돈을 벌었다. 할아버지에 대해선 다들 이런 이야기뿐이었다. 듣다 보면 자부심이 느껴지는 한편으로 나는 왜 그런 머리가 없을까 싶어 좀 부끄럽기도 했다.

삼촌이 두 살, 어머니가 여섯 살이 되었을 무렵 할아버지가 가게 영업을 준비하러 아래층으로 내려가겠다고 말씀하시고는——가족은 주로 이 식료품점 위층에서 살았다.——에어컨 중 한 대에 목을 매셨다. 모든 위협이 사라지고 할아버지의 지략과, 어떤 곤경도 헤치고 살아남는 능력이 한계에 이른 듯한 때였다. 할아버지의 나이 마흔넷이었다.

10년 전, 다소 뜬금없는 사실들을 발견해 눈이 뜨인 후에 비로소 할아버지의 자살에 대해 알게 되었다. 더 일찍 진실을 알았더라도 사실이 바뀌지는 않았겠지만, 덕분에 침묵 속에 숨겨져 있던 우리 집안의 불필요한 수치와 죄악을 피할 수도 있었을 것이다.

어느 정도는 우리는 모두 우리가 모르는 것을 알고 있었다. 혹은 알면서도 믿지 않았다. 그런 식으로 알지 못했다.

어머니는 최근에 할아버지가 마지막으로 어머니를 껴안아 주신 기억이 난다고 말씀하셨다. "아버지가 나에게 계속 입 맞추면서 이디시어로 사랑한다고 말씀하셨지."

어머니는 할아버지가 병적으로 심한 우울증을 겪으셨지만, 실은 사업상의 모험이 실패하는 바람에 가족에게 막대한 빚을 지우게 돼서 자살하셨다고 믿는다. 아내와 자식들에게 먹고살 것을 충분히 남겨 주지 못하게 되었다는 수치심 때문에 그들에게 가장 소중한 것을 빼앗으셨다는 말이다.

할아버지에 대해 설명하면서 '지략'이라는 말을 여러 번 썼다. 할아버지에게 어울리는 다른 표현을 생각해 낼 수가 없다. '지략'이야말로 할아버지를 아주 완벽하게 정의해 주는 말인지도 모른다. 아니면 진실에 반하는 이런 표현으로 진실을 강하게 억누르고 피해 버리려는 것일지도 모른다. '지략'은 직관에 어긋나지만 가진 것이 거의 없이 살아남은 사람을 묘사하기에 적절한 말일지도 모른다.

미국은 혁신 및 소비와 연관된 '풍부한 자원'●으로 유명하다. 전 인류의 멸종을 상상하면서 전 지구적 위기를 묵시록적으로 설명하고 싶기도 하지만, 부유한 국가에서 다채로운 풍경을 누리고 고도의 기술을 이용하는 우리들 대부분은 기후 자살에서도 살아남을 것이다. 하지만 영원히 치유할 수 없는 피해로 고통받을 것이다. 케빈 하인스는 금문교에서 뛰어내리면서[1] 척추뼈가 두 군데 박살났다. 여기서 살아남는다 해도 대부분 골절과 장기 파열을 겪는다. 우리는 극단적인 기후가 펼쳐지는 땅으로 이주해야 하고, 해안

●　원문에는 할아버지와 미국 모두 'resourceful'로 묘사되어 있으나 전자의 경우 '지략이 뛰어난'이란 의미로, 후자는 '자원이 풍부한'이라는 의미로 각기 다르게 해석된다.

은 더 이상 살 데가 못 되고 경제는 박살날 것이다. 무력 분
쟁이 일어나고,[2] 식량 가격이 치솟고, 물은 배급 받고, 오염
과 관련된 질병들이 급증하고, 모기들이 창궐하고, 혹한으
로 죽는 사람보다 폭염 때문에 죽는 사람이 더 많아질 것이
다. 전례 없는 물자 부족에 직면할 테니 전례 없는 수준의
지략을 발휘해야 할 것이다.

기후변화에 대한 미국의 무관심을 일종의 자살로 본다
면, 우리의 자살은 그로 인해 죽게 될 사람들이 아마도 우리
가 아닐 거라는 사실 때문에 더 소름끼친다. 이미 기후변화
로 죽어가고 있는 사람들과, 기후변화로 미래에 죽게 될 인
구는 아이티나 짐바브웨, 피지, 스리랑카, 베트남, 인도, 방
글라데시처럼 최소한의 탄소발자국을 만들어 내는 지역에
살고 있다. 많은 이들이 기후변화로 죽었고, 앞으로 훨씬 더
많이 죽을 것이다. 지략이 아닌, 자원이 부족해서.

환경운동에서는 지금 이 순간 우리가 다리에서 뛰어
내릴 수도 있고 다리를 건널 수도 있다. 미래 세대를 위해
자원을 확보해 놓기에는 너무 늦었다거나 너무 어렵다는
두려움에 질려 두 손을 놓아 버릴 수도 있다. 우리는 그들
의—그리고 우리의—가장 귀중한 자원이다.

지구의 나이는 약 45억 년이다. 나는 이제 할아버지가
자살하셨던 나이에 가까워졌다. 삶과 죽음을 앞둔 선택에 직
면했다는 점에서는 우리 모두가 할아버지의 나이에 와 있다.

● 홍수와 방주

유대 문화에서 중요한 이야기 중 하나는 역사상 최대 규모의 집단 자살 사건이다. 서기 72년경, 로마제국 군대가 거대한 바위 절벽에 자리 잡은 마사다 요새에 있는 유대 공동체를 포위했다. 적어도 한 달 반 동안은 수적으로 훨씬 우세한 유대인들이 로마 공격군을 물리쳤다. 그러나 패전이 분명해지자, 유대인들은 포로가 되지 않으려고 자살했다. 유대 법에서는 자신의 생명을 빼앗는 것을 금했기 때문에, 마사다 시민들은 제비를 뽑아 서로를 차례대로 죽였는데, 결국 유대인이 딱 한 명 남게 되었다. 유일하게 유대의 법을 여겨야만 하는 사람이었다. 자살로 목숨을 끊어야 하는 단한 사람.

어릴 때 마사다에 가본 적이 있다. 집단 자살은 유대인 저항의 상징이 되었다. 굴복하는 대신 영웅적인 선택을 한 것이다. 하지만 그렇게 생각할 때조차 광신적이라는 느낌이 들었다. 왜 항복 협상을 하지 않았을까? 개종하는 척만 해도 되지 않았을까? 살아서 다음에 다시 싸울 수도 있지 않나? 아니면 적어도 살아서 목숨을 연장할 수 있지 않나?

마사다에서 집단 자살한 사건은 예컨대 2차 대전 때 바르샤바 게토의 유대인들, 미국에 갔던 얀 카르스키와 운명을 함께한 사람들의 이야기에서 빛나는 영웅주의하고는 거리가 멀었다. 마사다의 유대인들 못지않게 심각한 상황에서도 바르샤바 게토의 유대인들은 끝까지 싸웠다. 지하에 벙커와 터널을 파고, 지붕을 가로질러 통로를 만들고, 작은 무기고를 털어 조잡한 무기를 만들어 무장 항쟁을 시작했고 더는 싸울 수 없게 될 때까지 싸웠다.

바르샤바 게토에 대해 알려진 사실들은 대부분 역사가 에마누엘 링겔블룸이 발굴했는데 게토 유대인 팀이 비밀리에 수집한 증언, 유물, 문서들을 모은 링겔블룸 아카이브를 통해 알려졌다. 미래에 발견되도록 우유통에 넣어 묻은 문서가 3만 5000페이지가 넘었다. 그중 1942년 열아홉 살짜리가 쓴 문서에는 이렇게 적혀 있다.[3] "우리는 땅속에 묻혀 있기 때문에 전 세계에 대고 울부짖고 소리 지를 수가 없다. (……) 이 위대한 보물이 파내어져 전 세계에 진실을 외치는 순간을 꼭 보고 싶다. (……) 부디 이 보물이 선량한 이들의 손에 들어가기를, 더 나은 시절까지 살아남기를, 어떤 일이 일어났는지 세상에 알려 주기를……"

마사다에서 일어난 집단 자살은 플라비우스 요세푸스를 통해 알려졌다. 마사다의 유대 공동체에 대한 고고학적 증거가 아주 많은데, 요세푸스의 이야기가 역사적으로 정확하다고 믿을 만한 이유는 거의 없다. 마사다의 집단 자살 신화는 그들의 죽음을 계속 살아 있게 할 강력한 동기가 있었으므로 계속 살아남아 널리 퍼졌다. 그 나라를 파괴하고 싶어 하는 훨씬 더 큰 이웃 나라에 둘러싸인 작은 신생국으로서, 무슨 일이 있어도 굴복하지 않는다고 다른 이들이 믿게 만들 필요가 있다. 또한 자신들도 그렇게 믿을 필요가 있다.

⚡

세계 최대 규모로 다양한 곡물을 모아 놓은 스발바르 국제종자저장고는 노르웨이의 영구동토층을 파내고 해발 130미터 높이의 땅 속에 설치되었다.[4] 농업이 완전히 붕괴되면, 국제종자저장고가 식량 안보를 책임질 것이다.

이 종자저장고는 시간의 흐름, 혹독한 날씨, 인간의 공격을 다 견뎌 낼 수 있도록 지어졌다. 그러나 전 세계적으로 기록상 가장 더운 해였던 2017년, 비정상적으로 빙하가 녹고 비고 오면서 터널이 잠겼다. 저장고는 영하 18도로 유지되기 때문에 물이 얼어붙어 종자가 젖지는 않았다.[5] 지금 노르웨이는 약 1270만 달러를 들여 보호 시설을 강화할 계획이다. 그러나 이 일화는 '천재와 인재를 막론하고 어떤 도전도' 견뎌 내도록 설계된 구조조차 인간이 초래한 자연재해에는 버티지 못할 수도 있음을 입증했다.

'냉동 방주 프로젝트'라는 또 다른 시도는 '멸종 위기 동물들의 조직, 세포, DNA를 보존하고 이 조치를 장려하고자' 한다.[6] 이와 별개로 국립 모스크바 대학은 최근 러시아에서 역대 최대 규모의 과학 보조금을 받아 '노아의 방주'라고 이름 붙인 DNA 은행을 만들려고 한다. 이 은행은 궁극적으로 살아 있는 모든 유기체 종과 이미 사라진 종의 유전 물질을 수집 보관할 것이다.

마사다 이야기와 링겔블룸 아카이브는 우리가 이용할 수 있는 종자저장고이다. 제때 할머니의 마을로 되돌아가 유대인들에게 경고할 수 있다면 얼마나 좋을까, 하는 나의 공상도 마찬가지이다. "뭔가 해야 해요!" 프랭크퍼터에게 상황을 알리는 데에는 성공했으나 그를 움직이지 못했던 카르스키의 노력도 그렇다. 우리는 전례 없이 위협을 받는 와중에 도움을 찾아 역사를 뒤져 볼 수 있다. 또한 미래를 뒤져 볼 수도 있다. 앨 고어는 「불편한 진실」의 마지막 장면에서 이렇게 말했다. "미래 세대가 우리에게 '우리 부모님은 무슨 생각을 하고 계셨던 걸까? 왜 기회가 있었을 때 정신을 차리지 않으셨을까?'라고 물어볼지도 모릅니다. 우리는 지금 그들에게 이 질문을 들어야 합니다."

우리는 과거의 증언들을 찾아내고, 현재의 증언에 귀를 기울이고, 미래의 증언을 상상할 수 있다. 하지만 확신하기에는 부족하다. 우리는 개종할 필요가 있다.

⚡

　DNA 은행 프로젝트에서 언급한 노아는 아담이 죽은 후 이 세상에 처음으로 태어난 사람이다. 에덴의 생생한 기억과 직접 연관이 없는 첫째 사람이다. 인간이 자연사하는 세상으로 들어간 최초의 사람이고, 자신이 죽어야 한다는 것을 알고 있는 시대로 처음 들어간 사람이다.

　"노아는 자기 시대에 죄가 없는, 의로운 사람이었다." 라고 쓰여 있다.[7] 왜 그냥 의로운 사람이라고 하지 않고 "자기 시대에" 죄가 없는 의로운 사람이라고 했을까? 의로움과 죄는 맥락에 따라 달라진다. 1944년 6월 6일 노르망디에서 좋은 사람이라는 것이 2019년 식료품점에서 좋은 사람이라는 것과 같지 않다. 바르샤바 게토의 비극과 슈퍼 태풍 샌디에 맞닥뜨렸을 때 요구되는 행동은 서로 다르다. 두 세대 전에 죄 없이 먹는다는 것은 공장식 축산의 시대에 죄 짓지 않고 먹는다는 것과는 다르다. 상황에 따라 흥분한 상태에서 놀라운 힘이 솟아날 수 있듯이, 전례 없는 윤리적 반응을 일으킬 수도 있고 요구할 수도 있다. 우리가 무엇을 해야 하는가는 우리에게 어떤 일이 일어나고 있는가에 따라 달라져야 한다.

　노아를 일컬어 "땅의 사람"이라고 한다. 지구의 홍수에서 살아남아 지구를 다시 충만하게 했다니 역설적이면서도 딱 맞는 표현인 듯하다. 하느님이 노아에게 방주를 만들라고 지시한 후 홍수를 일으키기까지 약 100년의 시간이 있었다. 긴 시간 같아 보일지 모르지만 남자 한 사람이 아들들을 데리고(현대적인 도구도, 전기도, 홈데포도 없이) 200종의 동물들을 그렇게 빨리 구해 낼 수 있을 만큼 큰 구조물을 만들다니 놀라운 일이다.

하지만 100년 동안 믿음을 계속 유지하기란 불가능에 가깝다. 그 세월이 노아에게 어떻게 느껴졌을지 상상해 보라. 증명할 수 없을지도 모를 일에 가진 것(자신의 노동력, 자원, 목적)을 모두 쏟아 부으면서 미친 듯이 하루하루를 보낸다고 말이다. 시간이 흘러 갈수록 신의 명령은 저기 멀리서 들려오는 이야기로 느껴지고 필요한 신념을 유지하기는 점점 더 힘들어졌을 것이다. 끊임없는 내적 대화와 자기변명이 필요했을 것이다. 어느 미래에 민간인들이 전쟁 수행을 돕기 위해 100년간 전깃불을 끄는 데 동참할까?

그러나 노아는 우리보다 운이 좋았다. 우리에게 남은 방주를 건설할 시간은 100년에 훨씬 못 미친다. 어떻게 다른 사람들과, 우리 자신과 터놓고 변화에 대해 이야기해야 할지도 모르는데 10년 안에 의미 있는 변화를 만들어 내야 한다. 심지어 노아와 달리 우리는 믿음도 없이 해내야 한다. 위에서 떨어지는 명령 없이 스스로 행동하도록 동기를 불어 넣어야 할 뿐 아니라 어떤 방주를 만들지도 선택해야 한다. 우리의 방주는 화성을 식민지화할 우주선이 될 수도 있다. 식물이 다 멸종한 후 가동할 종자저장고가 될 수도 있고, 동물이 멸종하고 나서 운영할 DNA 은행일 수도 있다. 이렇게 하는 것은 집단 자살 행위일 수도 있다. 아니면 집단 행동의 파도타기일지도 모른다.

물이 다 빠지고 나서 하느님은 지구를 다시는 파괴하지 않겠다는 약속의 상징으로 무지개를 보여 주셨다. 이 행성이 우리의 유일한 집이 될 것이다. "내가 내 무지개를 구름 속에 두었나니 이것이 나와 세상 사이의 언약의 증거니라. 내가 구름으로 땅을 덮을 때에 무지개가 구름 속에 나타나면 내가 나와 너희 및 육체를 가진 모든 생물 사이의 내 언약을 기억하리니 다시는 물이 모든 육체를 멸하는 홍수가 되지 아니할지라. 무지개가 구름 사이에 있으리니 내가 보고 나 하나님과 모든 육체를 가진 땅의 모든 생물 사이의 영원한 언약을 기억하리라."

하느님은 기억하리라는 말을 두 번 쓴다. 전능한 존재가 자신의 가장 중요한 피조물을 멸하지 않겠다는 약속을 기억하기 위해서 도움이 필요하다니 이상한 일이다. 토라의 하느님은 잘 잊기 때문에 이집트 노예들의 신음이나 신의 언약의 상징처럼 기억을 상기시킬 만한 게 필요하다. 또한 하느님은 자신을 위해 기억을 상기시켜 줄 필요가 있음을 분명히 한다. 그러나 이건 침대 옆 메모지에 적어 놓는 것 같은 '나를 위한 메모'가 아니다. 신의 기억을 상기시키는 것은 극적이고 공적인 성격을 띤다. 문자 그대로 하늘에 쓰인다. 그래서 의도가 무엇이건 무지개는 노아가 기억하도록 도와주는 수단이다. 무지개는 인류를 위한 것이다. 우리는 하느님이 우리에게 하신 일, 우리를 위해 하신 일, 하느님이 하신 약속을 상기한다. 하지만 더 나아가 무지개는 우리에게 파괴의 가능성을 상기시키며, 이 가능성은 아주 중요한 것을 상기시킨다. 기억을 상기시킬 만한 것이 없어도 반드시 기억해야 할 만큼 중요하지만, 너무나 중요하기 때문에 다른 무엇보다 더 기억하게 해 줄 것이 필요하다. 바로 우리는 파괴당하기를 원치 않는다는 사실이다.

전 세계적으로 전쟁, 살인, 자연재해로 죽은 사람보다 자살로 죽는 사람이 더 많다.[8] 우리는 다른 사람에게 살해당할 확률보다 자기 자신을 죽일 확률이 더 높다. 그런 의미에서 다른 사람보다 자신을 더 두려워해야 마땅하다. 무지개는 일종의 밧줄이다. 물에 빠진 사람에게 던져 주는 생명줄이 될 수도 있지만 올가미가 될 수도 있다.

지구를 파괴할 존재는 우리뿐이다. 지구를 구할 존재도 우리뿐이다. 가장 절망적인 상황이 가장 희망적인 행동을 유발할 수 있지만 반대가 될 수도 있다. 우리는 지구의 모든 생명을 완전히 쓸어버릴 방법을 찾았기 때문에, 완전한 파멸이 닥치면 지구상의 생명을 다시 살려 낼 방법도 찾은 것이다. 우리가 홍수이고 방주이다.

◖ 그게 질문이다

2018년 4월 14일 아침, 민권 변호사 데이비드 버클이 내가 수천 번은 들락거렸던 브루클린의 프로스펙트 공원에 들어섰다. 나는 거기 살 때 자주 이 공원에 가서 개를 산책시키거나 아이들과 놀거나 생각을 정리했다. 새벽 5시 55분에 버클은 자신이 내리려는 결정을 설명하는 이메일을 언론매체에 보냈다. 그런 다음 자기 몸에 석유를 붓고 불을 붙였다.

그의 남편과 친구들에 따르면 그는 우울증을 앓고 있지 않았다. 그리고 이메일과 별개로 자신의 행동을 설명하는 메시지를 적어도 세 통을 보낼 만큼 정신도 말짱했다. 편지들 중 가장 짧은 것은 손으로 썼다. "저는 데이비드 버클입니다. 항의의 표시로 분신자살을 했습니다."

둘째로 긴 편지는 "경찰에게"라고 적힌 봉투에 들어 있었다.[9] 이 봉투는 시신 옆에 놓인 쇼핑 카트 속 쓰레기봉투에 들어 있었고 이렇게 적혀 있었다. "오염이 공기, 흙, 물, 기후를 통해 퍼져 나가면서 우리 행성을 살 수 없는 곳으로 망쳐 놓고 있다. 우리의 현재는 점점 더 절망적으로 변해 가고, 우리의 미래는 우리가 지금까지 일구어 온 것보다 더 많은 것이 필요하다."

버클은 진보가 단순한 환상이 아니라고 굳게 믿는 민권변호사였다. 게이와 트랜스젠더의 권리를 위해 노력한, 미국에서 인정받는 선구자였다. 버클이 성인이 되었을 때 동성결혼이 합법화됐는데, 여기에는 그의 노력도 한몫을 했다. 무관심과 체념이 만연할 때도 버클은 희망과 의욕을 잃지 않은 듯했다. 버클의 자살을 패배주의적 행동이라 하는 사람들은 그의 죽음이 명백히 항의였다는 사실을 무시하고 있다. 그리고 항의가 아닐 수도 있다고 볼 만한 증거도 없다. "삶에서 고결한 목적은 죽음에서도 고결한 목적을 불러온다." 버클이 유서에 남긴 말이다.

⚡

석 달 후 《뉴욕 타임스》에 「저주받은 세상에서 아이를 키운다는 것」이라는 논설이 실렸다.[10] 대여섯 명의 친구들이 나에게 그것을 보내 주었다. 나는 처음 읽었을 때에는 큰 감동을 받았다. 지은이는 「인류세에 죽는 법을 배우기」를 썼던 스크랜턴이었다. 스크랜턴은 아이가 태어났을 때 느낀 복잡하고 강렬한 감정들을 이렇게 설명했다. "나는 딸이 태어났을 때 두 번 울었다." 첫째는 기쁨의 눈물이고, 그다음은 슬픔의 눈물이었다. "내 파트너와 나는 우리의 이기심에서 우리 딸에게 디스토피아적인 별에서 살아야 할 불행한 운명을 주었다. 그런데 딸을 암울한 미래에서 지켜 줄 방법을 찾을 수가 없었다."

환경에 대한 대화에 나처럼 푹 빠진 사람이 또 있다니 고마웠다. 스크랜턴은 사려 깊을 뿐 아니라 열정적이고 지식이 많으며 글을 끝내주게 잘 쓴다. 그는 나 또한 부모로서 자주 느꼈던 것을 이야기했다. 나에게 그의 글을 보내 준 많은 사람이 모두 부모였던 것도 우연의 일치가 아니었다. 철학적 엄정함은 우리가 직면한 위기를 이해하는 데 꼭 필요한 덕목이지만 오늘날의 대화에서 찾기 어려운 경우가 많다. 스크랜턴은 해당 논설(그리고 다른 글에서도)에서 철학적 엄정함으로 무장하고 환경 위기를 다룬다. 데이비드 월리스 웰스가 『2050 거주불능 지구』에서 말했듯이,[11] "우리는 멸망의 가능성 앞에서 우리를 위로해 주거나 어떤 목적을 부여할 수 있는, 기후변화에 대한 의미 있는 종교를 발전시키지 못했다." 스크랜턴은 여기에서 그런 종교를 내놓지만, 문제는 멸망 앞에서 우리에게 목적을 부여하지는 못한다는 것이다. 그가 제시한 종교는 그냥 포기해 버린다. 글을 다시 읽자니 좌절감이 들다 못해 화가 났다. 읽으면 읽을수록 유서처럼 읽혔다.

스크랜턴은 "탄소 연료 소비 사회에서 살아가는 윤리"를 고려하면서 많은 이들이 더 책임감 있는 삶을 옹호한다고 지적한다. "지리학자 세스 와인스와 환경과학자 킴벌리 니컬러스가 작성한 2017년 보고서를 광범위하게 인용하자면, 탄소 배출을 줄이기 위해 누구나 할 수 있는 가장 효과적인 조치는 채식 위주로 먹고, 비행기 여행을 가급적 하지 않고, 차 없이 생활하며 아이를 적게 낳는 것이다."(그는 내가 앞서 인용한 보고서 「기후변화 완화 격차: 교육과 정부 권고는 가장 효율적인 개인의 행동을 놓치고 있다」를 언급한다.[12] 여기에서는 기후변화를 억제하기 위한 교육이나 권고 사항 대부분은 비교적 효과가 미미하다고 주장한다.) 그는 또 이렇게 말한다. "절약하고, 비행기를 덜 타고, 채식주의자가 되자는 권유 자체는 아무 문제가 없다. 다 좋은데, 문제는 이런 권유가 의존하는 사회적 모델이다. 우리들 개인이 소비를 선택함으로써 세계를 구할 수 있다는 생각 말이다. 우리는 세상을 구할 수 없다."

왜 구할 수 없단 말인가?

세계가 "내적·외적 동인들"을 가진 "복잡하고 재귀적인 역학 체계"이기 때문에 그렇단다.

이게 무슨 뜻인지 정확히는 모르겠지만, 세계가 아무리 복잡한들 사람들은 여전히 재활용을 하고, 항의를 하고, 투표를 하고, 쓰레기를 줍고, 윤리적인 브랜드를 지원하고, 헌혈을 하고, 위험에 처한 사람을 보면 도와주고, 인종차별적 발언에 이의를 제기하고, 구급차에 길을 비켜 준다. 이는 행동하는 사람 개인의 건강에 좋을 뿐 아니라 사회 건강을 유지하는 데도 필요하다. 남들도 그런 행동을 목격하고 따라하게 된다.

니컬러스 크리스태키스와 제임스 H. 파울러는 『행복은 전염된다』에서[13] 사회적 네트워크를 "일종의 인간 초유기체"라 부른다. 그들은 이렇게 말한다. "친구의 친구의 친구가 몸무게가 늘면 자신도 몸무게가 늘어난다는 사실을 발견했다. 친구의 친구의 친구가 금연을 하면 자신도 금연을 했다. 또한 친구의 친구의 친구가 행복해지면 자신도 행복해졌다." 비만이 유행병이라는 말은 흔히 하지만 전염성이라고 하지는 않는다. 그러나 크리스태키스와 파울러는—흡연 거부, 성적 비행, 성적 비행의 거부와 같이—비만이 하나의 유행임을 보여준다.

발견한 바와 같이 많은 네트워크 현상에서 나타나는 놀라운 규칙성에서[14] 무리 짓기는 영향력 법칙의 3단계를 따랐다. 보통 비만인은 친구, 친구의 친구, 친구의 친구의 친구가 비만일 확률이 무작위적으로 예측한 경우보다 높았다. 평균 체중인 사람은 이와 비슷하게 세 단계까지의 주변인들이 비만이 아닐 확률이 높았다. 세 단계를 넘어가면 무리 짓기 현상도 사라졌다. 사실 사람들은 체중 증가나 감소가 일종의 국지적 표준이 되는 네트워크 안에서 맞는 자리를 차지하는 것 같다.

건강 면에서 보면, 이 조사는 대부분의 미국인들이 따

르지 못하는 연방 식이 가이드라인보다는 개인의 행동이 훨씬 더 큰 영향력을 발휘한다는 사실을 보여준다. 구조가 중요하기는 하지만— 식품 사막, 보조금, 건강에 나쁜 매점들은 식단에 당연히 영향을 미친다.— 가장 전염성이 강한 표준은 바로 우리가 만들어 내는 것이다.

우리는 "내적 외적 요인들"과 더불어 우리의 "복잡하고 재귀적인 역학 체계" 안에서 무력하지 않다— 우리야말로 내적 요인이다. 그렇다, 강력한 시스템들이 있기는 하다.— 자본주의, 공장식 축산, 화석연료 산업복합체 같은 체제들도 중요한 역할을 한다. 어떤 동인 하나만으로 교통 체증을 유발할 수는 없다. 그러나 교통체증은 개별 운전자들 없이는 일어날 수 없다. 우리는 서로 교통하기 때문에 교통체증에 갇힌다. 우리가 살아가는 방식들, 우리가 취하거나 취하지 않는 행동들이 체계적인 문제를 일으킬 수도 있고 바꿀 수도 있다. 개인들이 제기한 소송이 보이스카우트를 바꾸었고, 개인들의 증언이 미투 운동을 불러일으켰으며, 일자리와 자유를 위한 워싱턴 행진에 참여한 개인들이[15] 1964년 민권법과 1965년 투표권법을 제정하는 데 길을 냈다. 파크스가 대중교통 인종차별 정책 폐지에 힘을 보탰듯이, 프레슬리가 소아마비를 예방하는 데 도움을 주었듯이.

스크랜턴은 이렇게 썼다. "우리는 물리 법칙을 어길 수 없듯이 삶의 방식을 마음대로 선택할 수 없다. 우리는 무에서 선택하는 것이 아니라 고를 수 있는 것 중에서 선택한다."

맞는 말이다. 우리의 선택에는 제한이 있고, 우리의 관습과, 가능성의 변수들을 설정하는 구조적 불의가 있다. 우리의 자유의지는 전능하지 않다. 원하는 대로 하고 살 수는 없다. 그러나 스크랜턴이 말했듯이 적어도 고를 수 있는 것 중에서는 마음대로 선택할 수 있다. 환경 면에서 양심적인 선택을 할 수도 있다. 메뉴판에 있는 채식 음식을 주문하거나 가게에서 채식 위주로 식품을 구입하는 데 물리 법칙을 깰 필요까지는 없다. 녹색 대통령을 선출할 필요조차 없다. 그리고 개인의 결정이 궁극의 힘이라는 것이 신자유주의의 신화일지 몰라도, 개인의 결정은 아무 힘도 낼 수 없다는 것은 패배주의자의 신화이다. 큰 행동이든 작은 행동이든 다 나름대로 힘이 있다. 전 지구적 재앙을 막아 보려는 노력에 대해, 두 가지 행동 중 하나를 포기해 버려야 하니까, 커다란 성취를 할 수 없으니까 아예 시도하지 말자고 주장한다면 비윤리적인 짓이다.

구조적인 변화가 필요하다는 말은 맞다. 화석연료에서 재생에너지로 전환해야 하며, 탄소세 같은 제도를 도입하고, 제품에 의무적으로 환경 영향 라벨을 붙이게 하고, 플라스틱 대체품을 내놓고, 차 없이 살 수 있는 도시를 건설해야 한다. 우리가 원하는 선택 쪽으로 나아가도록 우리를 밀어 주는 구조가 필요하다. 서구와 제3세계의 관계를 윤리적으로 다루어야 한다. 정치 혁명이 필요할 수도 있다. 이는 개인의 힘으로는 실현할 수 없는 변화가 따라야 할 것이다. 그러나 집단 혁명도 개인들이 이끌고 성공시키며 수천 명의 개인들로 인해 강화된다. 개인이 식습관을 바꾸겠다는 그야말로 개인적인 결정을 하지 않으면 환경 파괴를 억제하겠다는 목표를 달성할 길이 없다. 물론 한두 사람이 채식 위주의 식사를 하기로 했다고 해서 세상을 구할 수는 없다. 하지만 이런 결정이 누적되어 참여자가 수백만 명이 되면 가능한 것도 사실이다.

와인스와 니컬러스가 제안한 생활양식의 변화에 대해 스크랜턴은 다음과 같이 말한다.

그들의 권고를 염두에 둔다면 현대적인 삶과는 단절해야 한다. 고립된 은자가 되어 미래와 깊은 관계를 맺는 일은 다 포기해야 한다는 의미이다. 와인스와 니컬러스의 주장을 진지하게 받아들인다면 전 지구적인 기후변화에 대한 유일하게 도덕적인 반응은 자살뿐임을 인정해야 한다. 탄소발자국을 줄이기에 자살보다 더 효과적인 방법은 없다. 일단 죽으면 전기도 더 쓰지 않을 테고, 고기도 먹을 일이 없고, 석유를 태우지도 않고, 아이도 당연히 더 낳지 않게 된다. 정말로 지구를 구하고 싶다면 죽어야 한다.

이것은 극단적인 비약이다. 저녁에만 동물성 제품을 먹고 1년에 비행기 여행을 두 번 이하로 줄인다고 상상해 보라. 그렇게 할 수 있을지는 둘째 치고, 이 정도가 '고립된 은자의 삶'처럼 보이는가? 아니면 살짝 조절하는 정도로 보이는가? 지구의 건강을 지키기 위해 합당한 결정을 하려면 고삐 풀린 쾌락주의는 끊어야 한다. 하지만 우리 모두 '현대적인 삶'을 그렇게 정의하는가? 만약 그렇다면 '현대적인 삶'을 끊는 편이 도움이 될 것이다. 이런 결정, 이런 조절을 해야만 우리는 '미래와 깊은 관계'를 맺을 수 있다.

탄소발자국을 줄이려면 죽는 것보다 더 효과적인 방법은 없다는 말이 사실일지 몰라도, 이 말은 모든 이들의 탄소발자국이 개인적인 성격을 띤다는 뜻이다. 하지만 먹을거리를 몰래 사서 벽장 속에서 먹지 않는 한, 우리는 혼자 먹지는 않는다. 우리가 음식을 선택하는 행위는 사회적인 전염성이 있어서 항상 주변의 다른 사람들에게도 영향을 준다. 슈퍼마켓들은 어떤 품목이 팔리는지 기록하고, 식당들은 메뉴를 조정하고, 급식은 버려지는 음식이 무엇인지 주시한다. 우리는 '저 사람이 먹고 있는 것'을 주문한다. 우리는 가족, 공동체, 세대, 국가, 나아가 점점 더 하나의 지구라는 차원에서 먹는다. 소비에서 개인의 선택은 마비를 초래하긴커녕 새로운 것을 만들어 내는 "복잡하고 재귀적인 역학", 다시 말해 집단행동을 촉진할 수 있다. 자살 행위가 다른 이들

에게 영향을 미칠 수 있지만, 이는 최종적인 영향이다. 우리
가 먹는 음식이 영향을 주지 못하게 하고 싶어도 불가능할
것이다.

사실은 '우리가 무엇을 구하려 하는가'라는 질문이 훨
씬 더 중요하다. 스크랜턴은 이렇게 썼다. "정말로 지구를
구하고 싶다면 죽어야 한다." 하지만 우리가 구하고 싶은
것은 지구가 아니다. 지구에 있는 생명이다. 식물의 생명,
동물의 생명, 인간의 생명이다. 우리의 존재 자체가 불가피
한 폭력임을 받아들이는 것이야말로 이를 최소화하는 첫걸
음이다. 우리는 생존을 위해 자원을 소비해야만 한다. 이는
어떤 정치적 유토피아에서도 변치 않는 진실이다. 그러나
인간을 포함하여 수많은 종들이 자연과 조화를 이루어 살
아 왔다. 자살은 이러한 노력을 포기하는 것이다. 종들은 지
구가 생산할 수 있는 것보다 덜 먹고 생태계를 보살핌으로
써 조화를 이룬다. 우리에게 지구가 넷이 아니라 단 하나뿐
임을 알고 살아감으로써, 이 지구가 우리의 유일한 집이라
는 사실을 받아들임으로써 그렇게 한다.

스크랜턴은 이어서 버클의 자살을 언급하면서 그의
"자기희생은 최종 결말에 대한 개인 선택의 논리를 따르고
있다."고 말한다.

나는 버클을 비롯해 그가 누구든 어떤 방식이든 자살
은 용납할 수 없다. 하지만 버클이 자신의 탄소발자국을 막

으려고 자살한 것이 아니라는 점은 기억해 둘 필요가 있다. 그는 분명 베트남전쟁에 항의하기 위해 사람들 앞에서 분신한 승려의 전통을 따라 자신의 희생을 보여 주려 했던 것이다. 사람들의 의식에 깊은 인상을 남겨 행동을 촉구하려 한 것이다. 우리가 파괴되기를 원치 않는다는 사실을 일깨우려고 파괴 행위를 무기화했던 것이다.

우리 모두가 직면한 진짜 선택지는 무엇을 살지, 비행기를 탈지 말지, 아이를 낳을지 말지가 아니라 인간이라는 존재의 집단 생존이 환경의 은총에 달려 있는 세계, 이 망가진 세상에서 윤리적인 삶에 헌신할 것인가 여부이다.

윤리적 선택을 하지 않으면 윤리적인 삶이 무슨 의미가 있는가? 이런 선택들 중에는 무엇을 살지, 비행기를 탈지 말지, 아이를 낳을지 말지를 둘러싼 선택도 있다. 매일, 매 시간 내 손에 쥘 수 있는 것 이상을 갖지는 않겠다는 결정, 먹고 싶은 대로 먹지 않겠다는 결정, 우리 모두 남은 것을 공유할 수 있도록 한 개인의 한계를 정하겠다는 결정의 총합이 아니라면, 환경이 주는 은총이 대체 뭐란 말인가?

나는 미래의 재앙에서 내 딸을 보호할 수 없고 딸에게 더 나은 삶을 약속해 줄 수도 없다.[16] 내가 할 수 있는 것은 딸을 가르치는 일

뿐이다. 남을 돌보는 법, 친절하게 대하는 법, 자연이 베푸는 은총의 한계 안에서 살아가는 법을 가르치는 것이다. 딸은 필요한 것을 얻기 위해 싸워야 할 테니 강인하면서도 유연하고, 잘 적응하고, 신중해져야 한다. 또 누구도 홀로 살 수는 없으니 옳은 것을 위해 싸우도록 가르쳐야 한다. 모든 것이, 그애와 나와 아내를 비롯해 우리가 아는 모든 세계가 죽겠지만, 이 힘겨운 진실을 받아들임으로써 지혜를 얻을 수 있다고 가르쳐야 한다.

이것은 지혜의 시작이 아니다. 체념의 끝이다.

내 딸이 남을 돌보건 말건 누가 상관하겠는가? 딸의 손주들은 상관하지 않을 것이다. 친절하거나, 강하지만 유연하거나, 잘 적응하건 신중하건 간에 손주 아이들은 상관하지 않을 것이다. 그들은 할머니가 어떻게 살았는가에 관심을 쏟을 것이다. 미래는 우리의 감정에 달려 있지 않고 주로 감정을 극복하는 데 달려 있다.

우리 중 누구도 홀로 살 수 없다는 스크랜턴의 말은 맞다. 왜 딸이 다른 식으로 먹으면, 다른 사람들도 그렇게 하도록 설득하면 **그녀가, 그들이, 우리가** 지구를 구할 수 있다고 가르치지 않는가? 딸에게 "필요한 것을 얻기 위해 싸워야 한다."고 가르치는 대신 우리 모두가 필요한 것을 얻기 위해 싸우는 것은 어떤가? 고기를 덜 먹고, 비행기를 덜 타고, 차를 덜 몰고, 아이를 덜 낳기, 이런 선택들이 바로 싸움

이다. 싸움이 아니라면 오래전에 해냈을 것이다. 나는 아직
도 내 식단에서 유제품과 달걀을 완전히 끊지 못했다. 내가
다른 동물이라면 욕망이 의무감을 이겼을 것이다. 하지만
나는 인간이다. 인간이기에 의무가 시작된다.

나는 스크랜턴이나 딸을 만나본 적이 없지만, 그들이
내 가족에 대한 의무가 있듯이 나도 그들에 대한 의무가 있
다. 미국인들이 방글라데시인들에게 지켜야 할 의무가 있듯
이. 부유한 교외 거주자들이 도심의 열섬(도심의 기온이 도
시 외곽 지역보다 높아지는 현상─옮긴이) 지역과 신선한 식
품을 구하기 힘든 동네에 사는 사람들에게 다해야 할 의무
가 있듯이. 지금 살아 있는 사람들이 미래 세대에게 의무가
있듯이.

우리가 환경 위기를 적절히 개념화할 수 없다는 스크
랜턴의 말에 동의한다. 환경 위기로 우리가 죽을 수도 있음
을 인정하지 않으면 당연히 환경 위기에 경각심을 가질 수
도 없을 것이다. 환경 위기를 초래한 장본인이 우리이니, 이
는 우리가 자신을 죽일 능력이 있음을 인정해야 한다는 뜻이
기도 하다. 우리는 죽음이 아직 발생하지 않았을 때도, 죽음
을 잊기 쉬울 때도, 우리가 자살함으로써 다른 이들을 먼저
죽이게 될 때조차도 우리를 둘러싼 죽음을 의식해야 한다.

몇 달 전 한 남자가 자기 차 안에서 자살했다.[17] 내가 가르치는 곳에서 불과 몇 블록 떨어진 곳이었다. 온 도시에 통행인과 감시 카메라가 넘치는 공유와 관음의 시대에 그의 시신은 일주일 동안이나 차 안에 눈에 띄지 않고 방치되어 있었다. 근처 사무실의 부동산업자가 그의 차 앞에 오토바이를 주차했다. 그는 시체가 차 안에 있다거나, 혹은 오랫동안 그런 상태로 있었다는 사실을 믿을 수가 없었다. 교대 주차의 날에 딱지를 떼는 교통경찰들도 차 안에 운전자가 있으면 잘못된 차선에 차를 세웠어도 무시하고 지나칠 때가 많다. 아마도 많은 경찰이 시신을 보았겠지만 산 사람인 줄 알았을 것이다. 한 아이가 차 옆을 지나가다가 끔찍한 냄새가 난다고 불평하며 인도에 토했다. 아이의 어머니는 아무것도 눈치채지 못했다. 개를 데리고 지나가던 사람은 차 안의 사람을 보고 우버 운전사가 졸고 있나 보다고 생각했다. 시신은 계속 거기 있었는데 이 남자는 이틀 후에야 911에 전화를 걸었다.

기후변화에 대한 반응은 체념 아니면 저항, 딱 두 가지뿐이다. 죽음을 맞기로 결심할 수도 있고, 삶을 강조하기 위해 죽음이 다가온다는 사실을 이용할 수도 있다. '삶에 지친 자가 영혼과 벌인 논쟁'을 쓴 지은이가 어떤 선택을 했는지는 영영 알 수 없을 것이다. 우리가 어떤 선택을 할지도 아직은 알 수 없다.

버클의 타 버린 시신을 떠올리면 끔찍하다. 시체 곁을 몇 번이나 지나치면서도 그게 시체임을 몰랐다고 생각하면 훨씬 더 끔찍하다. 그보다 더 끔찍한 사실이 있다. 우리가 살아 있음을 알아차리지 못하는 것이다.

버클이 자살하고 나흘이 지나서, 조깅하다가 그의 시신을 발견한 사람이 실제이자 은유적인 달리기를 생각하며 짧고 아름다운 에세이를 썼다. 하지만 내가 가장 깊은 인상을 받은 것은 버클의 시신을 발견하기 직전 그날 아침 공원을 묘사한 글이었다. 그녀는 해외여행에서 막 돌아와 몸이 근질거리던 참이었다. "새들이 지저귀고 햇살이 빛났다. 나는 가로수가 늘어선 길을 따라 달리면서 집에 돌아왔고, 살아 있다는 느낌이 충만했다."[18]

모든 것이 자연의 계획에 따라 진행된다면, 버클의 딸, 스크랜턴의 딸, 내 아들들은 언젠가는 부모 없이 세상을 살아갈 것이다. 그들이 집에 있고, 살아 있다는 기쁨으로 충만하기를 바란다. 그렇게 되도록 그들의 부모가 판단력과 능력이 닿는 데까지 최선을 다해 나름대로 제 할 일을 다하기를 바란다. 말뿐이 아니라 실제 삶으로, 그들에게 죽음을 피해 달린다면서 죽음을 향해 달리는 것과, 삶을 향해 달리는 것이 어떻게 다른지를 가르치기 바란다.

◖ 우리 이후

나는 할머니의 침대 옆에 앉아 이 글을 타자로 작성하고 있다. 아무래도 이번이 아들들이 증조할머니를 보는 마지막 기회가 될 것 같아서 아이들도 함께 데리고 왔다. 맏이는 아래층에서 바르 미츠바 준비를 한다고는 했지만 노랫소리는 들리지 않는다. 둘째는 내 발치에 다리를 포개고 앉아서 금방이라도 빠질 듯이 흔들리는 이를 이리저리 돌리고 있다. 이는 며칠 동안이나 '빠지고 싶어' 하지만 어느 모로 보나 '안 빠지고 싶어 하는' 것 같다. 방이 너무 조용해서 이를 돌릴 때 이 뿌리 소리가 들릴 지경이다. 종이로 만든 조화 소리 같다. 밖에서는 나뭇잎이 거의 다 떨어졌다. 웃음소리 한 번이면 다 떨어질 것 같다. 아들이 아무 생각 없이 이를 흔들고 있을 때 조화 뿌리를 들고 땅 속에 묻힌 할머니 모습이 상상되었다.

이제 두 달이 지났다. 위에 쓴 글을 다시 보고 나서 아버지에게 이메일을 보내 할머니가 창밖으로 보시던 나무가 뭐냐고 여쭤보았다. 아버지가 대답해 주셨다. "멋진 단풍나무를 생각하는 모양이구나. 아쉽지만 그 나무는 죽었단다. 대신 심은 나무는 아마 플라타너스일 거다. 아직 작단다." 최초의 유서에는 이렇게 적혀 있다. "그러나 삶이 일시적인 상태일 뿐이라면, 나무들조차도 언젠가는 쓰러진다." 아들의 영구치가 벌써 뿌리에서 돋아났다.

⚡

호킹은 케임브리지 대학의 '의식에 관한 선언'의 서명 운동을 주도하면서[19] 우리가 먹는 동물들도 인간처럼 "의도적인 행동을 할 수 있는 능력을 지니고" 의식을 경험한다는 의견을 피력했다. 일반적으로 우리는 다른 인간들의 의식에 가치를 부여하기 때문에 그들을 인도적으로 대우한다. 또 많은 채식주의자들이 이런 이유로 동물을 먹지 않는다. 그리고 우리보다 더 강력한 외계인이 나타나면 마찬가지 이유로 우리를 인도적으로 다루어 달라고 할 것이다.

그러나 외계인이 의식으로는 충분치 않다고 생각한다면? 의식으로 뭘 할지 알고 싶어 한다면? 인간들에게 '의도적인 행동을 보여줄 능력'이 있다지만 우리는 이 능력을 어떻게 행사하는가? 고통을 느끼는 존재에게는 불필요한 고통을 가하지 않는 것이 최선이다. 하지만 생존을 위해서는 어쩔 수 없다고 주장한다면? 공장식 축산에 반대한다고 주장하기는 아주 쉽지만, 육식 자체를 반대한다고 주장하기는 쉽지 않았다.

⚡

둘째는 보통 잠들 때까지 침대 옆에 있어 달라고 한다. 가끔은 아이 옆에 앉아서 간밤에 함께 계시던 아버지가 어머니에게 계속 키스하고 사랑한다고 말하던 모습을 떠올린다. 여전히 그림이 걸려 있는데도 텅 빈 벽을 바라보듯이, 아직 잃어버리지 않은 것을 벌써 얼마나 그리워하는지를 생각한다.

아들의 숨소리가 무거워지기를 기다리며 글을 쓴다. 아이는 내가 타자를 치는 소리로 내가 아직 여기 있음을 알 수 있다. 나는 지금 아이의 침실 바닥에 앉아 있다. 알아차리기도 힘들 만큼 아주 조금씩, 아이는 곧 자기 잠옷이 맞지 않을 만큼, 내가 곧 필요 없어질 만큼 자라고 있다. 나는 내가 믿지 않으려는 것이 무엇인지 안다. 크든 작든 어떤 나라도 제국도 영원히 지속될 수는 없다.

우리가 '환경 위기'라고 말할 때마다 '환경 결정'이라고 말하는 셈이다. 우리가 사는 곳에 무엇을 키울지 결정해야 한다. 이로써 나중에 보상을 받거나 복수를 당할 것이다. 둘 중 하나다. 우리의 결정은 물론 미래 세대가 우리를 어떻게 평가할지를 결정하고, 혹은 그들이 존재하며 우리를 평가라도 하게 될지를 또한 결정할 것이다.

우리는 승자의 관점에서 2차 대전이 한창이던 때 민간인들의 행동을 바라본다. 이기려면 생명과 풍경, 문화를 유린할 수밖에 없었다. 불 꺼진 집들을 돌아보며 감탄할 수도 있지만, 그보다는 이런 생각을 할 공산이 크다. **저 사람들은 최소한 저 정도는 할 수 있었어.**

사람들이 국내 전선에서 협력하기를 거부하여 전쟁에서 졌다면? 이로 인해 엄청난 대가를 치른 정도가 아니라 죄다 잃고 말았다면? 8000만이 아니라 2억, 아니 그 이상이 희생되었다면? 유럽이 점령되는 정도가 아니라 전 세계가 정복당했다면? 홀로코스트가 아니라 아예 절멸이었다면? 살아남은 자들이 있다면 이전 세대가 무엇을 희생하지 않으려 했는지 돌아보며 이 또한 전쟁 자체와 맞먹는 잔학 행위라고 생각할 것이다.

인류는 전체 역사를 통틀어 다른 인간들을 몇 번이나 절멸 직전까지 내몰았다. 이제 종 전체가 대량 자살로 자신을 위협하고 있다. 누가 우리에게 강요해서가 아니다. 우리가 몰라서도 아니다. 그리고 대안이 없어서도 아니다.

우리는 죽음을 선택하는 쪽이 삶을 선택하는 쪽보다 더 편하다는 이유로 자신을 죽이고 있다. 지금 자살하는 사람들이 자살로 죽은 최초의 사람들은 아니니까. 언젠가, 어디에선가 틀림없이 어떤 천재가 우리 세계를 바꿀 기적 같은 기술을 발명해 우리가 생활을 바꾸지 않아도 될 테니까.

단기 쾌락이 장기 생존보다 더 유혹적이니까. 다른 누가 하기 전까지는 아무도 스스로 행동에 나설 수 있는 능력을 발휘하고 싶지 않으니까. 이웃들이 하기 전까지는. 에너지 회사와 자동차 회사들이 하기 전까지는. 연방 정부가 하기 전까지는. 중국, 오스트레일리아, 인도, 브라질, 영국, 그리고 전 세계가 하기 전까지는. 매일 죽음을 지나치면서도 의식하지 못하니까. 뭔가 해야 한다고 서로에게 말한다. 마치 이 말을 되풀이하기만 하면 충분할 것처럼. 뭔가 해야 한다고 자신에게 말하고는 오지도 않을 지시를 기다린다. 우리가 우리 자신의 종말을 선택하고 있다는 것을 안다. 단지 믿을 수 없을 뿐이다.

숨을 들이쉴 때마다 카이사르가 마지막으로 내쉬었던 숨의 분자를 들이마신다. 그리고 소저너 트루스와 존 윌크스 부스, 한나 아렌트와 헨리 포드, 마호메트, 예수, 부처, 공자, 루스벨트, 처칠, 스탈린, 히틀러, 엔리코 페르미, 제프리 다머, 레오나르도 다 빈치, 에밀리 디킨슨, 텔로니어스 멍크, 클레오파트라, 코페르니쿠스, 니나 시몬, 토머스 에디슨의 숨결도. 모든 영웅과 악한, 창조자와 파괴자의 숨결을.

하지만 그렇게 내뿜은 분자들 대부분은 우리 같은 사람들, 평범한 시민들한테서 나온 것이다. 나는 지금 막 이모할머니의 말을 들이마셨다. "떠나다니 언니는 운이 참 좋네." 그리고 떠나기 전에 자기 어머니와 함께 나누었던 할머니의 침묵도. 그리고 마지막 날 밤 이디시어로 우리 어머니에게 사랑한다고 했던 할아버지의 말도. 프랑크퍼터의 말도. "내 마음, 내 가슴은 이런 이야기를 받아들일 수 없게 생겨 먹었단 말이오." 우리가 존재하기 전에 우리 행성에 살았던 수천억 명이 넘는 사람들도.[20] 숨을 한 번 들이마실 때마다 우리는 우리에게 주어진 것들을 받을 가치가 있는 존재인지 자신에게 물을지도 모른다.

우리는 전 지구적 위기에 대처하기 위해 일어나든가 일어나지 않든가 해야 한다. 둘 중 하나다. 파도에 올라타든가, 빠져죽을 것이다. 우리의 불가지론을 극복하고, 해야 한다고 알고 있는 대로 행동하지 않으면, 후손들이 우리를 어떻게 판단하겠는가? 우리가 불을 끌 마음이 없었기 때문에 전쟁터를 물려주었다는 사실에 그들은 뭐라 말할 것인가?

십 대 때 할머니는 나치를 피해 도망치면서 자기 자신만 구한 것이 아니었다. 우리 어머니, 내 형제들, 나, 내 자식들, 내 조카들, 그리고 우리 뒤에 올 모든 사람을 구하셨다. 생명은 항상 추상적인 의미에서가 아니라, 특정한 의미에서 필요불가결하다.

어떤 사람들은 뿔뿔이 흩어져 취약한 상태로나마 기후 변화로 인한 재앙에도 불구하고 살아남을 것이다. 그러나 지질학적 기록에 남은 모든 대량 멸종이 보여주듯이, 한 차례 멸종에서 살아남은 종이라 해도 거의 확실히 다음번 멸종 때는 죽을 것이다. 인구와 자원이 너무 줄어들어 두 번째 멸종에는 살아남기 어렵다.

인간들이 지구 온난화의 위협에도 살아남는다 해도, 이어서 큰 홍수가 일어나면 이 행성에서의 우리의 짧은 치세도 끝나 버릴 것이 거의 확실하다. 치명적인 바이러스, 가뭄, 빙하기, 화산 폭발, 무엇이든 닥칠 수 있다. 어쩌면 자원 부족이 최후의 전쟁을 일으킬지도 모른다.

처음엔 모를지라도 언젠가는 죽음을 올바로 이해할 것이다.

그때는 우리 행성이 남은 시간 동안 이해할 수 없는 우주에서 이해할 수 없는 바윗덩이들 사이에서 이해할 수 없는 바위 주위를 이해할 수 없이 돌게 될 것이다. 말을 배우고, 씨를 뿌리고, 정글짐 사이의 공간을 재고, 흔들리는 이를 비틀고, 베갯잇으로 만든 자루를 들고 핼러윈에 사탕을 얻으러 다니고, 석고 부목 밑에 연필을 밀어 넣고, 마분지를 오려 실크해트와 턱수염을 만들고, 학을 접고, 깃발을 꽂고, 포커 게임을 하고, 셀카를 공유하고, 질투심과 싸우고, 멀리 떨어진 마을에 전기를 공급하기 위해 철탑을 세우고, 쓸데없이 아름다운 다리를 만들려고 철탑을 세우고, 바람이 멈추면 요트의 노를 젓고, 마스트 중간에 깃발을 낮게 걸고, 지도를 다시 접느라 씨름을 하고, 약혼반지의 치수를 재고, 아주 먼 과거를 보려고 천체망원경을 설치하고, 탯줄을 자르고, 분할 상환을 하고, 우윳병이 뜨거운지 손목에 대 보고, 지붕널을 갈고, 앰뷸런스에 길을 터주고, 허리케인 속을 질주하고, 의지를 다지고, 어린 시절의 집을 잘못 기억하고, 암 치료를 선택하고, 부적절한 추도문을 구기고, 남을 속이려고 시계를 몇 분 빨리 맞추어 놓고, 전등을 끄고…… 이 모든 일을 비롯해 인간의 의식으로 했던 짧은 실험들은 영원히 기억되지 않을 것이다.

아니면 우리 이후에도 생명이 남아 있을지도 모른다. 그리고 우리 집의 다음 거주자들이 우리가 사라진 지 그리 오래지 않아 도착하여 우리가 머물렀던 동안 사용한 유물을 발견할지도 모른다. 석조건물의 파편들, 플라스틱 조각, 어디에나 퍼져 있는 실리콘. 그들은 우리의 유물을 박물관에 진열하고 우리의 의도와 함께 우리가 어떤 존재였을지 추측한 글을 함께 둘지도 모른다.

그들은 둘 정도 규모의 집단을 선호했다. 배가 고프지 않아도 음식을 먹고, 생식 목적이 아니라도 성적인 활동을 하고, 불필요한 소유물과 지식을 손에 넣었다. 그들은 수화(水和) 작용과 중력에 맞서 싸웠다. 사용할수록 사라지는 글쓰기 도구로 경험을 기록했다. 머리카락 색은 보통 바꾸었지만 눈 색은 바꾸지 못했다. 찬성 표시로 손을 함께 들었고, 믿지 않는 자들조차 발을 감추었다(예수가 제자들의 발을 씻어 주려 했을 때 베드로는 발을 내밀지 않으려고 했다—옮긴이). 무거운 물건을 들어 올리고, 치아를 재배치했다. 살아 있는 자들은 죽은 자들과 거리를 두었지만, 죽은 자들은 서로 붙어 있었다. 독특한 이름은 거의 없지만 이름이 있었다. 엄청나게 많은 언어와 측량 체계가 있었지만, 보편적인 언어나 측량 체계는 없었다. 모르는 이들에게 자기 등을 만져 달라고 돈을 냈다. 의자, 무력한 것들, 사생활과 노출(하지만 중간이 없다), 빛을 반사하는 광물, 직사각형 유리 조각, 조직화된 폭력에 끌렸다. 각 집단은 구성원들을 뽑아 숭배했다. 어둠 속에서도 의식을 유지하려 애썼다. 강화 철판은 없었다. 보고 싶지 않은 것의 존재를 확인하기 위해 거울을 찾았다. 시야가 심하게 제한돼 있었다. 해마다 자신의 사망일을 인정하지 않고 보냈고, 탄생을 축하하기 위해 고무주머니에 뜨거운 숨을 불어넣었다. 요구가 욕망보다 더 컸고 욕망이 수단보다 더 컸다. 자기들의 종을 구하기 위해 아무 일도 하지 않는 데 모두가 동참했다. 그들은 모두 아기로 삶을 시작했고, 이 행성의 역사에 비하면 전체적으로 보기 드물게 젊었다.

◗ 삶을 위한 글

사랑하는 아들들에게

지난 몇 달 동안 할머니와 시간을 아주 많이 보냈더니 이 책을 쓰면서도 할머니 생각이 자꾸 나는구나. 이 책의 주제가 생존, 세대 간의 책임, 끝과 시작이라는 것을 생각하면 그럴 만도 하지. 하지만 그럴 만한지 따져보는 일도 그만두었단다. 최초의 유서에는 후렴처럼 되풀이되는 말이 있어. **"오늘 내가 누구한테 말하고 있나?"** 마치 이에 대한 답이 논쟁을 해결해 주기라도 할 것처럼 지은이가 자신과 논쟁을 벌이는 사이사이에 던지는 질문이지. 이 글은 유서 같은 것은 아니란다. 오히려 반대야. 하지만 나 역시 '내가 누구에게 말하고 있는가.'라는 질문과 씨름해 왔단다. 모르는 사람들에게 뭔가를 하도록 설득하고 싶다는 생각으로 이 책을 쓰기 시작했지. 계속해서 그렇게 되기를 바라면서 끝까지 와서 보니 결국 내가 이야기하고 싶었던 상대는 너희들이었구나.

오늘 아침 내 할머니를 뵈러 워싱턴D. C.로 가는 기차를 타려고 하다가 주말까지 기다리기로 했단다. 너희들을 데려가려고 말이야. 너희를 학교에 데려다주고 와서 얼마안 되어 어머니가 전화해서 할머니가 방금 막 돌아가셨다고 하더구나. 펜 역으로 곧장 달려가 암트랙을 타고 가는 내내 잠을 자다가 점심때쯤 도착했지.

아빠는 지금 할머니 침실에 있단다. 장의사 사람들이 할머니의 시신을 나르러 오려면 두어 시간은 더 있어야 해. 아빠는 할머니 침대 옆에 앉아 있어. 줄리언과 제러미가 잠시 있다 갔어. 주디도. 너희 할머니와 할아버지도 왔다 가셨지. 하지만 지금은 나뿐이야.

할머니가 숨을 쉴 때마다 오르내리는 가슴을 덮고 있던 시트가 보이지 않는 것이 제일 낯설어. 이 방에 여전히 예전과 다름없이 할머니의 생명이 가득한 것처럼 느껴지는구나. 할머니의 심장 박동을 뛰게 하는 것이 꼭 할머니의 심장이어야 한다는 법은 없지. 우리의 폐는 모든 이들의 모든 숨결로 가득하니까.

너희 증조할아버지는 유럽에서 미국으로 이민 와서 몇 년 후 스스로 목숨을 끊으셨단다. 너희들도 알고 있는지 아빠는 잘 모르겠구나. 아니면 너희가 안다는 것을 아는지 잘 모르겠다. 그런 얘기는 절대 입에 올리지 않으니까. 할아버지는 홀로코스트에서 살아남았지만 할아버지가 살아남았다는 사실에서 살아남지는 못하셨지. 할아버지는 아빠가 태어나기 23년 전에 돌아가셨어. 최근까지도 아빠가 할아버지에 대해 아는 것이라고는 할머니한테서 들은 몇 가지 이야기 부스러기뿐이었단다. 대부분은 할아버지가 얼마나 영리하고 지략 있는 분인가를 전하는 이야기였어. 아빠는 서른이 넘어서야 할아버지가 자살하셨다는 것을 알았단다. 스스로 사실을 알아내야 했어. 지난 몇 년 동안 너희 할머니는 그 일에 대해 많은 이야기를 해 주셨지. 최근에 할아버지가 돌아가실 때 호주머니 속에 있었던 종잇조각 몇 개를 보여 주셨단다. 유서 조각이었어. 유서는 이렇게 시작되었어. "나의 에텔은 이 세상 최고의 아내요."

유서의 첫 문장이 밸런타인 카드에 적는 글의 첫 줄 같다니 이상하지 않니? 작가 알베르 카뮈는 이렇게 썼지. "살아야 할 이유라고들 하는 것은 한편으로는 죽어야 할 훌륭한 이유이기도 하다." 너희 증조할아버지는 가족을 끔찍이도 아끼셨어. 슬픔과 기쁨은 서로 반대되는 것이 아니야. 반대말은 무관심이란다.

언젠가는 할머니가 아빠한테 보여 주신 유서를 너희들에게도 보여 주마. 조각난 유서는 통일된 한 편의 글이 아니고 누구에게 보내는 것도 아니고 설명도 아니었어. 나야 그 조각들을 유서라고 부르지만, 너희는 그런 편지를 뭐라고 부를까?

⚡

할아버지가 목숨을 끊은 지 15년이 지나서 암스트롱이 달에 착륙했지. 어머니는 할머니랑 함께 텔레비전으로 그 장면을 보셨어. 너희들은 보지 못했는데, 아쉽지 않니? 너희가 보지 못한 과거의 모든 것이나, 너희가 살아서 보지 못할 미래의 모든 것을 생각해 본 적 있니? 나는 내가 더는 살아 있지 않을 때 너희가 이 글을 읽는 상상을 해 보았단다.

암스트롱이 임무 수행을 준비하고 있을 동안[21] 대통령의 연설문 작성자는 우주인들이 달에서 좌초할 경우 할 말을 준비했어. 「달에서 재앙이 일어난다면」이라는 제목의 대통령의 연설문은 이렇게 시작된단다.[22]

달을 평화로이 탐사하러 간 사람들에게 평화로이 달에 남아 안식을 취하라 운명이 명하였습니다. 이 용감한 사람들, 닐 암스트롱과 에드윈 올드린은 회복될 희망이 없음을 알고 있습니다. 그러나 자신들이 희생함으로써 인류를 위한 희망이 살아난다는 것을 알고 있습니다. 이 두 사람은 인류의 가장 고귀한 목표에 그들의 생명을 버리기로 했습니다. 진실과 이해를 위한 탐색……

너희들이 생각하기에 지구에서 끝까지 산 사람과 달에 좌초한 우주인은 어떻게 다를까? 둘 다 좌초했다고 말할 수도 있겠지. 그리고 살아 있는 사람은 누구나 죽어야 하니 누구든 '회복할 희망이 없'지. 누구나 다 죽기 때문에 미래 세대 또한 살 기회를 가질 수 있음을 생각하면, 지구에 있는 사람들도 '자신들이 희생함으로써 인류를 위한 희망'이 살아난다고 말할 수 있을 거야. 하지만 정말로 그렇게 말하려면 우리 삶에서 좋은 일을 하고 세계를 파괴하기보다는 만드는 데 기여해야겠지. 우리 죽음과 우주인들의 죽음에 다른 점이 있다면 지금부터 우리가 죽을 때까지 편히 있을 곳은 지구뿐이라는 사실이야.

어머니와 할머니는 달 착륙을 지켜보면서 암스트롱이 했던, 아마도 인류 역사상 가장 유명한 한 마디를 들으셨지. "사람에게는(man) 작은 한 걸음이지만, 인류 전체에게는 위대한 도약입니다." 사실 그는 이렇게 말하려던 거였어. "한 사람(a man)에게는 작은 한 걸음." 하지만 순간 흥분해서 한 글자를 잊은 거지. 소문자 에이(a)는 알파벳에서 가장 작은 글자야. 홀로 쓸 수 있고, 그 자체로 한 단어가 되는 문자는 아이(I)하고 에이(a)뿐이야. 어쩌면 암스트롱은 자기가 홀로 있지 않다는 사실을, 홀로 있는 한 단어가 아니라는 것을 알고 있었기 때문에 에이(a)를 자기도 모르게 빼먹었는지도 몰라.

그는 개인의 한 걸음을 말할 생각이었지만 에이(a)가 없어서 인류의 작은 한 걸음이 되었지. "인류를 위한 작은 한 걸음, 인류를 위한 큰 도약."

세계를 파괴하기보다 창조하는 데 기여하려면 개인은 전체를 위해 행동해야 해. 이런 개인이 한 걸음 한 걸음을 뗄 때 인류가 도약하는 거란다.

"달에서 재앙이 일어난다면(달 착륙이 실패할 경우 대통령이 읽으려고 준비한 연설문의 서두─옮긴이)" 이 연설문은 내가 첫 소설을 쓰느라 매일 가던 뉴욕 공립도서관에 있었단다. 휴식 시간에 연설문을 보면서 뭔지는 모르겠지만 그것이 내게 뭔가를 보여 주고 있음을 깨달았지.

그로부터 5년이 지나 나는 곧 아버지가 될 참이었어. 식료품점에 갔다가 유통기한이 사샤의 출산 예정일로부터 일주일 후에 끝나는 우유를 보고 처음으로 아이가 곧 태어난다는 사실이 **실감이 났어**. 초음파 사진을 보고 아이가 엄마 배 속에서 움직인다는 것을 느끼고 그렇게 자라는 모습을 죽 보았으니 사샤가 태어나리라는 것을 알고 있는데도 아이의 탄생이 처음 겪어보는 일이고 너무나 엄청나서 감이 잡히지가 않았던 거야. 하지만 유통기한이 지난 우유에 어떤 일이 생기는지는 숱하게 겪어 보았지.

낯선 것(달에 좌초하는 사건처럼 일어날 법하지 않은 일에 대한 공포)이 친숙한 것(지구에서 살게 된 있을 법하지 않은 행운)으로 가는 나의 다리였듯이, 친숙한 것이 낯선 것으로 건너가는 다리였단다. 닉슨이 하지 않은 연설을 보니 진짜로 어떤 일이 일어났는지를 한층 더 깊이 느낄 수 있었고. 갑자기 우리가 인간을 달에 보냈고 또 집으로 데려왔다는 사실이 기적같이 느껴졌지 뭐냐. 성공한 이야기만 하도 여러 번 들어서, 상황이 달랐을 수도 있었지만 이런 사실을 입 밖에 내어 말하기 전까지는 머리에 떠오르지도 않았어. 그래서 쉬는 동안에도 자꾸만 하지 않은 연설이 생각났단다. 그 얘기를 일어나지 않은 일에 대해 깊이 생각해 보라고 들려주곤 하지만, 우리에게 일어났던 일을 깊이 생각해 보라고 들려주기도 한단다.

우리가 지금 '파국적인 기후변화가 닥친다면'을 읽어 볼 수 있다면, 앞으로 수세대 후에 과거의 증언을 읽어 볼 수 있다면, 카르스키와 비슷한 인물과 만나 공포로 숨이 막힐 환경에 관한 소식을 들을 수 있다면, 후손들이 보낸 병에 든 메시지를 바다에서 주울 수 있다면, 호주머니 속에서 우리 자신의 유서 쪽지를 찾아낼 수 있다면, 이런 증거들이 낯선 것을 친숙한 것과 이어주는 다리가 되어 줄까? 우리가 그것을 믿을까?

내가 너희 나이였을 때 나는 찾아내고 싶지 않은 것을 찾기를 기대하며 부모님 옷장을 뒤지곤 했단다. 콘돔이나 마리화나, 포르노라도 말이다. 너희 조부모님은 내 생각보다 더 깐깐한 분들이었거나, 아니면 숨기는 데 능한 분들이었어. 찾아내리란 생각은 꿈에도 하지 못한 것이 봉투에 담겨 검은 양말과 스쿼시 공과 함께 아버지 옷장 서랍 뒤편에 처박혀 있었단다. 겉봉에는 이렇게 적혀 있었어. **"우리 가족을 위하여."**

들킬까 봐 감히 열어 보지는 못했단다. 하지만 굳이 열어 볼 필요도 없을 것 같았어. 여전히 거기 있단다. 가끔 한 번씩 확인해 보지.(진짜로 조금 전에도 확인해 봤어.) 아버지가 가끔 수정하신다는 걸 알 수 있어. "우리 가족을 위하여."의 글자 크기와 색이 바뀌어 있거든. 봉투에 콘돔이나 마리화나, 포르노, 아니면 "내 것 좀 그만 뒤져 봐!"라고 적힌 쪽지가 들어 있을 가능성을 배제할 수는 없지. 하지만 무엇이 들어 있을지 늘 확신할 수 있었단다. 먼저 아버지가 가족을 얼마나 사랑했는지를 간결하게 두어 줄로 설명했겠지. 그다음에는 부동산 업자들, 보험증권, 은행계좌, 묘지 구상, 장기 기증 등을 잘 정리한 정보가 나올 거야. 아버지는 그런 분이거든. 아빠는 한때 그것 때문에 미치도록 괴로웠어. 왜 아버지는 좀 더 감정에 충실하지 못할까, 왜 자신을 표현하지 못할까? 삶은 유한한데 어디까지 야성을 억눌러야 하는 걸까?

하지만 어른이 되어 너희를 낳고 이제는 아버지를 다른 식으로 이해하게 되었어. 아버지는 세금을 덜 냈을까 봐 걱정이 된다면 회계사의 조언에 따르실 거야. 평생을 하루에 두 번 붉은 고기를 드셨지만 당신 부모님이 심장마비로 돌아가신 후에는 사실상 채식주의자가 되셨지. 아버지는 편집자에게 출간되지 않은 편지를 100통은 쓰셨을 거야.

편집자에게 보낸 발표되지 않은 편지들은 누구에게 그런 이야기를 들려주고 있는 걸까?

아버지의 옷장에 있는 그런 편지를 뭐라고 부를까?

암스트롱이 달에 착륙하여 "인류에게는 작은 한 걸음"이라고 말한 지 43년이 지나 트레버 패글렌이라는 예술가가 우주로 사진 100장을 보냈단다. 사진들은 '초강력 보관용 디스크'에 새겨서 도금한 케이스에 넣었지. 그는 '적어도 태양이 존재할 동안' 남아 있을 이미지들을 만들어 내려 했어. 2012년 이 디스크는 인력과 구심력이 서로 평형을 이루는 3만 5785킬로미터 높이의 '안정 궤도'에 쏘아 올려졌지. 미래의 인간과 외계인들이 방해하지 않는 한 지구가 없어질 때까지 계속해서 지구 주위를 돌 거야.

패글렌은 보도 사진에서 추상화에 가까운 사진까지, 교훈적인 사진에서 인상주의적인 사진까지 다양하게 사진을 골랐어. 원자폭탄 제조, 처음으로 바다를 본 고아들, 꽃봉오리가 핀 가지들 사이로 보이는 하늘, 2차 대전 때 일본 포로수용소에서 웃고 있는 아이들, 로켓 발사, 초기의 수학

식이 적힌 돌판 등이었어.

패글렌이 어떤 의도로 사진을 골랐는지는 모르겠다. 트로츠키의 뇌, 「혹성탈출」 시리즈 세트, 공장식 축산 농장 내부, 에펠탑을 향해 가운뎃손가락을 들어 올리는 아이 웨이웨이(중국 출신 현대미술 작가─옮긴이), 공룡 발자국, 허블 망원경을 통해서 본 먼 우주 공간, 후버 댐 건설, 민들레, 밤에 위에서 내려다본 도쿄도 있었어. 패글런의 조교인 케이티 데트와일러는 그 프로젝트가 인류를 대표하려는 시도가 아니고, 그렇게 보이는 것을 원치 않았다는 점만은 분명히 말할 수 있다고 했지. 마치 인류가 안정되고 단일한 개체처럼 보이지 않게 하려고 했다는 거야. 사진들은 다른 지적 생명체와 소통하려는 것처럼 보이지 않아. 고대와 현대 언어로 된 쉰다섯 가지 인사말과 다양한 문화권의 음악뿐 아니라 수학과 물리학 등식, 태양계와 행성, DNA, 인체 해부도 등을 담은 칼 세이건의 '황금 레코드'와는 달리 지구와 거주자들을 설명하려고 하는 것 같지 않아. 미술 큐레이터 주앙 리바스는 그것을 "병 속에 든 우주적 메시지"라고 불렀지.[23]

1493년, 크리스토퍼 콜럼버스는 신세계에서 스페인으로 돌아가던 중 지독한 북대서양 폭풍에 휘말렸지. 선원들과 다 함께 물에 빠져 죽을까 봐 심히 두려웠어. 그래서 자신이 발견할 것을 페르난도 왕과 이사벨 여왕에게 설명하

는 메시지를 적어 밀랍 입힌 천으로 싸서 바다에 던졌지. 그
통은 암스트롱의 에이(a)처럼 바다 어딘가를 아직도 떠다니
면서 일어날 수도 있었지만 일어나지 않은 온갖 일들과, 일
어나겠지만 아직은 일어나지 않은 모든 일과 공존하고 있
을지도 몰라. 할아버지가 마흔다섯째 생일 케이크의 촛불을
끌 때 내쉬었던 숨, 한때 자기들의 집이었던 곳을 회상하는
승객들의 숨, 최후 인간의 최초의 숨결 같은 거 말이야.

지구를 도는 100장의 사진을 생각하면 홀로코스트가
일어났을 때 바르샤바의 유대인들이 매장한 3만 5000장의
문서들과, 기후 재앙을 대비해 저장고에 보관 중인 종자들
이 떠오른단다. 하지만 무엇보다 할아버지의 호주머니 속에
있던 편지가 생각나. 아무것도 선언하지 않고, 아무것도 설
명하지 않고, 아무것도 묻지 않는 종잇조각들. 주장만 할 뿐
이지. 자신 이외에는 아무에게도 말하지 않아.

아빠는 절대 우주인이 될 수 없어. 이유는 한둘이 아니
야. 신체적 정신적으로 적합하지 않고 과학에도 무지해. 무
엇보다 비행공포증이 문제야. 얼마든지 감당할 수는 있지
만 비행기를 탈 때마다 느낀단다. 요즘 비행공포증이 나타
날 때는 터뷸런스(난기류를 만나 항공기가 흔들리는 현상-옮
긴이)가 올 때하고 활주로를 달릴 때지. 비행기가 착륙하면

서 활주로를 질주할 때마다 혼잣말로 되뇐다. "좀 더 삶을…… 좀 더 삶을…… 좀 더 삶을……."

누구한테 "좀 더 삶을"이라고 말하는 걸까? 아마도 마음속 한구석에는 신이 있다면, 신이 아빠 말을 들을 수 있다면, 아빠를 돌봐 달라고 설득할 수 있다면, 삶에 대한 단순한 감사와 좀 더 살게 해 달라는 간청의 말만으로도 무사히 비행할 수 있으리라는 믿음이 있나 봐. 하지만 아빠는 신을 믿지 않거든. 적어도 기도에 귀 기울여 주는 신은 믿지 않아. 하물며 기도에 응답해 주는 신이라니.

활주로를 달리는 비행기에서 기도를 되풀이할 때면 아빠의 삶을 생각한단다. 다른 상황이라면 절대 생각하지 않을 방식으로 말이야. 그런 생각들은 이미지로 떠올라. 실리콘에 새기지도 않았고 안정 궤도로 보내지도 않지만 수억 년 동안 남아 있을 거야. 내 마음 속에서 피고 지지.

내 기도에 영향을 받는 사람은 나란다.

그런 기도를 뭐라고 부를까? 유서의 반대?

플래너리 오코너의[24] 단편 「좋은 사람은 찾기 힘들다」에 나오는 인물에 대해서는 이렇게 요약할 수 있어. "누군가 그녀의 삶을 한순간도 빼놓지 않고 촬영했다면 좋은 여자가 되었을 것이다." 내가 평생 동안 긴 활주로를 죽 달려간다면 내가 가진 것에 지금보다 훨씬 더 감사하겠지. 하지만 활주로를 평생 달려야 한다면 감사할 만한 것을 절대 갖지는 못할 거야. 집에 가지 못할 테니까.

⚡

　이제 할머니는 안 계시지만, 할머니의 방으로 돌아왔
어. 장례식장에서 온 두 남자가 한 시간쯤 전에 할머니의 시
신을 옮겨 갔단다. 할머니의 시신과 함께 있어서 평화로웠
는데, 할머니의 시신을 천으로 싸서 계단으로 운반해 대문
을 빠져나가는 모습을 보니 너무나 끔찍했어. 할머니가 돌
아가셨다 해도 우리가 아직 함께 있으니 진짜로 돌아가신
것은 아니라고 믿었나 보다. 크리아라고 부르는 유대식 애
도 전통이 있는데, '찢기'라는 뜻이란다. 망자의 가까운 친
척들이 슬픈 마음을 표현하려고 옷가지를 잡아 찢는 거야.
할머니를 이 방에서 운반해 갈 때 아빠는 잡아 뜯기는 느낌
을 받았어. 할머니를 아빠한테서 뜯어내고 있다는 느낌이
들었지.

　줄리언 삼촌과 제러미는 아래층에 있어. 너희 할머니
와 할아버지도. 프랭크도 있고. 곧 아빠도 그들한테 갈 거
야. 하지만 여기 조금만 더 있고 싶었어. 할머니는 돌아가시
기 전 몇 달간 이 방에만 계셨단다. 할머니의 마지막 방이라
는 생각이 머리에 박혀 버려서, 여기가 내 어린 시절의 침실
이기도 하다는 사실은 잊고 있었구나. 아빠가 『호밀밭의 파
수꾼』을 읽고, 하프토라(모세 율법인 토라)를 이해하기 쉽게

가르치기 위해 토라와 함께 읽는 선지자들의 글-옮긴이)를 배우고, 처음으로 「OK 컴퓨터」를 듣고, 처음 난 여드름을 살펴보고, 처음으로 면도를 하고, 『롤리타』를 읽고, SAT 공부를 하고, 졸업 무도회에 같이 가자고 어떻게 말할지 궁리하며 천 번은 연습했던 곳이 바로 여기였어. 하프토라도, 『호밀밭의 파수꾼』의 플롯도 전부 다 잊어버렸고 25년 전 졸업 무도회 파트너에게는 아무 말도 하지 못했지. 하지만 이런 경험들은 그 시절 아빠한테 무엇과도 비할 수 없이 중요했어. 아직도 그때 내쉬었던 분자들을 들이마시고 있지. 우리는 공간과 시간을 넘어 우리 자신과 다른 사람들과 연결되어 있어. 그래서 거리가 아무리 멀어도 우리 자신과 다른 사람들에 대한 의무는 여전히 살아 있는 거란다.

아까 말한 예술가는 궤도에 쏘아올린 이미지들로 무슨 얘기를 하고 있었을까? 우리가 여기 있었다고? 우리가 중요한 존재라고?

할머니의 삶이 중요했는지는 아무도 묻지 않겠지. 할머니는 복이 많으셨지만 시대를 잘못 타고났기에, 용기와 지혜와 유연함을 갖추셨기에 실제 삶보다 더 위대한 존재가 되었단다. 할머니가 아빠의 히브리어 학교 수업에서 영웅적인 인생담을 들려주실 때는 물론이고 거실의 편안한 분위기에서 말할 때조차 결코 나의 할머니로만 말하는 것은 아니었어. 할머니는 **대표**였단다. 한 사람이자 하나의 생각이었던 거지. 우리는 할머니를 사랑하니까 할머니를 안아 드렸지만, 어릴 때조차도 우리 팔로 결코 다 감싸 안지 못할 모든 것에 의무감을 느꼈기 때문에 그렇게 했단다.

할머니는 희생했고, 반드시 그래야만 했어. 할머니는 나치가 당신을 죽이지 못하도록 수천 킬로를 걸으면서 얼어 죽을 듯한 추위와 질병, 영양 결핍을 견디셨지. 같은 이유로 너희 할머니와 줄리언 삼촌이 태어났을 때 내 할머니는 쿠폰을 오리고, 동전을 모아 지폐로 바꾸고, 옷을 기워 입으셨지. 할머니는 자식들을 보살피고 건강히 키우셔야 했거든.

기후변화에 직면하는 데에는 전혀 다른 종류의 영웅주의가 필요하단다. 학살을 일삼는 군대를 피해 도망치거나 자식들의 다음 끼니를 어떻게 구할지 모르는 상황보다는 훨씬 덜 무섭지만, 아마 왜 희생해야 하는지가 분명치 않기 때문에 마찬가지로 어려울 거야.

아빠는 이 방에서 자랐고 할머니는 이 방에서 돌아가셨어. 이 방은 우리 집이었고, 우리 가족의 드라마에서 가장 중요한 대목을 품고 있지. 하지만 우리를 위해 지어진 것은 아니야. 우리보다 먼저 여기 살았던 사람들이 있고, 우리가 떠나면 다른 사람들이 살겠지. 우리는 그 사람들에 대한 의무가 있단다. 아직 존재하지 않는 사람들이지만 말이다. 우리 형과 내가 우리가 태어나기 전에 할머니가 하셨던 일들에 대해 어떤 의무감을 느끼듯이, 우리가 존재하기 전에 할머니가 우리에게 의무감을 느끼셨듯이 말이야.

아래층으로 내려가 다른 사람들과 합류하기보다는 비행기를 타고 어딘가로 떠나려는 것처럼, 지금 막 이미지 하나가 마음속에 떠올랐어. 호흡처럼 짧지만 또 한편 지속되는 이미지야. 우리가 에리 운하에서 '거룻배'를 탔던 때를 생각하고 있어. 너희는 아홉 살, 여섯 살이었지. 열쇠를 받기 전에 20분간 오리엔테이션을 받아야 했어. 강사가 배의 매듭을 묶는 법을 아느냐고 물었을 때 기억하니? 그리고 우리 대답을 기다리지도 않고 이렇게 말했지. "자, 매듭을 묶을 줄 모르면 많이 묶어 보면 되지요." 나는 그 말이 아주 마음에 들었어. 너희도 마음에 들어 했지. 스프링 제본한 해상 지도책을 훑어보는 것도 재미있었고(운하는 어차피 길이 하나뿐이지만), 우리 배가 느릴 때는 아주 느리면서 빠를 때는 또 아주 빠른 것도 좋았지. 둑에서 우리를 지나쳐 달려가던 조깅하는 사람들 기억하니? 운하 갑문 지키는 사람들한테 미리 무전을 보내는 것도 좋았고, 하나뿐인 버너에 구워 먹는 간식도 맛있었지. 모노폴리 게임 지폐가 어디에 떨어지는지도 보이지 않을 만큼 센 바람에 날려갈 때도 좋았고, 굳이 그럴 필요 없는데도 배 뒤쪽에서 소변을 보는 것도, 굳이 그럴 필요 없는데도 힘이 약한 엔진의 회전 속도를 올리는 것도, 굳이 그럴 필요 없는데도 뜨거운 초콜릿 가루를 먹는 것도, 뜨거운 빗속에서 매듭을 많이 묶는 것도 좋았지. 너희들은 배 꼭대기에서 물속으로 점프하게 해 달라고 졸랐어. 너희가 뛰어내릴 때마다 내 몸이 나도 모르게 움찔거렸단다. 허공에 뜬 너희 둘이 기억나는구나. 사이의 미소, 개똥벌레처럼 순간을 잡으려는 듯이 앞으로 내밀어 맞잡은 두 손. 그리고 사샤의 머리카락, 갈비뼈, 치켜올린 오른손 주먹…… 무엇 때문이었을까? 두려움을 이겼다고? 호모사피엔스보다 먼저 생겨난, 선조에게 물려받은 반사적인 투쟁도피반응? 삶에 대한 애정?

"오늘 내가 누구한테 말하고 있나?" 최초의 유서를 쓴 사람은 포기해야 한다는 주장을 되풀이하면서 거듭 말하지. 영혼은 죽음을 "집에서 사람을 끌어내는 것"에 비유하며 "삶을 포기하지 말라"고 타이르지.

사람들이 할머니를 이 집에서 운반해 나갔어. 여전히 여기 계시면 좋을 텐데. 할머니가 조금만 더 사시면 좋을 텐데. 할머니와 조금 더 산다면 좋을 텐데. 더 많은 삶을 원한다고 말하는 것으로는 충분치 않아. 그 말을 절대 멈추지 말아야 해. 유서는 한 번 쓰지만, 삶을 위한 글은 항상 써야 해. 솔직한 대화를 나누고, 친숙한 것으로 낯선 것에 다리를 놓고, 미래를 위한 메시지를 심고, 과거에서 온 메시지를 캐내고, 미래에서 온 메시지를 캐내고, 우리의 영혼과 논쟁하고, 그만두기를 거부하면서 말이다. 우리는 이런 일을 다 함께, 모든 이들의 손으로 같은 펜을 쥐고, 같은 기도를 하는 숨결을 함께 내쉬면서 이런 일을 해야 해. 영혼이 유서의 말미에서 결론 내리듯이, 아마도 자살과 반대되는 행동을 시작하면서 다 같이 집을 만들 거란다. 우리들 각자 우리 자신과 언쟁을 벌이면서 다 함께 집을 만들 거야.

14.5퍼센트 / 51퍼센트

축산업이 환경위기에 끼친 영향에 관한 보고서 중 가장 많이 인용되는 두 권—유엔 식량농업기구(FAO)에서 2006년에 낸 『가축의 긴 그림자』와 월드워치 연구소가 2009년 낸 「가축과 기후변화」—는 모든 환경 과학에서 가장 중요한 기준치 중 하나에 대해 서로 다른 두 가지 수치를 내놓는다. 그것은 바로 가축 부문에서 나오는 온실 가스 배출량의 비율이다. 이 숫자는 엄청난 복잡성을 포함하고 단순화하는 통계 이상의 것이며, 동물성 제품과의 관계를 바꾸는 것이 왜 그렇게 중요한지에 대한 가장 직설적인 주장이다.

　『가축의 긴 그림자』는 이런 주제로 폭넓은 주목을 얻은 최초의 보고서였다. 축산업이 전 지구적으로 온실가스 배출량의 18퍼센트를 발생시킨다는 이 보고서의 주장에 대해 비난과 찬사가 동시에 쏟아졌다. 그러나 대개는 경각심을 불러일으키는 계기가 되었다. 18퍼센트는 운송 부문 전체를 다 합친 것보다도 많았던 것이다. 그러니 2009년 월드워치 연구소가『가축의 긴 그림자』에 맞서 전 세계적으로 연간 온실가스 배출량에 대한 축산업의 책임이 18퍼센트가 아니라 실은 적어도 51퍼센트라고 주장하는 보고서를 발표하자 놀랄 만도 했다. 서문에서 저자들은 이렇게 말했다. "이 주장이 옳다면, 가축을 더 나은 대안으로 바꾸는 것이 기후변화를 역전시킬 최선의 전략이다."[1] 그들은 전 세계적으로 가축 수를 25퍼센트 줄일 것을 권고하고,[2] "가난한 농촌 공동체에서는 가축의 수를 그대로 유지하도록 이런 조치를 선별적으로 시행할 수 있다."고 밝혔다.

이 전혀 다른 두 개의 수치가 어떻게 나왔는지를 잠시 짚어 볼 필요가 있다. 과학적으로 대단히 중요할 뿐 아니라, 지구에 대한 우리의 이해가 현실을 잘 다루지 못하고 있음을 드러내 주기 때문이다.

로버트 굿랜드와 제프 앤행이 집필한 월드워치 보고서의 제목은 "가축과 기후변화: 기후변화의 핵심 원인이 (……) 소, 돼지, 닭이라면?"(생략 부호는 내가 넣은 게 아니라 원문에 있다.)였다. 『가축의 긴 그림자』의 저자들을 비롯하여 이 연구의 신뢰성에 이의를 제기하는 사람들은[3] 보고서가 동료 심사를 받지 않았다고 주장한다. 다른 사람들—앤행과 굿랜드 본인들을 포함하여—은 이 보고서가 동료 심사를 받았고, 정작 동료 심사를 받지 않은 것은 자비 출판한 FAO 보고서라고 주장한다.

제프 앤행은 세계은행의 국제 금융 공사에서 일한다. 2014년 작고한 로버트 굿랜드는 생태학자이며 교수, 세계은행 그룹의 환경 자문이었다. 그는 환경과학에서 박사학위를 받고 회장을 지냈다. 2001년 월드워치 연구소에서 퇴임한 후[4] 10여 개 이상의 전 세계적 프로젝트에서 환경과 사회적 영향 평가 연구를 주도했다. 다시 말해서 그는 동물 권리 옹호자나 취미로 연구하는 사람이 아니었다.

2012년《뉴욕 타임스》에 실은 글[5]에서 굿랜드는 이렇게 말했다.

> 18퍼센트와 51퍼센트 사이의 중요한 차이는, 후자가 가축 생산의 기하급수적 성장(지금은 연간 600억 마리 이상의 육생동물이 있다)이 어떻게 대규모의 삼림 벌채와 산불과 더불어 지구의 광합성 능력을 크게 떨어뜨리고 토양 탄소가 대량으로, 점점 더 빨리 휘발되게 만들었는가를 설명해 준다는 점이다.

굿랜드와 앤헹은 월드워치 보고서의 개요에서 이 점을 확장하여, 가축 산업의 삼림 파괴로 인하여 흡수될 수 없게 된 탄소의 양을 다음과 같이 설명해야 한다고 주장했다.

> FAO는 배출의 원인을 가축 도입으로 인한 토지 이용의 변화로 돌리고 있지만, 변화로 인한 연간 GHG(온실 가스)의 양은 비교적 적다.[6] 이상한 일이지만 FAO는 광합성으로 훨씬 더 많은 양의 연간 GHG를 감축할 수 있는데도 숲을 재생하기보다는 전 세계 토지의 26퍼센트를 가축을 먹이는 데 사용하고, 경작에 적합한 토지의 33퍼센트는 동물의 먹이를 재배하는 데 사용함으로써 광합성을 할 수 없게 된다는 점은 감안하지 않는다. 가축을 먹이고 가축 먹이를 재배하는 데 이용

되는 상당한 양의 열대 토지를 숲으로 되살아나도록 내버려 둔다면, 그것만으로도 모든 인간 활동으로 인한 GHG의 양을 잠재적으로 절반(혹은 그 이상)까지 완화할 수 있을 것이다.

대중들의 질문에 답하고자 출간한 2010년 후속편에서,[7] 굿랜드와 앤행은 흡수하지 못하게 된 탄소 양을 포함시킨 자신들의 선택을 이렇게 옹호한다. "우리는 어떤 규모로든 흡수량의 감소가 같은 규모의 배출량 증가와 정확히 똑같은 효과를 갖기 때문에, 계산하는 것이 유효하다고 믿는다."

굿랜드와 앤행은 FAO 보고서에서 계산하지 않았거나, 간과했거나, 잘못 할당한 다른 많은 가축 관련 온실가스 배출량을 밝혀내고 수정한다. 그 중에는 토지 사용을 간과하거나 실제보다 메탄과 가축의 수를 적게 잡은 예가 있다. 그들은 또한 FAO가 미네소타의 자료를 초과 적용했다고 주장한다. 미네소타에서의 가축 운영이 개발도상국들에서보다 더 효율적이며, 가장 빨리 팽창하는 부문이기 때문에 이것이 문제가 된다는 것이다. 굿랜드와 앤행은 『가축의 긴 그림자』가 몇몇 부분에서 FAO 통계와 다른 곳에 나온 것보다 더 낮은 수치를 썼다고 말했다. 게다가 FAO는 일부 국가들(아르헨티나 같은)의 삼림 파괴에 대해서는 설명하지 못하고, 계산에서 양식 어류는 생략한다.[8]

결국 FAO는 식물에 기반한 대안에 비해 축산물에서 훨씬 더 많은 양의 GHG가 배출된다는 사실을 설명하지 않는다. 축산물은 냉장 보관해야 하는데, 그러려면 탄화플루오르—지구 온난화지수가 이산화탄소보다 수천 배나 더 높은 화합물—가 필요하다. 동물성 제품을 요리하려면 대안 식품을 요리할 때보다 더 많은 GHG가 나온다. FAO는 뼈, 털, 지방, 깃털과 같은 액체 폐기물과 동물성 부산물과 관련된 배출을 간과한다.

또한 굿랜드와 앤행은 FAO 저자들이 시효가 지난 정보를 사용했다고 지적한다. 예를 들어 FAO 보고서에서는 100년 동안의 메탄 지구 온난화지수로 23을 사용했는데, 기후변화에 관한 정부간 패널은 지구 온난화지수 25를 지지한다. (20년을 기준으로 하면 메탄의 지구 온난화지수는 72이다.) 시효가 지난 수치를 사용하여, FAO는 메탄이 전 세계적으로 GHG 배출량의 3.7퍼센트를 차지한다고 계산한다. 굿랜드와 앤행은 이렇게 반박한다. "메탄 지구 온난화지수를 20년 단위로 조정하면 가축의 메탄은 전 세계적인 GHG의 11.6퍼센트를 차지하게 된다. 다시 계산하면 가축으로 인한 GHG가 이산화탄소 5047톤을 증가시킨다." 간단히 말하자면 더 짧은 기간에 걸친 메탄의 열차폐 능력을 조정하면 배출량의 비율이 높아지게 된다.

더운 여름날 야외에 있는데 누군가 당신에게 담요를 건네준다고 생각해 보라. 그는 당신에게 열 시간 동안 그 담요를 뒤집어쓰고 있으라고 한다. 처음 두 시간 동안은 일반 담요보다 세 배 더 강력한 전기담요를 쓰고 있어야 한다. 그런 다음 전기를 끈다. 배출량을 20년 단위로 계산하는 것과 백년 단위로 계산하는 것의 차이는 "이 담요 때문에 처음 두 시간 동안 얼마나 몸이 뜨거워졌나?"와 "열 시간 내내 이 담요 때문에 얼마나 몸이 뜨거워졌나?"를 묻는 것의 차이와 같다.

이론적으로는 당신의 몸이 열 시간 동안의 열을 감당할 수 있지만, 그 첫 두 시간이 너무 더웠던 탓에 열사병으로 병원에 가야 했기 때문에 전체 열이 어느 정도였는지는 상관이 없다고 생각해 보라. 우리가 기후변화를 다룬 지가 20년이 안 되었기 때문에, 일부 과학자들은 온실가스의 단기 지구 온난화지수를 계산해야 한다고 주장한다. 지구 온난화에서는 2도 상승이 '티핑 포인트'인데, 티핑 포인트 이후에는 양의 피드백 루프가 통제할 수 없는 온난화를 촉발하여 사실상 우리를 죽음으로 몰아넣게 될 수도 있다.

FAO는 또한 "1964년, 1982년, 1999년과 같은 과거로 거슬러 올라가 가축에 기인하는 GHG의 다양한 측면들에 대한 인용문들을 이용한다.[9] 오늘날의 배출량은 훨씬 높을 것이다".

『가축의 긴 그림자』는 이산화탄소 배출의 또 다른 주요 원천은 고려하지 않았는데, 바로 가축의 호흡이다. FAO 저자인 헤닝 스타인펠트와 톰 바세나르는 가축의 호흡은 계산에 넣지 말아야 한다고 주장한다. 그들은 "가축의 호흡에서 나오는 배출은[10] 빠르게 순환하는 생물학적 시스템의 일부로, 이런 시스템에서 가축이 먹은 식물은 대기 중 이산화탄소로 전환되어 유기 화합물이 된다."고 말한다. 배출한 양과 흡수한 양이 동일하다고 보기 때문에 가축의 호흡은 교토 의정서에서 배출의 원천으로 고려되지 않는다. (교토 의정서는 국제적으로 구속력 있는 배출량 감축 목표를 설정했다. 1997년 채택되었고 첫 의무 이행 기간이 2008년에 시작되었다.)

그러나 굿랜드와 앤행은 가축의 호흡도 계산에 넣어야 한다는 매우 설득력 있는 주장을 제기하면서, 교토 의정서에서도 원천으로 간주해야 한다고 주장한다. 그들은 가축이 인간 생활에 필수적이지 않으며, 인구 중 동물성 제품을 먹지 않는 사람들도 많이 있다고 주장한다. 굿랜드와 앤행은 이렇게 말한다.[11] "오늘날 수백억 마리 이상의 가축이 산업혁명 이전 시대보다 더 많은 이산화탄소를 내뿜고 있지만, 지구의 광합성 능력은 (……) 숲이 사라지면서 급격히 떨어졌다." 그들은 가축의 호흡에서 나오는 이산화탄소가 전 세계적으로 인간이 만들어 낸 온실가스의 21퍼센트를 차지한다는 추정치를 인용한다. 후속편에서 굿랜드와 앤행은 이렇게 덧붙인다.[12] "동물의 호흡과 토양 산화작용에서 대기 중으로 흘러들어가는 탄소는 연간 광합성으로 흡수되는 양을 1~20억 톤가량 초과한다."

간단히 말해서 식민지 이전 시대 아메리카를 배회하던 야생 물소와 달리 산업화된 가축 운영은 자연적인 탄소 순환의 일부가 아니다. ─지구의 탄소를 흡수하는 숲이 동물들을 위한 자리를 만들기 위해, 혹은 동물들을 먹일 옥수수와 콩을 재배할 자리를 만들기 위해 얼마나 많이 파괴되었는가를 생각해 본다면 더욱 그렇다. 더는 가축이 지구의 광합성 과정과 자연스러운 조화를 이루며 살 수가 없게 되었다.

바로 이런 이유로 굿랜드와 앤행은 소가 배출하는 가스를 계산에 넣을 뿐 아니라, 가축으로 촉발된 삼림 파괴로 흡수할 수 없게 된 탄소 양까지 고려해야 한다고 주장한다. 이는 가축 산업이 최고의 광합성 능력을 가진 숲을 제거하고 있기 때문에 특히 관련성이 있는 대가이다.

축산물 시장은 개발도상국에서 가장 크게 성장하고 있는데,[13] 개발도상국에서는 열대우림이 보통 헥타르당 최소 200톤의 탄소를 저장한다. 숲이 사라지고 풀밭으로 바뀌면 헥타르당 저장된 탄소의 총 톤수는 8톤까지 감소한다. 평균적으로 목초지는 헥타르당 소 한 마리밖에는 먹여 살리지 못하며, 헥타르당 포함하는 탄소 양은 1톤의 몇 분의 1밖에 안 된다. 이에 반하여 숲과 다른 초목을 베고, 태우고, 씹어 먹은 직후 단기간 동안 헥타르당 200톤이 넘는 탄소가 방출될 수 있다.

월드워치 보고서 저자들은 FAO가 축산업이 차지하는 CO2e(이산화탄소환산톤, 온실가스를 이산화탄소 배출량으로 환산한 값―옮긴이)에서의 연간 GHG 배출량을 최소한 75억 1600만 톤으로 추정했으나, 새로운 계산을 이용하면 적어도

325만 6400만 톤을 차지한다고 주장한다.

2011년 월드워치 연구에 대한 통렬한 비판의 글이《동물
성 사료 과학 기술》에 실렸다. 「가축과 온실가스 배출: 숫자를
제대로 쓰는 것의 중요성」이라는 제목의 글에서 저자들(마리오
헤레로 외)은 거듭해서 "널리 인정받고" "관련 증거를 많이 갖
춘" 『가축의 긴 그림자』를 인용한 다음, 월드워치 보고서가 동
료 심사를 받지 않았다고 주장하고 보고서에 "국제적 규약에
서 크게 벗어난 점"들이 있다는 암시를 비치며 보고서의 신뢰
성을 공격하고 해체한다. 이 비판은 이 글의 저자들 중 두 명은
『가축의 긴 그림자』의 저자들이기도 하다는 점은 감춘다.

2012년《필라델피아 인콰이어러》의 연락을 받고 앤행은
자기들의 연구가 사실상 동료 심사를 거쳤다고 주장했다. "세
계은행 그룹의 국제금융공사 직원으로서 제프 앤행은 자기 이
름으로 쓴 모든 보고서에 동료 심사를 받아야 했다." 기자 밴스
렘쿨은 이렇게 썼다. 그는 이어서 이렇게 말한다. 자신이 "굿랜
드와 앤행에게 질문을 던져서 발표에 앞서 월드워치 보고서 초
안을 검토했던 연구자들과 연구소들뿐 아니라, 차후에 이를 인
용한 사람들에 대한 세부사항을 받아냈다. 반면에 가축의 긴
그림자는 동료 심사를 받았을 수도 있고 받지 않았을 수도 있
다. FAO는 이런 과정을 언급하지 않고 있고(헤레로와 그 외 저
자들의 비판 글도 마찬가지이다) 나는 LLS의 어디에서도 동료
심사에 대한 언급을 찾을 수 없었다. 마리오 헤레로에게 이 점

을 밝혀 달라는 이메일을 보냈지만[14] 아직까지 답장을 받지 못했다."

앤행은 나에게 월드워치의 연구는 실제로 동료 심사를 두 차례 거쳤다고 말했다. ―「동물 사료 과학 기술」에 논문으로 발표하기 전에 한 번, 2010년 월드워치 논문에서 출간 후 동료 심사의 형식으로 다시 한번 받았다는 것이다.

2011년에 굿랜드와 앤행은 그들의 보고서의 반응에 대한 답변을 썼다.(다른 보고서에 대한 답변이기도 했다.) 그들은 이 글에서 자신들이 처음 했던 반박에 대한 반박을 반박했다.

2012년에 굿랜드는[15] 《뉴욕 타임스》에 "FAO가 기후변화에 대한 육류 산업의 압력에 굴복하다"라는 글을 실었다. 굿랜드는 이렇게 썼다. "18퍼센트가 너무 높은 수치라서 미국에서는 쓸 수 없다고 주장한 프랭크 미트로에너가 지난주에 육류 산업과 FAO 간의 새로운 협력사의 회장으로 발표되었다. FAO의 새로운 파트너로는 국제 육류 사무국과 국제낙농협회가 있다. 그들이 공언하는 목표는[16] '가축 부문의 환경적 성과를 평가하고' '그 성과를 더욱 개선하는 것'이다. 굿랜드는 『가축의 긴 그림자』의 주 저자와 공저자가 나중에 공장식 축산을 줄일 것이 아니라 더 장려하고, 육류에 어떤 제한도 두지 말아야 한다고 썼던 것을 감안하면 이러한 새로운 협력 관계가 놀랍지 않다고 말한다.[17] 반면에 세계은행은 기관들에게 "대규모의 상업적, 곡류 사료 사육장 시스템과 산업화된 우유, 돼지고

기, 가금류 생산에 자금을 대지 말도록" 권고한다.[18]

과연 2013년 FAO는 다음과 같은 내용의 새로운 보고서를 발표했다.[19] "가축 부문은 연간 이산화탄소 등가(CO_2-eq) 7.1기가톤으로 추산되는 양을 배출하면서 기후변화에 중요한 역할을 하고 있다. 이는 인간으로 인한 GHG 배출량의 14.5퍼센트에 해당하는 양이다."

⚡

그래서 14.5퍼센트인가 51퍼센트인가? 내가 보기에는 둘 다 정확한 수치는 아니지만 더 높은 쪽이 훨씬 더 설득력이 있다. 나만 그렇게 생각하는 것이 아니다. 2014 유엔 총회 보고서는 FAO의 추정치를 넘어 51퍼센트로 올렸다.[20] "정확한 수치는 여전히 논의 중이지만, 가축 생산의 영향이 엄청나다는 점은 과학 공동체에서 의심의 여지가 없다." 또 다른 유엔 기구인 유네스코도 FAO보다 높은 51퍼센트를 지지하는 보고서를 냈다. 유네스코의 저자들은 월드워치의 계산이 "전체적으로 보았을 때 엄청난 변화를 보여주며, 육류 생산과 기후변화에 미치는 효과 사이의 관계에 대한 증거를 강화한다."고 썼다.[21]

나는 제프 앤행과 긴 이메일을 주고받으면서 그의 계산에 대한 다양한 비판에 답변해 달라고 부탁했다. 마지막으로 그가 보기에 파리 기후협정의 목표를 만족시키려면 무엇을 해야 하겠느냐고 물었다.

그는 이렇게 답했다. "화석연료의 한도를 정하여 기후변화를 되돌리기란 불가능할 것 같습니다. 국제 에너지 기구는 기후변화를 막기 위해 필요한 재생 에너지 기반 시설을 갖추려면 적어도 53조 달러의 비용에 적어도 20년이 걸릴 것으로 추산했습니다. 그때쯤이면 기후변화를 되돌리기에는 너무 늦을 겁니다. 이와 달리 동물성 제품을 대체품으로 바꾼다면 온실가스 배출을 급속히 줄이면서 동시에 땅을 비워서 더 많은 나무들이 가까운 시일 내에 대기 중 탄소 초과분을 가둘 수 있게 하는 이중의 기회를 얻을 수 있습니다. 그러니까 동물성 제품을 대체품으로 바꾸는 것이 너무 늦기 전에 기후변화를 되돌릴 유일한 실용적 방법인 것 같습니다."

주석

1 믿을 수 없는

1   어만, 『고대 이집트인들』

2   「한 남자의 자신의 영혼과의 대화」

3   킬, 『결말들』, 49.

4   베트게, 「소변 용기, '우주 부츠'와 공예품은 단순히 쓰레기가 아니다」

5   캐리, 「단어를 잘 쓸 줄 알았던 앵무새」

6   타게페라, 「제국의 규모와 지속」

7   개넌, 「북소리 작전」

8   전시 미국 상선, 「리버티 선 로버트 E. 피어리 호」

9   로즈너, 『산업계의 여성들』

10   오시안, 『잊혀진 세대』, 73.

11   피치, 「줄리아 차일드」

12   루스벨트, 「행정명령 9250」

13   페론과 핸들리, 「국내 전선. 금요일」

14   퍼셀, 「혼자 차를 타면」

15   조지 C. 마셜 재단, 「전국 영양의 달」

16   콜링엄, 『전쟁의 맛』

17   영국 영양 재단, 「전쟁이 영양을 어떻게 바꾸었는가」

18   월트 디즈니 프로덕션, 「식량이 전쟁을 승리로 이끌 것이다」

19   루스벨트, 「노변담화 21」

20   대깃, 「미국 주요 전쟁 비용」

21   시퍼린, 「전 세계 유대인 인구」

22   바이달, 「자연을 보호하자」

23   밀먼, 「기후 변화」

24   라이스, 「그렇습니다, 시카고가 남극보다 더 추워질 겁니다」

25   디자인으로 재설계하라, 「큰 U」

26   럼블, 「클로데트 콜빈」

27 포리에리, 「역사상 가장 낭만적인 사진 중 하나」

28 로스먼과 아네자 「로자 파크스」

29 설리번, 「버스 탑승」

30 레브킨, 「지구 온난화」

31 고쉬, 『거대한 혼란』

32 르윈과 팔레츠키, 『국가들 간의 올바름』

33 허시필드, 「더 나은 결정들」

34 같은 책.

35 수디르 외, 「공감 편향들」

36 미국 경영과학회, 「신중히 고른 표현」

37 밸류 외, 「선거 이슈로서의 지구 온난화」

38 기버크맨, 「기후 변화 부인론자들」

39 누시텔리, 「기후 합의」 나사, 「과학적 합의」

40 브로디, 「유니콘과 '카르스키 보고서'」

41 휘코체아, 「인간이 차를 들어올리다」

42 와이즈, 『극도의 공포』 25~27.

43 「러시아의 부」

44 레넬, 「대공습 70년 후」

45 도먼, 「지지자들을 지지하며?」

46 마셜, 『그것에 대해 생각도 하지 마라』 57.

47 「전 세계 이산화탄소 배출량이 늘어났다」

48 브랜트, 「구글이 숫자를 누설하다」

49 샤, 「만성 셀카 집착증」

50 리, 「'만성 셀카 집착증'이란?」

51 슈워츠, 「MSNBC의 급등하는 순위」

52 배배 외, 「전기 차량」

53 쉴러, 「프리우스 사기」

54 레스킨, 「13 기술 억만장자들」

55 코테키, 「제프 베조스」

56 카스버거 외, 「거대 꿀벌의 사회적 파동」

57 무척추동물 보호를 위한 서세스 협회, 「호박벌 보호」

58 와일더, 「임대용 벌」, 펜소프트 출판사 「벌, 과일, 돈」

59 윌리엄스, 「감소하는 벌 개체수」

60 해리스 폴, 「전통을 이어가기」

61 페린, 「미국에서 책을 읽지 않는 사람은 누구인가?」

62 니컬러스, 「국적국가」

63 델타 덴탈, 『2014 구강 건강과 복지 조사』 8.

64 일리노이 대학, 「칠면조에 대한 사실들」

65 멜스트롬과 요하네손, 「헌혈 기피」

66 칸 외, 「집단적 참여」

67 뮈즈 외, 「섹스 후의 애정 어린 대화」

68 모스, 「제품 통로로 유도하기」

69 다비대이 외, 「잠재적인 장기 기증자들을 위한 자동 선택」

70 세일러와 선스타인: 「하기 쉬워요」

71 미국 선거 프로젝트, 「2014년 11월 총선 투표율」

72 미국 선거 프로젝트, 「2016년 11월 총선 투표율」

73 갤러거, 『FDR의 놀라운 사기』

74 샴포와 카일, 「조나스 E. 소크」

75 소크 생물학 연구소, 「존 소크에 대하여」

76 링컨, 「추수감사절 선포」

77 데니스, 「미국에서 아직도 흡연을 하는 사람들」

78 무어, 「미국인들 열 명 중 아홉은 흡연을 해롭다고 보고 있다」

79 월드미터, 「캐나다 인구(생존)」 3천 716만 명; 2019년 2월 18일 접속, http://www.worldmeters.info/world-population/canada-population/.

80 홀퍼드 외, 「담배 규제」

81 트루스 이니셔티브, 「왜 흡연자들의 72퍼센트는 저소득 공동체 출신인가?」

82 매키, 「엘비스가 받은 예방접종이 소아마비 퇴치를 도왔다」

83 셰이버, 「구글 직원들」: 와카바야시 외, 「구글 파업」

84 구겐하임, 『불편한 진실』

85 와인스와 니컬러스, 「기후 완화 격차」

86 프리시먼, 「지구온난화를 되돌릴 100가지 해결책」

87 게이츠, 「지구 온난화」

88 래프터리 외, 「2100년까지 온난화를 2도 이하로 낮출 확률은 낮다」

89 위랜드: 「이 도시들은 곧 사람이 살 수 없게 될지도 모른다」

90 슐스너 외, 「기후 변화의 영향」

91 파커, 「기후 난민」

92 버크 외,「기후와 분쟁」

93 로빈슨 외,「그린란드 빙상」

94 정부 간 기후변화 패널,『지구 온난화 1.5도』

95 디 레베르토,「여름의 열기」

96 만과 쿰프,『심각한 예측』50~162.

97 세계보건기구,「기후 변화와 인간 건강」; 세계은행,『더위를 식혀라』

98 4억 명의 사람들: 월리스-웰스,『거주불능 지구』, 12.

99 슐스너 외,「각각 다른 기후의 영향들」

100 마익슬러,「모든 종의 절반」

101 세계 야생 생물 기금,「더워져 가는 세계의 야생 생물」

102 자오 외,「기온 상승이 전 세계 수확량을 감소시킨다」

103 월리스-웰스,『거주불능 지구』, 12.

104 래프터리 외,「2100년까지 기온이 2도 이하로 상승할 확률은 낮다」

105 틸먼,『디데이 백과사전』

106 모턴,「음모의 목표」

107 스크랜턴,「내 아이를 키우기」

2   어떻게 하면 대멸종을 막을 수 있을까

1 주젤 외,「북극 기후 변동성」; 대평원 기후 센터,「분리의 4도」; 나사 지구 관측소,「오늘날의 온난화」

2 에벌 외,「북극 기온의 계절에 따른 변동성」, 스콧과 린지,「지구가 가장 더웠던 때가 언제인가?」자딘,「고생물학의 패턴」

3 펜 외.「온도에 따른 저산소증」; 뉴욕 대학,「시베리아의 화산 폭발」; 짐머,「갑작스러운 온난화」

4 많은 과학자들이 지질학적 시대를 이렇게 부른다: 인류세에 오신 것을 환영합니다, www.anthropocene.info.

5 리치,「지구가 정확히 얼마나 더워졌는가?」; 나사 지구 관측소,「현재의 온난화는 자연스러운가?」; 우려하는 과학자들의 연합,「우리는 인간이 지구 온난화의 주요 원인이라는 사실을 어떻게 아는가?」

6 캐링턴,「모든 생명의 0.01퍼센트에 불과한 인간」; 바-온 외,「지구상의 바이오매스 분포」

7 스타인펠트 외,『가축의 긴 그림자』, xxi.

8 거번스-린스 외.「가금류, 돼지고기, 소고기의 물발자국」

9   훅스트라 외, 「인류의 물발자국」

10   리치, 「우리는 어떻게 가축에서 항생물질의 저항을 감소시키는가?」

11   전 세계 사육에 대한 연민, 『전략적 계획 2013~2017』; 피시카운트, 「양식어」

12   지드만과 라이베리아 다 실바, 「출생시 기대수명」

13   유엔 경제사회국, 인구 분과, 「세계 인구 전망」

14   램블, 「지구가 얼마나 많은 사람들을 감당할 수 있을까?」

15   미국 농사 개량 동맹, 「농업에 관한 사실들」; 「1850년대 이후 가장 낮은 농업
     인구」; 미국 노동 통계청, 「고용 추정 프로그램」

16   국립 브룩헤이븐 연구소, 「최초의 비디오 게임?」

17   갠젤, 「감소하는 농업 수치들」; 미국 인구조사국, 「1969년 농업 인구조사, 2
     권」

18   쥐도프 외, 「판매용 영계」

19   와이즈와 홀, 동물을 위한 왜곡하는 콘택트렌즈, 미국 특허 3,418,978.

20   「특대 닭」

21   2018년 99퍼센트 이상: 감응력 연구소, 「미국 공장식 사육 추산」

22   스타인펠트 외, 『가축의 긴 그림자』; 두리신과 싱, 「미국의 고기 소비」

23   고먼, 「닭의 시대」

24   파시아코스 외, 「동물, 유제품 및 식물 단백질 섭취」

25   레빈 외, 「낮은 단백질 섭취」

26   흡연자들은 세 배 더 높다: 질병관리와 예방 센터, 「담배와 관련한 치명률」

27   미국에서 식사 다섯 끼 중 한 끼: 무알렘, 「마지막 저녁식사」

28   환경 정보를 위한 국립 센터, 「빙하기-간빙기 주기」

29   대기와 해양 공동연구, 「PDO 인덱스」; 다보스 물리 기상 관측소/세계 방사
     선 센터 (PMOD/WRC), 「태양 상수」; 미국 국립 기상 전망 센터, 「계절별
     추위와 더위 에피소드」

30   국립 환경 정보 센터, 「전세계적 기후 보고서」

31   솔리, 「거대한 죽어감」

32   월리스-웰스, 『2050 거주불능 지구』

33   마, 「온실가스」

34   미국 환경보호기구, 『미국 온실가스 배출』

35   미국 환경보호기구, 「기후변화 지표들」

36   미국화학학회, 「온실가스 변화」

37   스타인펠트 외, 『가축의 긴 그림자』

38   국립빙설자료센터, 「해빙에 관한 모든 것: 알베도」

39   하비, 「위험한 기후변화」

40   기후변화에 관한 정부 간 패널, 『기후변화 2013』, 8장, 711–14, 표 8.7.

41   클라크, 「온실가스」

42   스트레인, 「행성의 식물」

43   기후와 토지 사용 동맹, 「지구의 기후」

44   어브 외, 「전 세계 식물 바이오매스」

45   굿랜드와 앤행, 「가축과 기후변화': 비판과 답변」, 13.

46   유엔 식량농업기구, 「삼림파괴가 지구 온난화를 유발한다」

47   기후와 토지이용 동맹, 「지구의 기후」

48   「삼림 파괴와 지구 온난화에 미치는 극단적 효과」

49   같은 책.

50   유엔 식량농업기구, 「삼림파괴가 지구 온난화를 유발한다」

51   매년, 캘리포니아의 산불: 미국 내무부, 「2018년 캘리포니아 산불」

52   월리스-웰스, 「한 사람」

53   마굴리스, 「삼림파괴의 원인」

54   미국 환경보호기구, 「장의 발효」

55   미국 환경보호기구, 『미국 온실가스 배출』, 5~1.

56   스타인펠트 외, 『가축의 긴 그림자』

57   같은 책.

58   세계 야생생물 기금, 「숲의 전환」

59   게이츠, 「기후변화」

60   스타인펠트 외, 『가축의 긴 그림자』

61   굿랜드와 앤행, 「가축과 기후변화」, 12

62   맥키번, 「지구 온난화의 무시무시한 새로운 수학」

63   킴 외, 「파국적인 기후변화를 완화하는 것」

64   제이콥슨과 델루치, 「지속가능한 에너지로 가는 길」, 64.

65   하비, 「위험한 기후변화」

66   와인스와 니컬러스: 「기후 완화 격차」

67   체이스, 「자동차 공유」

68   「미국 항공기 승객들의 주된 여행 목적」

69   지속가능한 시스템을 위한 센터, 「탄소 발자국 자료표」

70   킴 외, 「국가별 식단 변화」

71 지로드 외, 「기후정책」

72 「인당, 나라별 탄소 배출량」

73 같은 책

74 같은 책

75 같은 책

76 이 수치는 사료 성분, 사료 요구율, 비료 관리 기술을 포함하여 235개 국가별 관습을 설명해 준다. 이는 초지가 숲으로 변화하는 데 설명이 되지만, 가축 관리로 인한 토양 탄소 손실(사막화)을 설명하지는 못한다. 존스 홉킨스 대학의 레이철 산토와 브렌트 킴의 곧 나올 연구가 이를 보완해 준다.

3   유일한 집

1 와이즈먼, 「인간 없는 지구」

2 달, 「왜 자기 집에서 나는 냄새는 맡지 못할까?」

3 라이너트, 「푸른 지구 사진」

4 같은 책.

5 스미스소니언 항공우주 박물관, 「달까지 간 아폴로」

6 뉴멕시코 우주 역사 박물관, 「국제 우주 명예의 전당」

7 클루거, 「위에서 본 지구」; 미국 환경보호기구, 「지구돋이」

8 나르도, 『푸른 구슬』, 46.

9 쇼, 「경관 효과」

10 골드힐, 「경관 효과에 대한 우주비행사들의 보고」

11 정신과학연구소, 「우리의 이야기」

12 WorldSpaceFlight, 「우주비행사 통계」

13 페레이라, 「우주에서 지구를 보면서」

14 www.spaceVR.co.

15 버거, 「우주에서 지구를 보기」

16 가란, 『궤도의 관점』

17 모티머, 「거울 효과」

18 유리거울의 부상: 같은 책.

19 로쳇, 「자기인식의 다섯 단계」

20 뷜러, 「작은 물고기」

21 애턴, 「지구가 더워지고 있음이 거의 확실하다」

22 조지 H. W. 부시: 월런드, 「기후변화」

23 리치,「지구를 잃는다는 것」

24 미국 환경보호기구,「국제조약과 협력」

25 쿠시맨,「기후 연구 예산」

26 리치,「지구를 잃는다는 것」

27 공보담당관실,「기후변화에 대한 대통령의 발언」

28 미국 기후변화과학 프로그램,「기후변화 연구 이니셔티브」

29 공보담당관실,「부시 대통령이 전 세계 기후변화에 대해 토론하다」

30 그레시코 외,「트럼프가 어떻게 환경을 변화시키고 있는가」

31 라벨,「오바마의 기후 유산」

32 매키번,「거대 석유회사들에 맞서서」

33 노시터,「프랑스가 유류세 인상을 저지하다」

34 매슈스,「기후변화 회의주의」

35 크냅턴,「인류는 끝났다」

36 맥도널드,「우리에게 지구가 몇 개나 필요할까?」

37 코렌,「지구의 천연자원」

38 칼파스,「미국인들은 너무 많은 빚을 지고 있다」

39 맥도널드,「우리에게 지구가 몇 개나 필요할까?」

40 우리 아이들의 신뢰,「줄리아나 대 미국 기후 소송」; 콘카,「어린이들이 기후를 바꾼다」

41 앨리슨,「젊은 미국의 재정적 건전성」

42 던,「승객 천 명을 태운 배들」

43 나사,「화성의 사실들」

44 미국 국립 연구회의, 기후 조정, 9.

45 기후완화 프로젝트,「해결책」

46 버지니아 역사 문화 박물관,「터닝 포인트」

47 델몬트,「파시즘과 인종차별에 맞서 싸운 아프리카계 미국인들」

48 PBS,「시민권」; 하트먼,「국내전선과 그 너머」

49 노튼 외,『국민과 국가』, 746.

50 슈워츠,「에스터 페렐」

51 나사,「허블 우주망원경」

52 「모나리자」를 걸작으로 만든 도둑질」

53 저그,「도단당하다」

54 「라 지오콘다'가 파리에서 도난당하다」

22　카바, 「건강하게 먹기」

23　플린과 쉬프, 「경제적인 건강 식단」

24　FRED 경제 데이터, 「실제 중위 개인 소득」

25　미국 농사 개량 동맹, 「농업에 관한 사실들」; 「1850년대 이후로 가장 낮은 농업 인구」; 미국 노동 통계청, 「고용 예상 프로그램」

26　스타인펠트 외, 『가축의 긴 그림자』

27　미국 에너지 정보국, 「중국의 석탄을 사용한 전기 생산」

28　피셔와 키팅, 「전기차는 얼마나 환경친화적인가?」

29　웨이드, 「테슬라의 전기차」

30　스프링먼 외, 「식량 시스템」; 캐링턴, 「육류 섭취의 감소」

31　「아마존 열대우림 파괴 '10년간 최악'」

32　플루머, 「미국 탄소 배출」

33　울프 외, 「전 세계의 가축」

34　피에르-루이스, 「해양 온난화」

35　캐링턴, 「육류 섭취의 감소」

5　더 많은 삶

1　글리오나, 「금문교의 자살 유혹」

2　엑스타인 외, 「전 세계 기후 위기 인덱스 2019」

3　셔피로와 엡스테인, 「바르샤바 게토 오이네그 샤보스」

4　그롭트러스트, 「스발바르의 국제종자저장고」

5　캐링턴, 「전 세계 씨앗의 북극 요새」

6　냉동 방주 프로젝트, https://www.frozenark.org. 2019년 2월 1일 접속.

7　창세기 9장 13절, https://biblehub.com/genesis/9-13.htm

8　도쿠필, 「왜 자살은 유행병이 되었는가」; 리사 셰인, 「더 많은 사람들이 자살로 죽고 있다」

9　파리지엔 외, 「동성애자 권리 변호사」

10　스크랜턴, 「내 아이를 키우기」

11　월리스-웰스, 『2050 거주불능 지구』

12　와인스와 니컬러스, 「기후 완화 격차」

13　크리스타키스와 파울러, 『행복은 전염된다』

14　크리스타키스와 파울러, 『행복은 전염된다』

15　마틴 루서 킹 연구 및 교육 기관, 「워싱턴 행진」

16 스크랜턴, 「내 아이를 키우기」

17 윌슨, 「그의 시신이 운전석에 있었다」

18 필론, 「나는 시체를 발견했다」

19 로, 「의식에 관한 케임브리지 선언」

20 카네다와 하우브, 「지구상에 살았던 사람들이 얼마나 될까?」

21 사피어, 『추락 이전』, 146.

22 메모를 스캔한 이미지는 https://www.archives.gov/files/presidential-librar-ies/events/centennials/nixon/images/exhibit/rn100-6-1-2.pdf에서 볼 수 있다.

23 패글렌, 『마지막 그림 프로젝트』

24 오코너, 『완전한 이야기들』, 133.

부록 14.5퍼센트 / 51퍼센트

1 굿랜드와 앤행, 「가축과 기후변화」, 11.

2 굿랜드와 앤행, 「'가축과 온실가스 배출'에 대한 답변」

3 렘쿨, 「가축과 기후」

4 로버트 굿랜드 박사의 개인 웹사이트, 2019년 2월 1일 접속, https://good-landrobert.com; 굿랜드, 「로버트 굿랜드 부고」

5 굿랜드, 「육류 산업의 압력」

6 굿랜드와 앤행, 「가축과 기후변화」, 13.

7 굿랜드와 앤행, 「가축과 기후변화: 비판적 의견과 답변」 8.

8 굿랜드와 앤행, 「가축과 기후변화」, 14.

9 같은 책

10 스타인펠트와 바세나르, 「탄소와 질소 순환」

11 굿랜드와 앤행, 「가축과 기후변화」, 12.

12 굿랜드와 앤행, 「가축과 기후변화: 비판적 의견과 답변」, 7.

13 굿랜드와 앤행, 「가축과 기후변화」, 13.

14 렘쿨, 「가축과 기후」

15 굿랜드, 「육류 산업의 압력」

16 같은 책.

17 스타인펠트와 거버, 「가축 생산」

18 굿랜드, 「육류 산업의 압력」

19 거버 외, 『기후변화를 다루기』

20   인권이사회, 「특별 조사관의 보고서」

21   카날리 외, 「육류 생산」, 10.

Allison, Tom. "Financial Health of Young America: Measuring Generational Declines Between Baby Boomers and Millennials." *Young Invincibles*, January 2017. https://younginvincibles.org/wp-content/uploads/2017/04/FHYA-Final2017-1-1.pdf.

"Amazon Rainforest Deforestation 'Worst in 10 Years,' Says Brazil." BBC News, November 24, 2018. https://www.bbc.com/news/world-latin-america-46327634.

American Chemical Society. "What Are the Greenhouse Gas Changes Since the Industrial Revolution?" Accessed January 31, 2019. https://www.acs.org/content/acs/en/climatescience/greenhousegases/industrialrevolution.html.

American Farm Bureau Federation. "Fast Facts About Agriculture." Accessed January 31, 2019. https://www.fb.org/newsroom/fast-facts.

American Merchant Marine at War. "Liberty Ship SS Robert E. Peary." Accessed January 30, 2019. www.usmm.org/peary.html.

Aton, Adam. "Earth Almost Certain to Warm by 2 Degrees Celsius." *Scientific American*, August 1, 2017. https://www.scientificamerican.com/article/earth-almost-certain-to-warm-by-2-degrees-celsius/.

Babaee, Samaneh, Ajay S. Nagpure, and Joseph F. DeCarolis. "How Much Do Electric Drive Vehicles Matter to Future U.S. Emissions?" *Environmental Science and Technology* 48 (2014): 1382–0. https://doi.org/10.1021/es4045677.

Ballew, Matthew, Jennifer Marlon, Xinran Wang, Anthony Leiserowitz, and Edward Maibach. "Importance of Global Warming as a Voting Issue in the U.S. Depends on Where People Live and What People Have Experienced." Yale Program on Climate Change Communication, November 2, 2018. climate communication.yale.edu/publications/climate-voters/.

Bar-On, Yinon M., Rob Phillips, and Ron Milo. "The Biomass Distribution on

Earth." *Proceedings of the National Academy of Sciences* 115, no. 25 (2018): 6506–11. https://doi.org/10.1073/pnas.1711842115.

Berger, Michele W. "Penn Psychologists Study Intense Awe Astronauts Feel Viewing Earth from Space." Penn Today, April 18, 2016. https://penn-today.upenn.edu/news/penn-psychologists-study-intense-awe-astronauts-feel-viewing-earth-space.

Bernofsky, Susan. "On Translating Kafka's 'The Metamorphosis.'" *New Yorker*, January 14, 2014. https://www.newyorker.com/books/page-turner/on-translating-kafkas-the-metamorphosis.

Bethge, Philip. "Urine Containers, 'Space Boots' and Artifacts Aren't Just Junk, Argue Archaeologists." *Spiegel Online*, March 18, 2010. www.spiegel.de/international/zeitgeist/saving-moon-trash-urine-containers-space-boots-and-artifacts-aren-t-just-junk-argue-archaeologists-a-684221.html.

Brahic, Catherine. "How Long Does It Take a Rainforest to Regenerate?" *New Scientist*, June 11, 2018. https://www.newscientist.com/article/dn14112-how-long-does-it-take-a-rainforest-to-regenerate/.

Brandt, Richard. "Google Divulges Numbers at I/O: 20 Billion Texts, 93 Million Selfies and More." *Silicon Valley Business Journal*, June 25, 2014. https://www.bizjournals.com/sanjose/news/2014/06/25/google-divulges-numbers-at-i-o-20-billion-texts-93.html.

British Nutrition Foundation. "How the War Changed Nutrition: From There to Now." ccessed January 12, 2019. https://www.nutrition.org.uk/nutritioninthenews /wartimefood/warnutrition.html.

Brody, Richard. "The Unicorn and 'The Karski Report.' " *New Yorker*. Accessed January 12, 2019. https://www.newyorker.com/culture/richard-brody/the-unicorn-and-the-karski-report.

Brookhaven National Laboratory. "The First Video Game?" Accessed January 30,2019. https://www.bnl.gov/about/history/firstvideo.php.

Buehler, Jake. "This Tiny Fish Can Recognize Itself in a Mirror. Is It Self-Aware?" *National Geographic*, September 11, 2018. https://www.nationalgeographic.com/animals/2018/09/fish-cleaner-wrasse-self-aware-mirror-test-intelligence-news/.

Burke, Marshall, Solomon M. Hsiang, and Edward Miguel. "Climate and Con-

flict." *Annual Review of Economics* 7, no. 1 (2015): 577–17. https://web.
stanford.edu/~mburke papers/Burke%20Hsiang%20Miguel%202015.
pdf.

Burkeman, Oliver. "We're All Climate Change Deniers at Heart." *Guard-
ian*, June 8, 2015. https://www.theguardian.com/commentisfree/2015/
jun/08/climate-change-deniers-g7-goal-fossil-fuels.

Caba, Justin. "Eating Healthy Could Get Costly: Healthy Diets Cost About
$1.50 More Than Unhealthy Diets." *Medical Daily*, December 5, 2013.
https://www.medicaldaily.com/eating-healthy-could-get-costly-healthy-
diets-cost-about-150-more-unhealthy-diets-264432.

Calfas, Jennifer. "Americans Have So Much Debt They're Taking It to the
Grave." *Money*, March 22, 2017. money.com/money/4709270/americans-
die-in-debt/.

"Carbon Emissions per Person, by Country." *Guardian*, September 2, 2009.
https://www.theguardian.com/environment/datablog/2009/sep/02/car-
bon-emissions-per-person-capita.

Carey, Benedict. "Alex, a Parrot Who Had a Way with Words, Dies." *New York
Times*, September 10, 2007. https://www.nytimes.com/2007/09/10/sci-
ence/10cnd-parrot.html.

Carrington, Damian. "Arctic Stronghold of World's Seeds Flooded After Per-
mafrost Melts." *Guardian*, May 19, 2017. https://www.theguardian.com/
environment/2017/may/19/arctic-stronghold-of-worlds-seeds-flooded-
after-permafrost-melts.

———. "Huge Reduction in Meat-Eating 'Essential' to Avoid Climate Break-
down." *Guardian*, October 10, 2018. https://www.theguardian.com/envi-
ronment/2018/oct/10/huge-reduction-in-meat-eating-essential-to-avoid-
climate-breakdown.

———. "Humans Just 0.01% of All Life but Have Destroyed 83% of Wild
Mammals—tudy." *Guardian*, May 21, 2018. https://www.theguardian.
com/environment/2018/may/21/human-race-just-001-of-all-life-but-has-
destroyed-over-80-of-wild-mammals-study.

CDP. "New Report Shows Just 100 Companies Are Source of Over 70% of
Emissions." July 10, 2017. https://www.cdp.net/en/articles/media/new-

report-shows-just-100-companies-are-source-of-over-70-of-emissions.

Center for Sustainable Systems. "Carbon Footprint Factsheet." University of Michigan, 2018. Accessed March 10, 2019. css.umich.edu/factsheets/carbon-footprint-factsheet.

Centers for Disease Control and Prevention. "Tobacco-Related Mortality." January 17, 2018. https://www.cdc.gov/tobacco/datastatistics/factsheets/health_effects/tobaccorelatedmortality/index.htm.

Chase, Robin. "Car-Sharing Offers Convenience, Saves Money and Helps the Environment." United States Department of State, Bureau of International Information Programs. Accessed February 5, 2019. https://photos.state.gov/libraries/cambodia/30486/Publications/everyoneinamericaownacar.pdf.

Christakis, Nicholas A., and James H. Fowler. *Connected: The Surprising Power of Our Social Networks and How They Shape Our Lives.* New York: *Little, Brown,* 2009.

Clark, Duncan. "How Long Do Greenhouse Gases Stay in the Air?" *Guardian,* January 16, 2012. Published in conjunction with Carbon Brief. https://www.theguardian.com/environment/2012/jan/16/greenhouse-gases-remain-air.

Climate and Land Use Alliance. "Five Reasons the Earth's Climate Depends on Forests." Accessed May 10, 2018. http://www.climateandlandusealliance.org/scientists-statement/.

Collingham, Lizzie. *The Taste of War: World War II and the Battle for Food.* New York: Penguin, 2013.

Compassion in World Farming. *Strategic Plan* 2013 –017. Accessed January 30, 2019. https://www.ciwf.org.uk/media/3640540/ciwfstrategicplan20132017.pdf.

Conca, James. "Children Change the Climate in the U.S. Supreme Court — st Climate Lawsuit Goes Forward." *Forbes,* August 3, 2018. https://www.forbes.com/sites/jamesconca/2018/08/03/children-change-the-climate-in-the-us-supreme-court-1st-climate-lawsuit-goes-forward/#1b34f8e53547.

Coren, Michael J. "Humans Have Depleted the Earth's Natural Resources with Five Months Still to Go in 2018." *Quartz,* August 1, 2018. https://

qz.com/1345205/humans-have-depleted-the-earths-natural-resources-
with-five-months-still-to-go-in-2018/.

Croptrust. "Svalbard Global Seed Vault." Accessed January 25, 2019. https://
www.croptrust.org/our-work/svalbard-global-seed-vault/.

Cushman, John H., Jr. "Exxon Made Deep Cuts in Climate Research Budget
in the 1980s." *Inside Climate News*, November 25, 2015. https://insidecli-
matenews.org/news/25112015/exxon-deep-cuts-climate-change-research-
budget-1980s-global-warming.

Daggett, Stephen. *Costs of Major U.S. Wars*. U.S. Library of Congress, Congres-
sional Research Service, RS22926, 2010.

Dahl, Melissa. "Why Can't You Smell Your Own Home?" *The Cut*, August 26,
2014. https://www.thecut.com/2014/08/why-cant-you-smell-your-own-
home.html.

Davidai, Shai, Thomas Gilovich, and Lee D. Ross. "The Meaning of Default
Options for Potential Organ Donors." *Proceedings of the National Acade-
my of Sciences*, 2012: 15201−05. https://stanford.app.box.com/s/yohfziy-
wajw3nmwxo7d3ammndihibe7g.

"Deforestation and Its Extreme Effect on Global Warming." *Scientific American*.
Accessed January 31, 2019. https://www.scientificamerican.com/article/
deforestation-and-global-warming/.

Delmont, Matthew. "African-Americans Fighting Fascism and Racism, from
WWII to Charlottesville." *The Conversation*, August 21, 2017. https://
theconversation.com/african-americans-fighting-fascism-and-rac-
ism-from-wwii-to-charlottesville-82551.

Delta Dental. *2014 Oral Health and Well-Being Survey*. 2014. https://www.
deltadentalnj.com/employers/downloads/DDPAOralHealthandWellBe-
ingSurvey.pdf.

Dennis, Brady. "Who Still Smokes in the United States—n Seven Simple
Charts." *Washington Post*, November 12, 2015. https://www.washing-
tonpost.com/news/to-your-health/wp/2015/11/12/smoking-among-u-s-
adults-has-fallen-to-historic-lows-these-7-charts-show-wo-still-lights-up-
the-most/.

"Dialogue of a Man with His Soul." Ethics of Suicide Digital Archive, University of Utah. Accessed February 5, 2019. https://ethicsofsuicide.lib.utah.edu/selections/egyptian-didactic-tale/.

Di Leberto, Tom. "Summer Heat Wave Arrives in Europe." Climate.gov, July 14, 2015. https://www.climate.gov/news-features/event-tracker/summer-heat-wave-arrives-europe.

Displacement Solutions. *Climate Displacement in Bangladesh: The Need for Urgent Housing, Land and Property (HLT) Rights Solutions.* May 2012. https://unfccc.int/files/adaptation/groupscommittees/lossanddamageexecutive_committee/application/pdf/dsbangladeshreport.pdf.

Dohmen, Thomas J. "In Support of the Supporters? Do Social Forces Shape Decisions of the Impartial?" Institute for the Study of Labor (IZA) Bonn, April 2003. http://ftp.iza.org/dp755.pdf.

Dokoupil, Tony. "Why Suicide Has Become an Epidemic—nd What We Can Do to Help." *Newsweek*, May 23, 2013. https://www.newsweek.com/2013/05/22/why-suicide-has-become-epidemic-and-what-we-can-do-help-237434.html.

Dunn, Marcia. "SpaceX Chief Envisions 1,000 Passenger Ships Flying to Mars." AP, September 27, 2016. https://apnews.com/a8c262f-520c14ee583fdbb07d1f82a25.

Durisin, Megan, and Shruti Date Singh. "Americans' Meat Consumption Set to Hit a Record in 2018." *Seattle Times*, January 2, 2018. https://www.seattletimes.com/business/americans-meat-consumption-set-to-hit-a-record-in-2018/.

Eberle, Jaelyn J., Henry C. Fricke, John D. Humphrey, Logan Hackett, Michael G. Newbrey, and J. Howard Hutchison. "Seasonal Variability in Arctic Temperatures During Early Eocene Time." *Earth and Planetary Science Letters* 296, no. 3–(August 2010): 481–6. https://doi.org/10.1016/j.epsl.2010.06.005.

Eckstein, David, Marie-Lena Hutfils, and Maik Wings. "Global Climate Risk Index 2019: Who Suffers Most from Extreme Weather Events? Weather-Related Loss Events in 2017 and 1998 to 2017." *Germanwatch*, December 2018. https://www.germanwatch.org/sites/germanwatch.org/files/Global%20Climate%20Risk%20Index%202019_2.pdf.

Erb, Karl-Heinz, Thomas Kastner, Christoph Plutzar, Anna Liza S. Bais, Nuno Carvalhais, Tamara Fetzel, Simone Gingrich, Helmut Haberl, Christian Lauk, Maria Niedertscheider, Julia Pongratz, Martin Thurner, and Sebastiaan Luyssaert. "Unexpectedly Large Impact of Forest Management and Grazing on Global Vegetation Biomass." *Nature* 553, no. 7686 (January 2018). https://www.nature.com/articles/nature25138.

Erman, Adolf. *The Ancient Egyptians: A Sourcebook of Their Writings.* Translated by Ayward M. Blackman. New York: Harper and Row, 1966.

"Farm Population Lowest Since 1850's." *New York Times*, July 20, 1988. https://www.nytimes.com/1988/07/20/us/farm-population-lowest-since-1850-s.html.

Ferreira, Becky. "Seeing Earth from Space Is the Key to Saving Our Species from Itself." *Motherboard*, October 12, 2016. https://motherboard.vice.com/enus/article/bmvpxq/to-save-humanity-look-at-earth-from-space-overview-effect.

Firestone, Lisa. "Busting the Myths About Suicide." *PsychAlive.* Accessed January 24, 2019. https://www.psychalive.org/busting-the-myths-about-suicide/.

Fischer, Hilke, and Dave Keating. "How Eco-friendly Are Electric Cars?" Deutsche Welle, April 8, 2017. https://www.dw.com/en/how-eco-friendly-are-electric-cars/a-19441437.

Fishcount. "Number of Farmed Fish Slaughtered Each Year." Accessed January 30, 2019. fishcount.org.uk/fish-count-estimates-2/numbers-of-farmed-fish-slaughtered -each-year.

Fitch, Riley. "Julia Child: The OSS Years." *Wall Street Journal*, August 19, 2008. https://www.wsj.com/articles/SB121910345904851347.

Flynn, Mary M., and Andrew R. Schiff. "Economical Healthy Diets (2012): Including Lean Animal Protein Costs More Than Using Extra Virgin Olive Oil." *Journal of Hunger and Environmental Nutrition* 10, no. 4 (2015): 467-2. https://doi.org/10.1080/19320248.2015.1045675.

Food and Agriculture Organization of the United Nations. "Current Worldwide Annual Meat Consumption per Capita, Livestock and Fish Primary Equiva-lent." Accessed January 26, 2019. http://faostat.fao.org/site/610/

DesktopDefault.aspx=610#ancor.

———. "Deforestation Causes Global Warming." FAO Newsroom, September 4, 2006. www.fao.org/newsroom/en/news/2006/1000385/index. html.

Food Will Win the War. Short film. Walt Disney Productions. YouTube, April 24, 2012. https://www.youtube.com/watch?v=HeTqKKCm3Tg.

FRED Economic Data. "Real Median Personal Income in the United States." Federal Reserve Bank of St. Louis. Accessed February 1, 2019. https://fred.stlouisfed.org/series/MEPAINUSA672N.

Frischmann, Chad. "100 Solutions to Reverse Global Warming." TED Talk video. YouTube, December 19, 2018. https://www.youtube.com/watch?v=D4vjGSiRGKY&feature=youtu.be.

Gallagher, Hugh Gregory. *FDR's Splendid Deception: The Moving Story of Roosevelt's Massive Disability—and the Intense Efforts to Conceal It from the Public.* St. Petersburg, FL: Vandamere Press, 1999.

Gannon, Michael. *Operation Drumbeat: The Dramatic True Story of Germany's First U-Boat Attacks Along the American Coast in World War II.* New York: Harper and Row, 1996.

Ganzel, Bill. "Shrinking Farm Numbers." Wessels Living History Farm, 2007. https://livinghistoryfarm.org/farminginthe50s/life11.html.

Garan, Ron. *The Orbital Perspective: Lessons in Seeing the Big Picture from a Journey of 71 Million Miles.* Oakland, CA: Berrett-Koehler, 2015.

Gates, Bill. "Climate Change and the 75% Problem." *Gatesnotes* (blog), October 17, 2018. https://www.gatesnotes.com/Energy/My-plan-for-fighting-climate-change.

Gekoski, Rick. "Fact-Check Fears." *Guardian*, September 9, 2011. https://www.theguardian.com/books/2011/sep/09/fact-check-rick-gekoski.

George C. Marshall Foundation. "National Nutrition Month and Rationing." March 4, 2016. https://www.marshallfoundation.org/blog/national-nutrition-month-rationing/.

Gerbens-Leenes, P. W., M. M. Mekonnen, and A. Y. Hoekstra. "The Water Footprint of Poultry, Pork and Beef: A Comparative Study in Different Countries and Production Systems." *Water Resources and Industry* 1–

(2013): 25‒6. https://doi.org/10.1016/j.wri.2013.03.001.

Gerber, P. J., H. Steinfeld, B. Henderson, A. Mottet, C. Opio, J. Dijkman, A. Falcucci, and G. Tempio. *Tackling Climate Change Through Livestock: A Global Assessment of Emissions and Mitigation Opportunities.* Food and Agriculture Organization of the United Nations, Rome, 2013. http://www.fao.org/3/a-i3437e.pdf.

Ghosh, Amitav. *The Great Derangement:* Climate Change and the Unthinkable. Chicago: University of Chicago Press, 2016.

Girod, B., D. P. van Vuuren, and E. G. Hertwich. "Climate Policy Through Changing Consumption Choices: Options and Obstacles for Reducing Greenhouse Gas Emissions." *Global Environmental Change* 25 (2014): 5‒5.

Glionna, John M. "Survivor Battles Golden Gate's Suicide Lure." Seattle Times, June 4, 2005. https://www.seattletimes.com/nation-world/survivor-battles-golden-gates-suicide-lure/.

"Global Carbon Dioxide Emissions Rose Almost 3% in 2018." CBC. December 5, 2018. https://www.cbc.ca/news/technology/carbon-pollution-increase-1.4934096.

Goldhill, Olivia. "Astronauts Report an 'Overview Effect' from the Awe of Space Travel—and You Can Replicate It Here on Earth." *Quartz,* September 6, 2015. https://qz.com/496201/astronauts-report-an-overview-effect-from-the-awe-of-space-travel-and-you-can-replicate-it-here-on-earth/.

Goodland, Robert. "FAO Yields to Meat Industry Pressure on Climate Change." *New York Times,* July 11, 2012. https://bittman.blogs.nytimes.com/2012/07/11/fao-yields-to-meat-industry-pressure-on-climate-change/.

Goodland, Robert, and Jeff Anhang. "Livestock and Climate Change." *World Watch Magazine,* November‒ecember 2009, 10‒9. http://www.worldwatch.org/files/pdf/Livestock%20and%20Climate%20Change.pdf.

———. "'Livestock and Climate Change': Critical Comments and Responses." *World Watch Magazine,* March‒pril 2010, 7‒. www.chompingclimatechange.org/wp-content/uploads/2015/01/Livestock-and-Climate-Change-critical-comments-and-responses.pdf.

_____. "Response to 'Livestock and Greenhouse Gas Emissions: The Importance of Getting the Numbers Right,' by Herrero et al. [Anim. Feed Sci. Technol. 166–67: 779–82]." *Animal Feed Science and Technology* 172, 252–6. https://www.sciencedirect.com/science/article/pii/S0377840111005177.

Goodland, Tom. "Robert Goodland Obituary." *Guardian*, February 4, 2014. https://www.theguardian.com/environment/2014/feb/05/robert-goodland.

Gorman, James. "It Could Be the Age of the Chicken, Geologically." *New York Times*, December 11, 2018. https://www.nytimes.com/2018/12/11/science/chicken-anthropocene-archaeology.html.

Greshko, Michael, Laura Parker, Brian Clark Howard, Daniel Stone, Alejandra Borunda, and Sarah Gibbens. "How Trump Is Changing the Environment." *National Geographic*, January 17, 2019. https://news.nationalgeographic.com/2017/03/how-trump-is-changing-science-environment/.

Griffin, Paul. "The Carbon Majors Database: CDP Carbon Majors Report 2017." CDP, July 2017. http://climateaccountability.org/pdf/CarbonMajorsRpt2017%20Jul17.pdf.

Guggenheim, Davis, dir. *An Inconvenient Truth*. 2006: Paramount. Harris Poll. "Carrying On Tradition Around the Thanksgiving Table." Accessed January 30, 2019. https://theharrispoll.com/thanksgiving-is-just-around-the-corner-and-americans-across-the-country-are-planning-what-to-serve-who-theyll-dine-with-and-where-theyll-eat-a-vast-majority-of-adults-indicate-the/.

Hartmann, Susan M. *The Home Front and Beyond: American Women in the 1940s*. Boston: Twayne, 1982.

Harvey, Fiona. "World Has Three Years Left to Stop Dangerous Climate Change, Warn Experts." *Guardian*, June 28, 2017. https://www.theguardian.com/environment/2017/jun/28/world-has-three-years-left-to-stop-dangerous-climate-change-warn-experts.

Helliwell, John F., Richard Layard, and Jeffrey D. Sachs. *World Happiness Report 2018*. Accessed February 1, 2019. https://s3.amazonaws.com/happiness-report/2018/WHRweb.pdf.

Herbst, Diane, "Kevin Hines Survived a Jump Off the Golden Gate Bridge. Now, He's Helping Others Avoid Suicide." PSYCOM, June 8, 2018, https://www.psycom.net/kevin-hines-survived-golden-gate-bridge-suicide/.

Hershfield, Hal. "You Make Better Decisions If You 'See' Your Senior Self." *Harvard Business Review*, June 2013. https://hbr.org/2013/06/you-make-better-decisions-if-you-see-your-senior-self.

Hoekstra, Arjen Y., and Mesfin M. Mekonnen. "The Water Footprint of Humanity." *Proceedings of the National Academy of Sciences* 109, no. 9 (February 2012), 3232–7. https://doi.org/10.1073/pnas.1109936109.

Holford, Thomas R., Rafael Meza, Kenneth E. Warner, Clare Meernik, Jihyoun Jeon, Suresh H. Moolgavkar, and David T. Levy. "Tobacco Control and the Reduction in Smoking-Related Premature Deaths in the UnitedStates,1964–012." *JAMA* 311, no. 2 (2014): 164–1. https://doi.org/10.1001/jama.2013.285112.

Huicochea, Alexis. "Man Lifts Car Off Pinned Cyclist." *Arizona Daily Star*, July 28, 2006. https://tucson.com/news/local/crime/man-lifts-car-off-pinned-cyclist/articlee7f04bbd-309b-5c7e-808d-1907d91517ac.html.

Human Rights Council. "Report of the SpecialRapporteur on the Right to Food, Olivier De Schutter." United Nations General Assembly, January 24, 2014. www.srfood.org/images/stories/pdf/officialreports/20140310finalreporten.pdf.

Hunger Project. "Know Your World: Facts About Hunger and Poverty." November 2017. https://www.thp.org/knowledge-center/know-your-world-facts-about-hunger-poverty/.

Institute for Operations Research and the Management Sciences. "Carefully Chosen Wording Can Increase Donations by Over 300 Percent." *ScienceDaily*, November 8, 2016. www.sciencedaily.com/releases/2016/11/161108120317.htm.

Institute of Noetic Sciences. "Our Story." IONS EarthRise. Accessed January 31, 2019. https://noetic.org/earthrise/about/overview.

Intergovernmental Panel on Climate Change. *Climate Change 2013: The Physical Science Basis—ontribution of Working Group I to the Fifth Assessment*

Report of the Intergovernmental Panel on Climate Change, chap. 8 (Cambridge, UK, and New York: Cambridge University Press, 2013), 711–4, table 8.7. https://doi.org/10.1017/CBO9781107415324.

————. Global Warming of 1.5°C: An IPCC Special Report on the Impacts of Global Warming of 1.5°C Above Pre-industrial Levels and Related Global Greenhouse Gas Emission Pathways, in the Context of Strengthening the Global Response to the Threat of Climate Change, Sustainable Development, and Efforts to Eradicate Poverty. Edited by V. Masson-Delmotte, P. Zhai, H. O. Portner, D. Roberts, J. Skea, P. R. Shukla, A. irani, W. Moufouma-Okia, C. Pean, R. Pidcock, S. Connors, J.B.R. Matthews, Y. Chen, X. Zhou, M. I. Gomis, E. Lonnoy, T. Maycock, M. Tignor, and T. Waterfield. 2018.

Jacobson, Mark Z., and Mark A. Delucchi. "A Path to Sustainable Energy by 2030." Scientific American, November 2009, 58–5. https://web.stanford.edu/group/efmh/jacobson/Articles/I/sad1109Jaco5p.indd.pdf.

Jardine, Phil. "Patterns in Palaeontology: The Paleocene–ocene Thermal Maximum." Palaeontology Online 1, no. 5. Accessed January 31, 2019. https://www.palaeontologyonline.com/articles/2011/the-paleocene-eocene-thermal-maximum/.

Joint Study for the Atmosphere and the Ocean. "PDO Index." University of Washington. http://research.jisao.washington.edu/pdo/PDO.latest.

Jouzel, Jean, Valerie Masson-Delmotte, Olivier Cattani, Gabrielle B. Dreyfus, Sonia Falourd, Georg Hoffmann, Benedicte Minster, Julius Nouet, J. M. Barnola, Jerome Chappellaz, Hubertus Fischer, Jean Charles Gallet, S.E.J. Johnsen, Markus Leuenberger, Laetitia Loulergue, Dieter Luthi, Hans Oerter, Frederic Parrenin, Grant M. Raisbeck, Dominique Raynaud, Adrian Schilt, Jakob Schwander, Enricomaria Selmo, Roland A. Souchez, Renato Spahni, Bernhard Stauffer, Jorgen Peder Steffensen, Barbara Stenni, Thomas F. Stocker, J. L. Tison, Maria Werner, and Eric W. Wolff. "Orbital and Millennial Antarctic Climate Variability over the Past 800,000 Years." Science 317, no. 5839 (2007): 793–6. https://doi.org/10.1126/science.1141038.

Kanaly, Robert A., Lea Ivy O. Manzanero, Gerard Foley, Sivanandam Panneerselvam, Darryl Macer. "Energy Flow, Environment and Ethical Implications for Meat Production." Ethics and Climate Change in Asia and the Pacific (ECCAP) Project, 2010. www.eubios.info/yahoositeadmin/assets/docs/ECCAPWG13.83161418.pdf.

Kaneda, Toshiko, and Carl Haub. "How Many People Have Ever Lived on Earth?" Population Reference Bureau, March 9, 2018. https://www.prb.org/howmanypeoplehaveeverlivedonearth/.

Kastberger, Gerald, Evelyn Schmelzer, and Ilse Kranner. "Social Waves in Giant Honeybees Repel Hornets." *PLOS ONE* 3, no. 9 (2008): e3141. https://doi.org/10.1371/journal.pone.0003141.

Kearl, Michael C. *Endings: A Sociology of Death and Dying*. New York: Oxford University Press, 1989.

Khan, Sammyh S., Nick Hopkins, Stephen Reicher, Shruti Tewari, Narayanan Srinivasan, and Clifford Stevenson. "How Collective Participation Impacts Social Identity: A Longitudinal Study from India." *Political Psychology* 37 (2016): 309−5. https://doi.org/10.1111/pops.12260.

Kim, B. F., R. E. Santo, A. P. Scatterday, J. P. Fry, C. M. Synk, S. R. Cebron, M. M. Mekonnen, A. Y. Hoekstra, S. de Pee, M. W. Bloem, R. A. Neff, and K. E. Nachman. "Country-Specific Dietary Shifts to Mitigate Climate and Water Crises." Publication pending.

Kim, Brent, Roni Neff, Raychel Santo, and Juliana Vigorito. "The Importance of Reducing Animal Product Consumption and Wasted Food in Mitigating Catastrophic Climate Change." Johns Hopkins Center for a Livable Future, 2015. https://www.jhsph.edu/research/centers-and-institutes/johns-hopkins-center-for-a-livable-future/pdf/research/clfreports/importance-of-reducing-animal-product-consumption-and-wasted-food-in-mitigating-catastrophic-climate-change.pdf.

Kluger, Jeffrey. "Earth from Above: The Blue Marble." *Time*, February 9, 2012. time.com/3785942/blue-marble/.

Knapton, Sarah. "Human Race Is Doomed If We Do Not Colonize the Moon and Mars, Says Stephen Hawking." *Telegraph*, June 20, 2017. https://www.telegraph.co.uk/science/2017/06/20/human-race-doomed-do-not-colonise-moon-mars-says-stephen-hawking/.

Koneswaran, G., and D. Nierenberg. "Global Farm Animal Production and Global Warming: Impacting and Mitigating Climate Change." *Environmental Health Perspectives* 116, no. 5 (2008): 578–2. https://www.ncbi.nlm.nih.gov/pmc/articles/PMC2367646/.

Kotecki, Peter. "Jeff Bezos Is the Richest Man in Modern History—ere's How He Spends on Philanthropy." *Business Insider*, September 13, 2018. https://www.businessinsider.com/jeff-bezos-richest-person-modern-history-spends-on-charity-2018-7.

Kuper, Simon. "Who Stole the Mona Lisa?" *Slate*, August 7, 2011. https://slate.com/human-interest/2011/08/who-stole-the-mona-lisa-the-world-s-most-famous-art-heist-100-years-on.html.

"'LA GIOCONDA' IS STOLEN IN PARIS; Masterpiece of Lionardo da Vinci Vanishes from Louvre [. . .]." *New York Times*, August 23, 1911. https://www.nytimes.com/1911/08/23/archives/la-gioconda-is-stolen-in-paris-is-masterpiece-of-lionardo-da-vinci.html.

Lamble, Lucy. "With 250 Babies Born Each Minute, How Many People Can the Earth Sustain?" *Guardian*, April 23, 2018. https://www.theguardian.com/global-development/2018/apr/23/population-how-many-people-can-the-earth-sustain-lucy-lamble.

Lavelle, Marianne. "2016: Obama's Climate Legacy Marked by Triumphs and Lost Opportunities." *Inside Climate News*, December 26, 2016. https://insideclimatenews.org/news/23122016/obama-climate-change-legacy-trump-policies.

Lee, Bruce Y. "What Is 'Selfitis' and When Does Taking Selfies Become a Real Problem?" Forbes, December 26, 2017. https://www.forbes.com/sites/brucelee/2017/12/26/what-is-selfitis-and-when-does-taking-selfies-become-a-real-problem/#648994c330dc.

Lehmkuhl, Vance. "Livestock and Climate: Whose Numbers Are More Credible?" *Philadelphia Inquirer*, March 2, 2012. https://www.philly.com/philly/blogs/earth-to-philly/Livestock-and-climate-Whose-numbers-are-more-credible.html.

Leiserowitz, Anthony, Edward Maibach, Seth Rosenthal, John Kotcher, Matthew Ballew, Matthew Goldberg, and Abel Gustafson. "Climate Change in the American Mind: December 2018." Yale Program on Climate Change Communication, January 22, 2019. climatecommunication .yale.edu/publications/climate-change-in-the-american-mind-december-2018/2/.

Leskin, Paige. "The 13 Tech Billionaires Who Donate the Biggest Percentage of Their Wealth to Charity." Business Insider, January 31, 2019. https://www.businessinsider.com/tech-billionaires-who-donate-most-to-charity-2019-1.

Levine, Morgan E., Jorge A. Suarez, Sebastian Brandhorst, Priya Balasubramanian, Chia-Wei Cheng, Federica Madia, Luigi Fontana, Mario G. Mirisola, Jaime Guevara-Aguirre, Junxiang Wan, Giuseppe Passarino, Brian K. Kennedy, Min Wei, Pinchas Cohen, Eileen M. Crimmins, and Valter D. Longo. "Low Protein Intake Is Associated with a Major Reduction in IGF-1, Cancer, and Overall Mortality in the 65 and Younger but Not Older Population." Cell Metabolism 19 (2014): 407–7. https://doi.org/10.1016/j.cmet.2014.02.006.

Lewin, Zofia, and Wladyslaw Bartoszewski, eds. *Righteous Among Nations: How the Poles Helped the Jews 1939–1945.* London: Earlscourt 42 Publications, 1969. www.writing.upenn.edu/~afilreis /Holocaust/karski.html.

Lincoln, Abraham. "Proclamation of Thanksgiving." Accessed January 30, 2019. www.abrahamlincolnonline.org/lincoln/speeches/thanks.htm.

Low, Philip. "The Cambridge Declaration on Consciousness." Presented at the Francis Crick Memorial Conference on Consciousness in Human and Non-Human Animals, Churchill College, University of Cambridge, July 7, 2012. fcmconference.org/img/CambridgeDeclarationOnConsciousness.pdf.

Ma, Qiancheng. "Greenhouse Gases: Refining the Role of Carbon Dioxide." National Aeronautics and Space Administration, Goddard Institute for Space Studies, March 1998. https://www.giss.nasa.gov/research/briefs/ma01/.Mann, Michael E., and Lee R. Kump. *Dire Predictions: The Visual Guide to the Findingsof the IPCC.* 2nd ed. London: DK, 2015.

Mapes, Terri. "The Population of Nordic Countries." *TripSavvy*, August 17, 2018. https://www.tripsavvy.com/population-in-nordic-countries-1626872.

Margulis, Sergio. "Causes of Deforestation of the Brazilian Amazon." World Bank Working Paper 22, 2004. http://documents.worldbank.org/curated/en/758171468768828889/pdf/277150PAPER0wbwp0no1022.pdf.

Marlon, Jennifer, Eric Fine, and Anthony Leiserowitz. "Majorities of Americans in Every State Support Participation in the Paris Agreement." Yale Program on Climate Change Communication, May 8, 2017. climatecommunication .yale.edu/publications/parisagreementbystate/.

Marshall, George. *Don't Even Think About It: Why Our Brains Are Wired to Ignore Climate Change.* New York: Bloomsbury USA, 2014.

Martin Luther King, Jr., Research and Education Institute. "March on Washington for Jobs and Freedom." Stanford University. Accessed January 25, 2019. https://kinginstitute.stanford.edu/encyclopedia/march-washington-jobs-and-freedom.

Masci, David. "For Darwin Day, 6 Facts About the Evolution Debate." Pew Research Center, February 10, 2017. www.pewresearch.org/fact-tank/2017/02/10/darwin-day/.

Matthews, Dylan. "Donald Trump Has Tweeted Climate Change Skepticism 115 Times. Here's All of It." *Vox*, June 1, 2017. https://www.vox.com/policy-and-politics/2017/6/1/15726472/trump-tweets-global-warming-paris-climate-agreement.

McDonald, Charlotte. "How Many Earths Do We Need?" BBC News, June 16, 2015. https://www.bbc.com/news/magazine-33133712.

McKibben, Bill. "Global Warming's Terrifying New Math." *Rolling Stone*, July 19, 2012. https://www.rollingstone.com/politics/politics-news/global-warmings-terrifying-new-math-188550/.

———. "Up Against Big Oil in the Midterms." *New York Times*, November 7, 2018. https://www.nytimes.com/2018/11/07/opinion/climate-midterms-emissions-fossil-fuels.html.

McKie, Robin. "A Jab for Elvis Helped Beat Polio. Now Doctors Have Recruited Him Again." Guardian, April 23, 2016. https://www.theguardian.com/society/2016/apr/24/elvis-presley-polio-vaccine-world-immunisation-week.

McKinney, Kelsey. "The Mona Lisa Is Protected by a Fence that Beyonce and Jay-Z Ignored." Vox, October 13, 2014. https://www.vox.com/xpress/2014/10/13/6969099/the-mona-lisa-is-protected-by-a-fence-that-beyonce-and-jay-z-ignored.

Meixler, Eli. "Half of All Wildlife Could Disappear from the Amazon, Galapagos and Madagascar Due to Climate Change." Time, March 14, 2018. time .com/5198732/wwf-climate-change-report-wildlife/.

Mellstrom, Carl, and Magnus Johannesson. "Crowding Out in Blood Donation: Was Titmuss Right?" *Journal of the European Economic Association* 6 (2008): 845–3. https://doi.org/10.1162/JEEA.2008.6.4.845.

Milman, Oliver. "Climate Change Is Making Hurricanes Even More Destructive, Research Finds." *Guardian*, November 14, 2018. https://www.theguardian.com/environment/2018/nov/14/climate-change-hurricanes-study-global-warming.

Mooallem, Jon. "The Last Supper: Living by One-Handed Food Alone." *Harper's Magazine*, July 2005.

Moore, David W. "Nine of Ten Americans View Smoking as Harmful." Gallup News Service, October 7, 1999. https://news.gallup.com/poll/3553/nine-ten-americans-view-smoking-harmful.aspx.

Mortimer, Ian. "The Mirror Effect: How the Rise of Mirrors in the Fifteenth Century Shaped Our Idea of the Individual." *Lapham's Quarterly*, November 9, 2016. https://www.laphamsquarterly.org/roundtable/mirror-effect.

Morton, Ella. "Object of Intrigue: The Dumy Paratroopers of WWII." Atlas Obscura, November 10, 2015. https://www.atlasobscura.com/articles/object-of-intrigue-the-dummy-paratroopers-of-wwii.

Moss, Michael. "Nudged to the Produce Aisle by a Look in the Mirror." *New York Times*, August 27, 2013. https://www.nytimes.com/2013/08/28/dining/wooing-us-down-the-produce-aisle.html.

Muise, Amy, Elaine Giang, and Emily A. Impett. "Post Sex Affectionate Exchanges Promote Sexual and Relationship Satisfaction." *Archives of Sexual Behavior* 47, no. 3 (October 2014): 1391–402. https://doi.org/10.1007/s10508-014-0305-3.

Nardo, Don. *The Blue Marble: How a Photograph Revealed Earth's Fragile Beauty*. Mankato, MN: Compass Point, 2014.

NASA. "The Hubble Space Telescope." Goddard Space Flight Center. Accessed February 1, 2019. https://asd.gsfc.nasa.gov/archive/hubble/missions/sm1.html.

———. "Mars Facts." Accessed February 1, 2019. https://mars.nasa.gov/allaboutmars/facts/#?c=inspace&s=distance.

———. "Scientific Consensus: Earth's Climate Is Warming." Accessed January 30, 2019. https://climate.nasa.gov/scientific-consensus/.

NASA Earth Observatory. "How Is Today's Warming Different from the Past?" June 3, 2010. https://earthobservatory.nasa.gov/features/GlobalWarming/page3.php.

———. "Is Current Warming Natural?" June 3, 2010. https://www.earthobservatory.nasa.gov/features/GlobalWarming/page4.php.

National Center for Injury Prevention and Control. "Suicide Rising Across the US." Centers for Disease Control and Prevention. Accessed January 25, 2019. https://www.cdc.gov/vitalsigns/suicide/index.html.

National Centers for Environmental Information. "Glacial-Interglacial Cycles." National Oceanic and Atmospheric Administration. Accessed January 31, 2019. https://www.ncdc.noaa.gov/abrupt-climate-change/Glacial-Interglacial%20Cycles.

———. "Global Climate Report—nnual 2017." National Oceanic and Atmospheric Administration. Accessed January 31, 2019. https://www.ncdc.noaa.gov/sotc/global/201713.

National Research Council. *Climate Intervention: Reflecting Sunlight to Cool Earth*. Washington, D.C.: National Academies Press, 2015. https://doi.org/10.17226/18988.

National Snow and Ice Data Center. "All About Sea Ice: Albedo." Accessed January 30, 2019. https://nsidc.org/cryosphere/seaice/processes/albedo.html.

National Weather Service Climate Prediction Center. "Cold and Warm Episodes by Season." http://origin.cpc.ncep.noaa.gov/products/analysismonitoring/ensostuff/ONIv5.php.

Natural Resources Institute Finland. "What Was Eaten in Finland in 2016."

June 29, 2017. https://www.luke.fi/en/news/eaten-finland-2016/.

Neuman, Scott. "1 in 4 Americans Thinks the Sun Goes Around the Earth, Survey Says." NPR, February 14, 2014. https://www.npr.org/sections/thetwo-way/2014/02/14/277058739/1-in-4-americans-think-the-sun-goes-around-the-earth-survey-says.

New Mexico Museum of Space History. "International Space Hall of Fame: William A. Anders." Accessed January 24, 2019. http://www.nmspace-museum.org/halloffame/detail.php=71.

New York University. "Scientists Find Evidence That Siberian Volcanic Eruptions Caused Extinction 250 Million Years Ago." Press release, October 2, 2017. https://www.nyu.edu/about/news-publications/news/2017/october/scientists-find-evidence-that-siberian-volcanic-eruptions-caused.html.

Nicholas, Elizabeth. "An Incredible Number of Americans Have Never Left Their Home State." Culture Trip, January 19, 2018. https://theculture-trip.com/north-america/usa/articles/an-incredible-number-of-americans-have-never-left-their-home-state/.

Norton, Mary Beth, David M. Katzman, David W. Blight, Howard Chudacoff, and Fredrik Logevall. *A People and a Nation: A History of the United States, Volume 2: Since 1865.* 7th ed. Boston: Wadsworth, 2006.

Nossiter, Adam. "France Suspends Fuel Tax Increase That Spurred Violent Protests." *New York Times*, December 4, 2018. https://www.nytimes.com/2018/12/04/world/europe/france-fuel-tax-yellow-vests.html.

Nuccitelli, Dana. "Is the Climate Consensus 97%, 99.9%, or Is Plate Tectonics a Hoax?" *Guardian*, May 3, 2017. https://www.theguardian.com/environment/climate-consensus-97-per-cent/2017/may/03/is-the-climate-consensus-97-999-or-is-plate-tectonics-a-hoax.

O'Connor, Flannery. *The Complete Stories.* New York: Farrar, Straus and Giroux, 1971.

Office of the Press Secretary. "President Bush Discusses Global Climate Change." White House, June 11, 2001. https://georgewbush-whitehouse.archives.gov/news/releases/2001/06/20010611-2.html.

──────. "President's Statement on Climate Change." White House, July 13, 2001. https://georgewbush-whitehouse.archives.gov/news/releases/2001/07/20010713-2.html.

Ossian, Lisa L. *The Forgotten Generation: American Children and World War II.* Columbia, MO, and London: University of Missouri Press, 2011. Our Children's Trust. "Juliana v. U.S.-Climate Lawsuit." Accessed January 24, 2019. https://www.ourchildrenstrust.org/us/federal-lawsuit/.

Oxfam. "Extreme Carbon Inequality." Oxfam media biefing, December 2, 2015. https://www.oxfam.org/sites/www.oxfam.org/files/fileattachments/ mb-extreme-carbon-inequality-021215-en.pdf.

Paglen, Trevor. *The Last Pictures Project.* Video. Creative Time. YouTube, March 20, 2017. https://www.youtube.com/watch?v=dsBJTBKQh9I.

Parisienne, Theodore, Thomas Tracy, Adam Shrier, and Larry McShane. "Famed Gay Rights Lawyer Sets Himself on Fire at Prospect Park in Protest Suicide Against Fossil Fuels." *Daily News*, April 14, 2018. https:// www.nydailynews.com/new-york/charred-body-found-prospect-park-walking-path-article-1.3933598.

Parker, Laura. "143 Million People May Soon Become Climate Migrants." *National Geographic*, March 19, 2018. https://news.nationalgeographic. com/2018/03/climate-migrants-report-world-bank-spd/.

Pasiakos, Stefan M., Sanjiv Agarwal, Harris R. Lieberman, and Victor L. Fulgoni III. "Sources and Amounts of Animal, Dairy, and Plant Protein Intake of USAdults in 2007–010." *Nutrients* 7, no. 8 (2015): 7058–9. https://doi. org/10.3390/nu7085322.

PBS. "Civil Rights: Japanese Americans—inorities." Accessed February 1, 2019. https://www.pbs.org/thewar/athomecivilrightsminorities.htm.

Penn, Justin L., Curtis Deutsch, Jonathan L. Payne, and Erik A. Sperling. "Temperature-Dependent Hypoxia Explains Biogeography and Severity of End-Permian Marine Mass Extinction." *Science* 362, no. 6419 (December 2018). https://doi.org/10.1126/science.aat1327.

Pensoft Publishers. "Bees, Fruits and Money: Decline of Pollinators Will Have Severe Impact on Nature and Humankind." *ScienceDaily.* Accessed March 15, 2019. www.sciencedaily.com/releases/2012/09/120904101128.htm.

Perrin, Andrew. "Who Doesn't Read Books in America?" Pew Research Center, March 23, 2018. www.pewresearch.org/fact-tank/2018/03/23/whodoesnt-read-books-in-america/.

Perrone, Catherine, and Lauren Handley. "Home Front Friday: The Victory Speed Limit." National WWII Museum. Accessed January 12, 2019. http://nww2m.com/2015/12/home-front-friday-get-in-the-scrap/.

Physikalisch-Meteorologische Observatorium Davos / World Radiation Center (PMOD/WRC). "Solar Constant: Construction of a Composite Total Solar Irradiance (TSI) Time Series from 1978 to the Present." https://www.pmodwrc.ch/en/research-development/solar-physics/tsi-composite/.

Pierre-Louis, Kendra. "Ocean Warming Is Accelerating Faster Than Thought, New Research Finds." *New York Times*, January 10, 2019. https://www.nytimes.com/2019/01/10/climate/ocean-warming-climate-change.html.

Pilon, Mary. "I Found a Dead Body on My Morning Run—It's Something You Can't Run Away From." *Runner's World*, April 18, 2018. https://www.runnersworld.com/runners-stories/a19843617/i-found-a-dead-body-on-my-morning-runits-something-you-cant-run-away-from/.

Plastic Pollution Coalition. "The Last Plastic Straw Movement." Accessed January 25, 2019. https://www.plasticpollutioncoalition.org/no-straw-please/.

Plumer, Brad. "U.S. Carbon Emissions Surged in 2018 Even as Coal Plants Closed." *New York Times*, January 8, 2019. https://www.nytimes.com/2019/01/08/climate/greenhouse-gas-emissions-increase.html.

Poirier, Agnes. "One of History's Most Romantic Photographs Was Staged." BBC, February 14, 2017. www.bbc.com/culture/story/2017 0213-the-iconic-photo-that-symbolises-love.

Power, Samantha. *"A Problem from Hell": America and the Age of Genocide*. New York: HarperCollins, 2003.

Prairie Climate Center. "Four Degrees of Separation: Lessons from the Last Ice Age." October 28, 2016. prairieclimatecentre.ca/2016/10/four-degrees-of-separation-lessons-from-the-last-ice-age/.

Project Drawdown. "Solutions." Accessed February 1, 2019. www.drawdown.org/solutions.

Pursell, Weimer. "When you ride ALONE you ride with Hitler!" 1943. Poster. National Archives and Records Administration. https://www.archives.gov/exhibits/powersofpersuasion/useitup/imageshtml/ridewithhitler.html.

Raftery, Adrian E., Alec Zimmer, Dargan M. W. Frierson, Richard Startz, and Peiran Liu. "Less Than 2°C Warming by 2100 Unlikely." *Nature Climate Change* 7 (2017): 637–1. https://www.nature.com/articles/nclimate3352#article -info.

Rasmussen, Frederick N. "Liberty Ships Honored Blacks in U.S. History." *Baltimore Sun*, March 6, 2004. https://www.baltimoresun.com/news/bs-xpm-2004-03-06-0403060173-story.html.

Reaves, Jessica. "Where's the Beef (in the Teenage Diet)?" *Time*, January 30, 2003. content .time.com/time/health/article/0,8599,412343,00.html.

Rebuild by Design. "The Big U." Accessed January 30, 2019. www.rebuild-bydesign.org/our-work/all-proposals/winning-projects/big-u.

Reinert, Al. "The Blue Marble Shot: Our First Complete Photograph of Earth." *Atlantic*, April 12, 2011. https://www.theatlantic.com/technology/archive/2011/04/the-blue-marble-shot-our-first-complete-photograph-of-earth/237167/.

Rennell, Tony. "The Blitz 70 Years On: Carnage at the Cafe de Paris." *Daily Mail*, April 9, 2010. https://www.dailymail.co.uk/femail/article-1264532/The-blitz-70-years-Carnage-Caf-Paris.html.

Revkin, Andrew C. "Global Warming and the 'Tyranny of Boredom.' " *New York Times*, October 27, 2010. https://dotearth.blogs.nytimes.com/2010/10/27/global-warming-and-the-tyranny-of-boredom/.

Rice, Doyle. "Yes, Chicago Will Be Colder Than Antarctica, Alaska and the North Pole on Wednesday." *USA Today*, January 29, 2019. https://www.usatoday.com/story/news/nation/2019/01/29/polar-vortex-2019-chicago-colder-than-antarctica-alaska-north-pole/2715979002/.

Rich, Nathaniel. "Losing Earth: The Decade We Almost Stopped Climate Change." *New York Times Magazine*, August 1, 2018. https://www.nytimes.com/interactive/2018/08/01/magazine/climate-change-losing-earth.html.

Riding, Alan. "In Louvre, New Room with View of 'Mona Lisa.' " *New York Times*, April 6, 2005. https://www.nytimes.com/2005/04/06/arts/design/in-louvre-new-room-with-view-of-mona-lisa.html.

Ritchie, Earl J. "Exactly How Much Has the Earth Warmed? And Does It

Matter?" *Forbes*, September 7, 2018. https://www.forbes.com/sites/uhen-ergy/2018/09/07/exactly-how-much-has-the-earth-warmed-and-does-it-matter/#7d0059185c22.

Ritchie, Hannah. "How Do We Reduce Antibiotic Resistancefrom Livestock?" Our World in Data, November 16, 2017. https://ourworldindata.org/anti-biotic-resistance-from-livestock.

Robinson, Alexander, Reinhard Calov, and Andrey Ganopolski. "Multistabil-ity and Critical Thresholds of the Greenland Ice Sheet." *Nature Climate Change* 2 (2012): 429-2. https://doi.org/10.1038/nclimate1449.

Rochat, Philippe. "Five Levels of Self-Awareness as They Unfold Early in Life." *Consciousness and Cognition* 12 (2003): 717-1. http://www.psychology.emory.edu/cognition/rochat/Rochat5levels.pdf.

Roosevelt, Franklin Delano. "Executive Order 9250, Providing for the Stabi-lizing of the National Economy." October 3, 1942. Accessed February 2, 2019. https://www.archives.gov/federal-register/executive-orders/1942.html.

————. "Fireside Chat 21: On Sacrifice." April 28, 1942. Miller Center, Uni-versity of Virginia. Accessed January 30, 2019. https://millercenter.org/the-presidency/presidential-speeches/april-28-1942-fireside-chat-21-sacri-fice.

Rosener, Ann. *Women in Industry. Gas Mask Production. . . .* July 1942. Pho-tograph. United States Office of War Information, Library of Congress, https://www.loc.gov/item/2017693574/.

Rothman, Lily, and Arpita Aneja. "You Still Don't Know the Whole Rosa Parks Story." *Time*, November 30, 2015. time.com/4125377/rosa-parks-60-years-video/.

Rumble, Taylor-Dior. "Claudette Colvin: The 15-Year-Old Who Came Before Rosa Parks." BBC World Service, March 10, 2018. https://www.bbc.com/news/stories-43171799.

"Russia's Rich Hiring Luxurious 'Ambulance-Taxis' to Beat Moscow's Traffic Jams." *National Post*, March 22, 2013. https://nationalpost.com/news/russias-rich-hiring-luxurious-ambulance-taxis-to-beat-moscows-traf-fic-jams.

Safire, William. *Before the Fall: An Inside View of the Pre-Watergate White House.* New York: Doubleday, 1975.

Salk Institute for Biological Studies. "About Jonas Salk." Accessed January 30, 2019. https://www.salk.edu/about/history-of-salk/jonas-salk/.

Scheiber, Noam. "Google Workers Reject Silicon Valley Individualism in Walkout." *New York Times*, November 6, 2018. https://www.nytimes.com/2018/11/06/business/google-employee-walkout-labor.html.

Schein, Lisa. "More People Die from Suicide Than from Wars, Natural Disasters Combined." VOA News, September 4, 2014. https://www.voanews.com/a/more-people-die-from-suicide-than-from-wars-natural-disasters-combined/2438749.html.

Schiller, Ben. "Sorry, Buying a Prius Won't Help with Climate Change." *Fast Company*, January 31, 2014. https://www.fastcompany.com/3025359/sorry-buying-a-prius-wont-help-with-climate-change.

Schleussner, Carl Friedrich, Tabea K. Lissner, Erich M. Fischer, Jan Wohland, Mahe Perrette, Antonius Golly, Joeri Rogelj, Katelin Childers, Jacob Schewe, Katja Frieler, Matthias Mengel, William Hare, and Michiel Schaeffer. "Differential Climate Impacts for Policy-Relevant Limits to Global Warming: The Case of 1.5°C and 2°C." *Earth System Dynamics* 7, no. 21 (April 2016): 327–1. https://doi.org/10.5194/esd-7-327-2016.

Schwartz, Alexandra. "Esther Perel Lets Us Listen in on Couples' Secrets." *New Yorker*, May 31, 2017. https://www.newyorker.com/culture/cultural-comment/esther-perel-lets-us-listen-in-on-couples-secrets.

Schwartz, Jason. "MSNBC's Surging Ratings Fuel Democratic Optimism." *Politico*, April 11, 2018. https://www.politico.com/story/2018/04/11/msnbc-democrats-ratings-cnn-fox-513388.

Scott, Michon, and Rebecca Lindsey. "What's the Hottest Earth's Ever Been?" *Climate Watch Magazine*, August 12, 2014. https://www.climate.gov/news-features/climate-qa/whats-hottest-earths-ever-been.

Scranton, Roy. "Learning How to Die in the Anthropocene." *New York Times*, November 10, 2013. https://opinionator.blogs.nytimes.com/2013/11/10/learning-how-to-die-in-the-anthropocene/.

———. "Raising My Child in a Doomed World." *New York Times*, Ju-

ly 16, 2018. https://www.nytimes.com/2018/07/16/opinion/climate
-change-parenting.html.

Sentience Institute. "US Factory Farming Estimates (Animals Alive at Pres-
ent)." Spreadsheet. https://docs.google.com/spreadsheets/d/1iUpRFOP-
mAE5IO4hO4PyS4MP HzkuM_-soqAyVNQcJc /edit#gid=0.

Shah, Bela. "Addicted to Selfies: I Take 200 Snaps a Day." BBC News, February
27, 2018. https://www.bbc.com/news/newsbeat-43197018.

Shampo, Marc A., and Robert A. Kyle. "Jonas E. Salk—iscoverer of a Vaccine
Against Poliomyelitis." *Mayo Clinic Proceedings* 73, no. 12 (1998): 1176.
https://doi.org/10.4065/73.12.1176.

Shapiro, Robert Moses, and Tadeusz Epsztein, eds. With an introduction by
Samuel D. Kassow. "The Warsaw Ghetto Oyneg Shabes—ingelblum Ar-
chive Catalog and Guide." United States Holocaust Memorial Museum.
Accessed January 25, 2019. https://www.ushmm.org/research/publica-
tions/academic-publications/full-list-of-academic-publications/the-war-
saw-ghetto-oyneg-shabesringelblum-archive-catalog-and-guide.

Shaw, Stacy. "The Overview Effect." *Psychology in Action*, January 1, 2017.
https://www.psychologyinaction.org/psychology-in-action-1/2017/01/01/
the-overview-effect.

Sifferlin, Alexandra. "Global Jewish Population Approaches Pre-Holocaust Lev-
els." Time, June 29, 2015. time.com/3939972/global-jewish-population/.

Smithsonian National Air and Space Museum. "Apollo to the Moon." Accessed
January 24, 2019. https://airandspace.si.edu/exhibitions/apollo-to-the-
moon/online/later-missions/apollo-17.cfm.

Solly, Meilan. "How Did the 'Great Dying' Kill 96 Percent of Earth's
Ocean-DwellingCreatures?" *Smithsonian*, December 11, 2018. https://
www.smithsonianmag.com/smart-news/how-did-great-dying-kill-96-per-
cent-earths-ocean-dwelling-creatures-180970992/.

Springmann, Marco, Michael Clark, Daniel Mason-D'Croz, Keith Wiebe, Ben-
jamin Leon Bodirsky, Luis Lassaletta, Wim de Vries, Sonja J. Vermeulen,
Mario Herrero, Kimberly M. Carlson, Malin Jonell, Max Troell, Fab-
rice DeClerck, Line J. Gordon, Rami Zurayk, Peter Scarborough, Mike
Rayner, Brent Loken, Jess Fanzo, H. Charles J. Godfray, David Tilman,

Johan Rockstrom, and Walter Willett. "Options for Keeping the Food System Within Environmental Limits." *Nature* 562, no. 7728 (October 2018): 519–5. https://doi.org/10.1038/s41586-018-0594-0.

Steinfeld, Henning, and Pierre Gerber. "Livestock Production and the Global Environment: Consume Less or Produce Better?" *Proceedings of the National Academy of Sciences* 107, no. 43 (October 26, 2010). https://www.ncbi.nlm.nih.gov/pmc/articles/PMC2972985/pdf/pnas.201012541.pdf.

Steinfeld, Henning, Pierre Gerber, Tom Wassenaar, Vincent Castel, Mauricio Rosales, and Cees de Haan. *Livestock's Long Shadow: Environmental Issues and Options.* Rome: Food and Agriculture Organization of the United Nations, 2006. http://www.fao.org/docrep/010/a0701e/a0701e.pdf.

Steinfeld, Henning, and Tom Wassenaar. "The Role of Livestock Production in Carbon and Nitrogen Cycles," *Annual Review of Environment and Resources*, vol. 32 (November 21, 2007): 271–4, https://doi.org/10.1146/annurev.energy.32.041806.143508.

Steinmetz, Katy. "See Obama's 20-Year Evolution on LGBT Rights." *Time*, April 10, 2015. time.com/3816952/obama-gay-lesbian-transgender-lgbt-rights/.

Strain, Daniel. "How Much Carbon Does the Planet's Vegetation Hold?" *Future Earth Blog*, January 31, 2018. www.futureearth.org/blog/2018-jan-31/how-much-carbon-does-planets-vegetation-hold.

Sudhir, K., Subroto Roy, and Mathew Cherian. "Do Sympathy Biases Induce Charitable Giving? The Effects of Advertising Content." Cowles Foundation for Research in Economics, Yale University, November 2015. https://cowles.yale.edu/sites/default/files/files/pub/d19/d1940.pdf.

Sullivan, Patricia. "Bus Ride Shook a Nation's Conscience." *Washington Post*, October 25, 2005. http://www.washingtonpost.com/wp-dyn/content/article/2005/10/24/AR2005102402053.html.

"Super-Sizing the Chicken, 1923–resent." United Poultry Concerns, February 19, 2015. www.upc-online.org/industry/150219_super-sizing_the_chicken.html.

Taagepera, Rein. "Size and Duration of Empires: Growth-Decline Curves, 600 b.c. to 600 a.d." *Social Science History* 3, no. 3–(1979): 115–8. https://doi.

org/10.2307/1170959.

Thaler, Richard H., and Cass R. Sunstein. "Easy Does It: How to Make Lazy People Do the Right Thing." *New Republic*, April 2008. https://newrepublic.com/article/63355/easy-does-it.

"The Theft That Made the 'Mona Lisa' a Masterpiece." NPR, July 30, 2011. https://www.npr.org/2011/07/30/138800110/the-theft-that-made-the-mona-lisa-a-masterpiece.

Thompson, A. C. "Timeline: The Science and Politics of Global Warming." Frontline. PBS. Accessed January 24, 2019. https://www.pbs.org/wgbh/pages/frontline/hotpolitics/etc/cron.html.

Tillman, Barrett. *D-Day Encyclopedia: Everything You Want to Know About the Normandy Invasion*. Washington, D.C.: Regnery History, 2014.

Truth Initiative. "Why Are 72% of Smokers from Lower-Income Communities?" January 24, 2018. https://truthinitiative.org/news/why-are-72-percent-smokers-lower-income-communities.

Union of Concerned Scientists. "How Do We Know That Humans Are the Major Cause of Global Warming?" August 1, 2017. https://www.ucsusa.org/global-warming/science-and-impacts/science/human-contribution-to-gw-faq.html.

United Nations. "Statement by His Excellency Dr. Fakhruddin Ahmed, Honorable Chief Adviser of the Government of the People's Republic of Bangladesh," at the High-Level Event on Climate Change, United Nations, New York, Sep-tember 24, 2007. http://www.un.org/webcast/climatechange/highlevel/2007/pdfs/bangladesh-eng.pdf.

United Nations Department of Economic and Social Affairs, Population Division. "World Population Prospects: The 2017 Revision." New York: United Nations, 2017.

United States Bureau of Labor Statistics. "Employment Projections Program." Accessed January 30, 2019. https://www.bls.gov/emp/tables/employment-by-major-industry-sector.htm.

United States Bureau of the Census. "Census of Agriculture, 1969 Volume II." Accessed January 30, 2019. http://usda.mannlib.cornell.edu/usda/AgCensusImages/1969/02/03/1969-02-03.pdf.

United States Climate Change Science Program. "The Climate Change Research Initiative." 2003. Accessed January 24, 2019. https://data.globalchange.gov/assets/2a/42/f55760db8a810e1fba12c67654dc/ccsp-strategic-plan-2003.pdf.

United States Department of Agriculture Economic Research Service. "Access to Affordable and Nutritious Food: Measuring and Understanding Food Deserts and Their Consequences." 2009.

United States Department of the Interior. "New Analysis Shows 2018 California Wildfires Emitted as Much Carbon Dioxide as an Entire Year's Worth of Electricity." November 30, 2018. https://www.doi.gov/pressreleases/new-analysis-shows-2018-california-wildfires-emitted-much-carbon-dioxide-entire-years.

United States Elections Project. "2014 November General Election Turnout Rates." Accessed January 30, 2019. www.electproject.org/2014g.

——. "2016 November General Election Turnout Rates." Accessed January 30, 2019. www.electproject.org/2016g.

United States Energy Information Administration. "Chinese Coal-Fired Electricity Generation Expected to Flatten as Mix Shifts to Renewables." September 27, 2017. https://www.eia.gov/todayinenergy/detail.php?id=33092.

United States Environmental Protection Agency. "Climate Change Indicators: Atmospheric Concentrations of Greenhouse Gases." January 23, 2017. https://www.epa.gov/climate-indicators/climate-change-indicators-atmospheric-concentrations-greenhouse-gases.

——. "Earthrise—Picture That Inspired the Environmental Movement." Science Wednesday, *EPA Blog*, July 1, 2009. https://blog.epa.gov/2009/07/01/science-wednesday-Earthrise/.

——. "Greenhouse Gas Biogenic Sources, 14.4: Enteric Fermentation—reenhouse Gases, Supplement D." Chap. 44 in *Air Pollutant Emissions Factors*, 5th ed., vol. 1, February 1998. https://www3.epa.gov/ttnchie1/ap42/ch14/final/c14s04.pdf.

——. "International Treaties and Cooperation About the Protection of the Stratospheric Ozone Layer." Accessed January 24, 2019. https://

www.epa.gov/ozone-layer-protection/international-treaties-and-coopera-
tion-about-protection-stratospheric-ozone.

_____. *Inventory of U.S. Greenhouse Gas Emissions and Sinks*, 1990−016.
https://www.epa.gov/ghgemissions/inventory-us-greenhouse-gas-emis-
sions-and-sinks.

United States Holocaust Memorial Museum. "Children During the Holocaust."
Accessed March 10, 2019. https://encyclopedia.ushmm.org/content/en/
article/children-during-the-holocaust.

University of Illinois Extension. "Turkey Facts." Accessed January 30, 2019.
https://extension .illinois.edu/turkey/turkeyfacts.cfm.

"U.S. Air Passengers' Main Trip Purposes in 2017, by Type." Statista. Accessed
January 31, 2019. https://www.statista.com/statistics/539518/us-air-pas-
sengers-main-trip-purposes-by-type/.

Vidal, John. "Protect Nature for Worldwide Economic Security, Warns UN
Biodiversity Chief." *Guardian*, August 16, 2010. https://www.theguard-
ian.com/environment/2010/aug/16/nature-economic-security.

Virginia Museum of History and Culture. "Turning Point: World War II."
Accessed January 24, 2019. https://www.virginiahistory.org/collec-
tions-and-resources/virginia-history-explorer/civil-rights-movement-vir-
ginia/turning-point.

Wade, Lizzie. "Tesla's Electric Cars Aren't as Green as You Might Think."
Wired, March 31, 2016. https://www.wired.com/2016/03/teslas-electric-
cars-might-not-green-think/.

Wakabayashi, Daisuke, Erin Griffith, Amie Tsang, and Kate Conger. "Goo-
gle Walkout: Employees Stage Protest Over Handling of Sexual Ha-
rassment." *New York Times*, November 1, 2018. https://www.nytimes.
com/2018/11/01/technology/google-walkout-sexual-harassment.html?-
module=inline.

Wallace-Wells, David. "Could One Man Single-Handedly Ruin the Planet?"
New York, October 31, 2018. nymag.com/intelligencer/2018/10/bolsan-
aros-amazon-deforestation-accelerzzzates-climate-change.html.

_____. "The Uninhabitable Earth, Annotated Edition." *New York*, July 10,
2017. nymag.com/intelligencer/2017/07/climate-change-earth-too-hot-

for-humans-annotated.html.

———. *The Uninhabitable Earth: Life After Warming.* New York: Tim Duggan Books, 2019.

Walters, Daniel. "What's Their Beef? More and More Americans Are Becoming Vegetarians." *Transitions.* Accessed February 5, 2019. https://www.whitworth.edu/Alumni/Transitions/Articles/Calling/TheyretheOtherWhiteMeat.htm.

Weisman, Alan. "Earth Without People." Discover, February 2005. discovermagazine.com/2005/feb/earth-without-people.

Wilder, Emily. "Bees for Hire: California Almonds Become Migratory Colonies' Biggest Task." . . . *& the West Blog*, Bill Lane Center for the American West, Stanford University, August 17, 2018. https://west.stanford.edu/news/blogs/and-the-west-blog/2018/bees-for-hire-california-almonds-now-are-migratory-colonies-biggest-task.

Williams, Casey. "These Photos Capture the Startling Effect of Shrinking Bee Populations." *Huffington Post*, April 7, 2016. https://www.huffingtonpost.com/entry/humans-bees-chinaus570404b3e4b083f5c6092ba9.

Wilson, Michael. "His Body Was Behind the Wheel for a Week Before It Was Discovered. This Was His Life." *New York Times*, October 23, 2018. https://www.nytimes.com/2018/10/23/nyregion/man-found-dead-in-car-new-york.html.

Wise, Irvin L., and Lester M. Hall. Distorting contact lenses for animals. U.S. Patent 3,418,978, filed November 30, 1966. https://patents.google.com/patent/US3418978?oq=patent:3418978.

Wise, Jeff. *Extreme Fear: The Science of Your Mind in Danger.* New York: Palgrave Macmillan, 2009.

Wolf, Julia, Ghassem Asrar, and Tristam West. "Revised Methane Emissions Factors and Spatially Distributed Annual Carbon Fluxes for Global Livestock." *Carbon Balance and Management* 12, no. 16 (2017). https://doi.org/10.1186/s13021-017-0084-y.

Worland, Justin. "Climate Change Used to Be a Bipartisan Issue. Here's What Changed." *Time*, July 27, 2017. time.com/4874888/climate-change-politics-history/.

————. "These Cities May Soon Be Uninhabitable Thanks to Climate Change." Time, October 26, 2015. time.com/4087092/climate-change-heat-wave/.

World Bank. *Turn Down the Heat: Climate Extremes, Regional Impacts, and the Case for Resilience: A Report for the World Bank by the Potsdam Institute for Climate Impact Research and Climate Analytics.* Washington, D.C.: World Bank, 2013. http://www.worldbank.org/content/dam/Worldbank/document/FullReportVol2_TurnDownTheHeat%20Climate ExtremesRegionalImpactsCase_forResiliencePrint%20version FINAL.pdf.

————. "World Bank Open Data." Accessed January 31, 2019. https://data.worldbank.org/country.

World Food Program. "World Hunger Again on the Rise, Driven by Conflict and Climate Change, New UN Report Shows." September 15, 2017. https://www.wfp.org/news/news-release/world-hunger-again-rise-driven-conflict-and-climate-change-new-un-report-says.

World Health Organization. "Climate Change and Human Health—isks and Responses." 2003. https://www.who.int/globalchange/climate/summary/en/index5.html.

————. "Fact Sheet: Suicide." August 24, 2018. https://www.who.int/news-room/fact-sheets/detail/suicide.

WorldSpaceFlight. "Astronaut/Cosmonaut Statistics." Accessed January 31, 2019. https://www.worldspaceflight.com/bios/stats.php. World Wildlife Fund. "Forest Conversion." Accessed January 31, 2019. wwf.panda.org/ourwork/forests/deforestationcauses/forestconversion/.

————. "Wildlife in a Warming World: The Effects of Climate Change on Biodiversity." 2018. https://www.worldwildlife.org/publications/wildlife-in-a-warming-world-the-effects-of-climate-change-on-biodiversity.

Wynes, Seth, and Kimberly A. Nicholas. "The Climate Mitigation Gap: Education and Government Recommendations Miss the Most Effective Individual Actions." *Environmental Research Letters* 12 (2017), 074024. http://iopscience.iop.org/article/10.1088/1748-9326/aa7541/pdf. Xerces Society for Invertebrate Conservation. "Bumblebee Conservation." Accessed January 30, 2019. https://xerces.org/bumblebees/.

Yaden, David B., Jonathan Iwry, Kelley Slack, Johannes C. Eichstaedt, Yukun Zhao, George Vaillant, and Andrew Newberg. "The Overview Effect: Awe and Self-Transcendent Experience in Space Flight." *Psychology of Consciousness: Theory, Research, and Practice* 3, no. 1 (2016): 1–1. https://doi.org/10.1037/cns0000086.

Zhao, Chuang, Bing Liu, Shilong Piao, Xuhui Wang, David B. Lobell, Yao Huang, Mengtian Huang, Yitong Yao, Simona Bassu, Philippe Ciais, Jean-Louis Durand, Joshua Elliott, Frank Ewert, Ivan A. Janssens, Tao Li, Erda Lin, Qiang Liu, Pierre Martre, Christoph Muller, Shushi Peng, Josep Penuelas, Alex C. Ruane, Daniel Wallach, Tao Wang, Donghai Wu, Zhuo Liu, Yan Zhu, Zaichun Zhu, and Senthold Asseng. "Temperature Increase Reduces Global Yields." *Proceedings of the National Academy of Sciences* 114 no. 35 (August 2017): 9326–1. https://doi.org/10.1073/pnas.1701762114.

Ziegler, Jean. "Burning Food Crops to Produce Biofuels Is a Crime Against Humanity." *Guardian*, November 26, 2013. https://www.theguardian.com/global-development/poverty-matters/2013/nov/26/burning-food-crops-biofuels-crime-humanity.

Zijdeman, Richard, and Filipa Ribeira da Silva. "Life Expectancy at Birth." Clio Infra. Accessed January 30, 2019. http://hdl.handle.net/10622/LKYT53.

Zimmer, Carl. "The Planet Has Seen Sudden Warming Before. It Wiped Out Almost Everything." *New York Times*, December 7, 2018. https://www.nytimes.com/2018/12/07/science/climate-change-mass-extinction.html.

Zug, James. "Stolen: How the Mona Lisa Became the World's Most Famous Painting." *Smithsonian*, June 15, 2011. https://www.smithsonianmag.com/arts-culture/stolen-how-the-mona-lisa-became-the-worlds-most-famous-painting-16406234/.

Zuidhof, M. J., B. L. Schneider, V. L. Carney, D. R. Korver, and F. E. Robinson. "Growth, Efficiency, and Yield of Commercial Broilers from 1957, 1978, and 2005." *Poultry Science* 93 no. 12 (December 2014): 2970–2. https://doi.org/10.3382/ps.2014-04291.

감사의 말

이 책은 에브 윌리엄스와 2017년 나눈 대화에서 시작되었다. 그 후 그는 나에게 애비 뱅크스를 소개해 주었다. 그 둘은 이 과정 내내 너그러운 동반자로서 의미 있는 변화가 가능하다고 믿도록 나를 도와주었다.

시몬 프리드먼은 우리 할머니였다면 '자연의 힘'이라 말씀하셨을 만한 사람이다. 그녀의 에너지, 지혜, 야심, 낙관주의는 힘닿는 한에서 가장 이상적인 비전들을 불러온다. 우리의 삶에서 꼭 필요한 변화를 만드는 첫 걸음은 어떤 변화가 필요한지를 아는 것이다. 매니 프리드먼과 EJF 자선 활동과 더불어 시몬의 작업 덕분에 기후변화와 축산업 사이의 지극히 중요한 연결 관계를 결국 대중이 의식하게 되었다.

나는 연구 보조로 테스 컨티를 고용했지만, 그녀는 곧 내 첫 번째 독자가 되었고, 결국은 공저자가 되었다. 이 책의 모든 문장은 다 그녀의 신중함 덕을 보았다.

전 지구적 위기와 우리의 식량 선택보다 더 복잡하고 논쟁적인 주제는 생각도 할 수 없다. 헌터 브레이스웨이트의 철저한 사실 확인은 없어서는 안 되는 작업이었다.

이 책을 쓰면서 수많은 기후과학 전문가들과 연락을 취했다. 그들이 나눠 준 정보와 지식에 늘 감사한다. 특히 브렌트 킴, 레이철 산토, 제프 앤행에게 감사한다.

파라 스트라우스 & 지로 출판사는 내가 작가가 되어 얼마나 운이 좋은지를 새삼 일깨워 주었다. 또 스콧 아우어바흐, 로드리고 코랄, 조너선 갈라시, M. P. 클리어, 스펜서 리, 조너선 리핀콧, 알렉스 머토, 준 파크, 줄리아 링고, 제프 세로이에게 감사를 전한다.

뭐니 뭐니 해도 이 책은 집에 관한 이야기이다. 니콜 아라기와 에릭 친스키는 20년 가까이 내 문학의 집이 되어 주었다. 감사하다.

옮긴이 송은주

이화여자대학교 영어영문학과를 졸업하고
동 대학원에서 박사 학위를 받은 후 런던대 SOAS에서
번역학을 공부했다. 현재 이화여자대학교 인문과학원
학술연구교수로 재직 중이다.
옮긴 책으로『클라우드 아틀라스』,『블랙스완그린』,
『피렌체의 여마법사』,『광대샬리마르』,『순수의 시대』,
『엄청나게 시끄럽고 믿을 수 없게 가까운』등이 있고,
저서로는『당신은 왜 인간입니까』가 있다.
『선셋 파크』로 유영번역상을 수상했다.

우리가
날씨다

1판 1쇄 펴냄   2020년 10월 29일
1판 7쇄 펴냄   2024년 7월 1일

지은이   조너선 사프란 포어
옮긴이   송은주
발행인   박근섭, 박상준
펴낸곳   (주)민음사

출판등록   1966. 5. 19. (제16-490호)
주소   서울시 강남구 도산대로1길 62
           강남출판문화센터 5층 (06027)
대표전화   02-515-2000
팩시밀리   02-515-2007
www.minumsa.com